教育部人文社会科学研究项目最终成果（批准文号：10YJA840006）
北京市社会建设专项资金购买社会组织服务项目最终成果
（项目编号：2015Shgg－104－1－B－26413）

社区矫正社会工作

范燕宁　谢谦宇　罗　玲　等编著

中国人民公安大学出版社
·北　京·

图书在版编目（CIP）数据

社区矫正社会工作/范燕宁等编著．—北京：中国人民公安大学出版社，2015. 12

ISBN 978 - 7 - 5653 - 2496 - 3

Ⅰ. ①社…　Ⅱ. ①范…　Ⅲ. ①社区—监督改造—研究—中国
Ⅳ. ①D926. 7

中国版本图书馆 CIP 数据核字（2015）第 312013 号

社区矫正社会工作

范燕宁　谢谦宇　罗　玲　等编著

出版发行：中国人民公安大学出版社
地　　址：北京市西城区木樨地南里
邮政编码：100038
经　　销：新华书店
印　　刷：北京通天印刷有限责任公司

版　　次：2015 年 12 月第 1 版
印　　次：2015 年 12 月第 1 次
印　　张：9. 875
开　　本：880 毫米×1230 毫米　1/32
字　　数：264 千字

书　　号：ISBN 978 - 7 - 5653 - 2496 - 3
定　　价：36. 00 元

网　　址：www. cppsup. com. cn　www. porclub. com. cn
电子邮箱：zbs@ cppsup. com　zbs@ cppsu. edu. cn

营销中心电话：010 - 83903254
读者服务部电话（门市）：010 - 83903257
警官读者俱乐部电话（网购、邮购）：010 - 83903253
公安业务分社电话：010 - 83905672

前 言

社会工作作为一种以利他主义为指导的专业性、制度化的助人活动和社会福利服务方式，在我国现代化进程中，在解决社会问题、化解社会风险、促进社会公正和谐发展方面发挥着越来越重要的作用。社会工作专业的特殊性质决定了其服务对象群体的多样性和特殊性。矫正社会工作又称矫治社会工作，是社会工作的重要分支，其基本含义是指专业社会工作者依据国家法律，运用社会工作理论方法和知识技术，向在监狱中或社区中服刑的罪犯、刑满释放人员、未成年违法犯罪人员等犯罪人群提供思想教育、心理辅导、行为矫治、信息咨询、生活照顾、法律援助、就业培训等专业性社会服务工作。近年来，随着社会工作专业的迅速发展，矫正社会工作的适用范围已逐渐扩展到更广泛的领域。

矫正社会工作在中国的发展与我国社区矫正的进程具有紧密的联系。社区矫正作为与监禁性刑罚方式相对的非监禁性社会化刑罚执行活动，在发达国家和地区实行已有较长时间的历史，在我国却尚处于起步阶段。我国自2003年7月起进行社区矫正试点工作，经过最初的实验及总结经验阶段，截至2009年10月底，已经进入全面试行的新阶段。2009年10月，最高人民法院、最高人民检察院、公安部、司法部联合制定下发了《关于在全国试行社区矫正工作的意见》，决定在全国全面试行社区矫正，这不仅在国家刑事司法制度改革方面具有重大意义，而且也为社会工作专业的发展尤其是矫正社会工作的发展带来了重要的历史契机。

一方面，我国矫正社会工作的发展紧密伴随社区矫正由试点到全面试行的历史进程，二者具有一致性。在价值观方面，矫正社会工作理念强调尊重人的基本权利和尊严，主张为包括犯罪人在内的特殊工作对象提供社会福利服务，这为社区矫正工作提供了强有力的人道主义价值理念基础。在工作方法方面，矫正社会工作强调以社区为本、以个别化原则为基础开展矫正工作，为社区矫正工作者提供了切实有效的矫正工作手段和方法。许多社区矫正工作者自觉应用社会工作的专业知识和方法，对社区服刑人员进行有针对性的个案矫正工作，矫正其犯罪心理和偏颇行为，化解社会矛盾，预防和减少犯罪；整合社区资源，助人自助，帮助社区服刑人员重建社会关系，早日回归社会，推动家庭和社会和谐发展，获得了极好的社会效益。在矫正社会工作者队伍建设方面，在我国社区矫正试点过程中，产生了专业的和准专业的司法矫正社会工作者，他们作为参与社区矫正的专业力量和社会力量，紧密配合与辅助国家司法行政部门开展工作，在我国社区矫正进程中占有重要地位，发挥了重要作用，创造和积累了许多具有中国本土化特色的矫正社会工作模式和经验，同时亟待加以认真梳理和研究。

另一方面，我国社区矫正工作是在完全不同于西方国家的国情背景条件下逐步推进的，我国矫正社会工作的发展进程面临着经济体制深刻变革、社会结构利益格局深刻调整和变动的新局势。长期以来，我国司法行政部门作为国家机器主管对犯罪人的矫正工作事务，社会力量很少参与其中，这种历史状况导致了矫正社会工作者在运用社会工作理论方法介入社区矫正试点工作时，常常面临着身份不明、地位不高、路径不畅、队伍松散、权益缺失、报酬过低等困难情况。矫正社会工作理念方法作为外来西方文化的产物传入我国，需要有一个与中国历史文化、现实国情相结合的艰难的本土化介入过程。这些情况也亟待加以认真研究和总结。

国外学者在社区矫正及矫正社会工作方面分别作出了许多相关研究，但将“社会工作”与“社区矫正”二者相结合加以研究的相关成果却并不多。比较有代表性的研究成果有美国学者贝琳达·罗杰斯·麦卡锡（Belinda Rogers McCarthy）等人出版的专著《社区矫正》；扬，波林（Pauline，V. Young）于1969年出版的《缓刑及行为不良者的社会处遇——给法院工作者、缓刑官及其他儿童福利工作者的论文及案例汇编集》等。另外，J. K. 惠蒂尔（James K. Whittaker）在1974年出版的《社会处遇：一种人际帮助的视角》一书中阐释了对犯罪人进行矫正工作与社会工作之间的关系问题。西方学者的研究为我们提供了可以借鉴的资料和经验，但往往带有比较明显的西方文化特征，并不完全适合我国国情。

我国学者在矫正社会工作及社区矫正方面也发表了若干研究成果。中国期刊网2003年以来以“社区矫正”为题收入的研究论文有1046篇，其中将“社区矫正”与“社会工作”同时作为论文论题的文章有47篇。其中，张昱的《论社区矫正中刑罚执行和社会工作的统一性》（2004），周湘斌的《社会工作充权视角下的释犯社区矫正政策分析》（2005），邓蓉的《社会工作对青少年犯罪社区矫正的介入》（2006），鹿广静、寇浩宁的《矫治社会工作介入我国社区矫正的初探》（2007），郭伟和的《社区为本的矫正社会工作理论与实践》(2008)，孙静琴的《试论社会工作介入社区矫正的方式和途径》(2009) 等文章，都比较明确地探讨了社会工作与社区矫正的关系问题，但有些文章的论述深度及与实务工作的关联度有待进一步扩展。笔者还通过中国图书网、当当网查阅了自2003年以来国内出版的17种有关社区矫正的图书，其中郭建安、郑霞泽、吴宗宪、刘强等人的研究成果在国内具有较大影响，但基本都是从刑法学、犯罪学角度探讨社区矫正问题。从社会工作角度研究社区矫正问题的专业书籍目前主要有张昱、费梅苹著的《社区矫正实务过程分析》(2008)，张昱主编的《矫正社会工作》(2008)，以及范燕宁、席小华主编的《矫正社会工作研究》(2009)。另外，根据对中国博士学位论文全文数据库、资料库的查阅，2003年以来涉及社区矫正问题的博士论文有5篇，其中南开大学刘津慧的博士论文《我国社区矫正制度研究》专门讨论了社区矫正中的社会工作者的工作方式，以及矫治社会工作的介入途径问题。

综上所述，当前深入开展有关矫正社会工作理念方法在我国社区矫正进程中的介入模式研究，无论是对于推进社会工作专业学科建设，建立中国本土化的司法矫正社会工作理论体系和实务工作模式，还是对于推进我国社区矫正社会工作的深入发展，都具有十分重要的理论和实践意义。

本书是教育部人文社会科学研究项目“矫正社会工作在中国社区矫正中的本土化介入模式”的最终成果（批准文号：10YJA840006)。本成果旨在深入总结我国矫正社会工作理念方法介入我国社区矫正的路径、特点、实务模式及经验，揭示在开展社区矫正实务工作时，矫正社会工作者在立法依据、组织机构、管理体制、运行机制、保障机制等方面遇到的各种困难和问题，并对我国矫正社会工作者为解决这些困难和问题所创造的各种实际实务工作模式作出一定的政策分析，以便能够为今后的矫正社会工作及社区矫正工作提供一定的借鉴和参考依据。

本书希望能够在以下三个方面有一定的研究贡献和创新：

（一）矫正社会工作的本土化研究视角。深入研究当前中国社区矫正进程中，矫正社会工作理念方法与现行司法行政体系的介入过程与方式，阐释二者在价值理念、工作手法、组织机构、管理方式、运行机制等方面的一致性与差异性，揭示二者的磨合接纳过程，总结符合中国国情的矫正社会工作的本土化发展路径与方式。

将社区矫正的理论与方法置于全面推进社会建设的宏观背景框架中，通过对矫正社会工作在中国社区矫正中介入模式的探讨，揭示犯罪人进行矫正改造的责任模式在我国由单纯的“国家改造责任模式”向“国家—社会—家庭共同承担改造责任模式”发生转变的客观历程。

（二）矫正社会工作的实务化研究视角。不单纯停留在理论层面的研究，侧重于总结矫正社会工作在社区矫正中的实务模式，探讨中国本土化、多样性的司法矫正社会工作在社区矫正中的嵌入磨合、双赢互利模式。根据以人为本的科学发展观原则，探讨个性化、人性化的社会工作个案矫正过程与方法，尤其是在社会工作个案评估及辅助管理模式、个案矫正实务操作模式、适用特殊矫正对象的分类矫正模式、以社区为本的社区资源整合模式等方面给出切实可行的矫正社会工作的实务模式及路径，从而为今后中国矫正社会工作的发展提供切实可行、可靠、可操作的实务工作模式样本。

（三）矫正社会工作的系统性、反思性研究视角。试图以矫正社会工作理念方法为切入点，对矫正社会工作在中国的发展进程及实务模式进行客观总结。对社区矫正中的矫正社会工作制度模式、矫正社会工作者与准社会工作者队伍建设模式、矫正社会工作的个案矫正实务操作模式、矫正社会工作者在社区矫正中的政策层面介入模式、矫正社会工作在社区矫正中的间接介入模式等问题进行系统总结和梳理，既实事求是地肯定在社区矫正进程中我国矫正社会工作的本土化创新性发展，又不回避在社区矫正实际工作进程中遇到的各种困难和问题，并对解决这些困难和问题的各种实务工作应对模式作出一定的政策分析。

由于研究者的能力和水平有限，本项研究的最终成果并未完全实现研究者的初衷。不过，为了对课题立项方有个及时的负责任的交代，也为了能够对中国的司法矫正社会工作起到一些实际的推动作用，我们几经犹豫，最终还是决定本着“先有后好”的思想，先将初步的研究成果编撰成册，付梓出版，奉献给读者。衷心希望各方面的专家学者、一线司法矫正工作者、各界同人朋友不吝赐教和批评指正。课题组将一一记录大家的批评意见，在今后有条件修订本书时一并加以补充和修改。

范燕宁

2015 年 10 月

目 录

第一章 社区矫正社会工作的起源与发展

我国历史上曾经有过社区矫正的实践，但是作为刑罚制度的社区矫正则是从国外引进的。2003 年的社区矫正试点工作标志着我国刑罚制度重点由监禁刑到非监禁刑的转变，体现了人道主义。试点工作之初，在吸取国外经验的基础上，考虑到社会工作和社区矫正在促进社区服刑人员回归社会的目标上的共通性，政府鼓励社会工作积极参与到社区矫正工作中。社会工作积极介入社区矫正的目的就是要利用社会工作的社会福利柔性去软化社区矫正刑罚执行的刚性，在实践中，社会工作的确在帮助社区服刑人员抚平伤痛、重树信心方面起到了积极的作用。

社区矫正是与监狱矫正相对的一种形式，其直接目的是通过社区矫正组织进行的社会化的教育，使罪犯适应并顺利回归社会。从另一个角度来看，这也是社区矫正的社会福利的体现。社会工作作为社会福利的传导和社会服务的提供的主要方式，在促进社区矫正人员的社会融入和再社会化中能够发挥重要作用，为此我们将社区矫正中的社会工作称为“社区矫正社会工作”，作为今后社区矫正研究的一个方向和着力点。本章试图厘清社区矫正社会工作中的几个概念，介绍西方发达国家的社区矫正社会工作经验，并对我国社区矫正社会工作的起源和发展进行梳理。

第一节 社区矫正社会工作的概念及内容

社区矫正社会工作根植于社区矫正，所以应首先对社区矫正的概念有个明确的界定。社区矫正社会工作的重点是发挥社会工作的社会福利功能，对社会工作应确定它的含义，然后再对社区矫正社会工作的概念进行定义，并分析其内涵和外延，阐释其与其他相关概念的关系。

一、社区矫正

自 1841 年美国波士顿的修鞋匠约翰·奥古斯图开展最早意义上的感化工作以来，社区矫正已经有一百七十余年的历史了，但是社区矫正究竟是什么，学术界和实务界依然众说纷纭，尤其是国外的学术界对此问题存在较大的分歧，据统计，学术界关于社区矫正的界定有几十种之多。笔者认为，研究社区矫正，必须要具备两个视角：一是发展的视角。社区矫正是在实践中不断发展的制度，是经过修正不断加以完善的，正如我国早期将被剥夺政治权利的罪犯列为社区矫正对象，而后经过实践和研究将其剔除。二是个别化的视角。各个国家的历史传统文化和习俗不同，采取的社区矫正方式也不同，不宜一味地采用拿来主义，要有选择地甄别采用。加拿大的社区矫正工作有很大一部分是救世军等宗教团体来承担的，如果直接用于中国就不适宜。因此，本书中所讲的社区矫正和社区矫正社会工作并非纯理论的纸上谈兵，而是从我国国情出发的。

关于社区矫正的定义，政府给出了官方的解释，但学者们对此存有争议。2003 年 3 月，司法部部长张福森对社区矫正作出如下界定：我们所讲的“社区矫正”是与监禁矫正相对的行刑方式，是指将符合社区矫正条件的罪犯置于社区内，由专门的国家机关在相关的社会团体和民间组织以及社会志愿者的协助下，在判决、裁定或决定确定的期限内，矫正其犯罪心理和行为恶习，并促进其顺利回归社会的非监禁刑罚执行活动（汤啸天，2004）。该定义成为社区矫正政策实施过程的官方依据，被转化到 2003 年 7 月最高人民法院、最高人民检察院、公安部、司法部（以下简称“两高两部”）下发的通知当中，并在各种文件、文献和研究报告中广泛引用，基本都强调了社区矫正是以国家为主导、执行非监禁性刑罚的过程，并已成为国内关于社区矫正性质定位比较流行的论述。但学者们持有不同的观点，张昱和费梅苹认为社区矫正是以社会为平台，以科学的价值观念和工作方法恢复社区服刑人员的社会功能，促进社区服刑人员顺利回归社会的刑罚执行制度和过程（张昱、费梅苹，2005）。显然后者的定义相对于前者更侧重于社区矫正的社会福利功能一面。但未丽对此作出了更详尽的解释，她认为社区矫正的定义并非一个纯理论问题，而是与社会现状、社会基础及社会实践有着千丝万缕的联系。她在对社区矫正概念的广义说和狭义说进行分析与反思的基础上，结合我国的实际情况，提出社区矫正是兼有刑罚执行和社会工作属性，由专门机关与社会力量共同对符合社区矫正条件的犯罪人在社区内实行监管、教育与帮助，致力于追求促使犯罪人顺利再社会化并过上守法生活的个别预防目的且兼顾一般预防的刑罚执行制度（但未丽，2008）。笔者认为，这个观点比较适合中国的社区矫正的定义，虽然社区矫正具有刑罚执行和社会工作或社会福利的属性，但是如果将两者完全对等，显然也不符合中国国情。笔者认为，社区矫正中的刑罚执行是基础性属性，社会福利是发展性属性，社会福利是建立在刑罚良好执行的基础上的，如果无法严格地实行刑罚执行，社区矫正对象再犯罪，危害社会，社区矫正便失去了意义。因此，简单来说，社区矫正首先是国家机关与社会力量对符合社区矫正条件的犯罪人在社区内实行惩罚的过程，其次是促使犯罪人顺利再社会化的过程。

二、社会工作

社会工作引入中国的历史可以追溯到民国时期，美国人步济时（John Stewart Burgess）在燕京大学创办了“社会学与社会服务系”。然而，社会工作真正在我国大陆蓬勃发展是在2006年中国共产党十六届六中全会之后。目前，社会工作在东部经济发达地区逐步拓展，中西部地区仍处于萌芽状态。关于社会工作的定义也为数不少。社会工作和社区矫正在中国正经历着其本土化的过程，很难对不断发展中的社会工作下本土化的定义，但笔者认为社会工作无论在哪个国家发生怎样的变化，其基本的价值理念不能变。据笔者研究，中国学者对社会工作的定义大多脱胎于一位美国学者的定义，该美国学者认为社会工作是指在社会福利的制度安排下，秉承专业价值与规范，运用科学的知识和方法帮助社会上有需要的个人、家庭和群体，以增进个人、群体乃至社会福祉为目标的职业活动（O. William Farley，隋玉杰等译，2005）。这个定义还是符合中国国情的。在中国，社会工作的推动是由政府主导的，政府是社会福利制度安排的主体。此定义不仅关注个人、群体，还强调增进社会福祉，这和中国重视集体、强调大局观的观念不谋而合。以社区矫正为例，社区服刑人员是有需要的个人，但是这个个人背后有着一个家庭同样需要帮助。从整体上来看，社区服刑人员就是一个大的群体，需要政策关怀等社会工作的推动。只有社区矫正群体稳定了，才不会扰乱社会，才能增进全社会的福祉。

三、社区矫正社会工作

“社区矫正社会工作”这个词汇学术界使用得比较少，还没有研究者对其进行过专门论述。费梅苹在《社会互动论视角下青少年社区矫正社会工作服务研究》一文中使用的“青少年社区矫正社会工作服务”这个词汇，意指对青少年社区矫正所提供的社会工作服务，她仅仅在文中使用了这个词汇，但是没有予以界定。苏州大学的史俊也曾在他的硕士论文《社区矫正工作研究》中使用“社区矫正社会工作”并作为一个关键词出现，但是没有进行专门的论述。由此可以看出，研究者们开始意识到社区矫正领域内没有专门词汇指代社区矫正中开展的社会工作的不便，以及“社区矫正社会工作”一词所特有的指代性。笔者也是在研究的过程中发觉没有一个词汇专门指代社区矫正的社会工作，用其他词汇又不能精确概括，所以提出了“社区矫正社会工作”这一词汇。

事实上，中国的“社区矫正社会工作”实践早于“社区矫正社会工作”研究，它从社区矫正开始试点起便已存在，并在不断发展之中。例如，2004 年 1 月成立的为社区矫正人员和五年内刑释解教人员提供专业服务的上海市新航社区服务总站，就是通过政府购买社工服务的方式推动民间社团的自主运作，引入社团和社工帮助社区矫正对象树立生活的信心，从源头上预防犯罪。北京的“阳光中途之家”是帮助社区服刑人员和刑满释放人员顺利回归社会的社区矫正和安置帮教机构，为其提供教育、培训、救助和过渡性安置，促使其提高适应社会的能力。无论是北京或上海，都在社区矫正社会工作方面已经开展了很多实际工作。

综上所述，“社区矫正社会工作”是指在社区矫正这一刑罚执行和社会福利过程中开展的，运用专业的知识和方法，帮助社区服刑人员恢复社会功能，促进社区服刑人员融入社会的职业活动。“社区矫正社会工作”特指在社区矫正领域开展的社会工作，而进行此类工作的社会工作者可称为社区矫正社会工作者，简称“社矫社工”，以同现在使用的“司法社工”、“社区矫正工作者”、“矫正社会工作者”区别开来。

笔者认为，社区矫正判决前的居住地核实、社会调查及社区矫正期满后的安置帮教工作也应纳入到社区矫正社会工作中来，因为这些工作都具有延续性。社会工作者介入对犯罪嫌疑人判决前的居住地核实和社会调查工作，有助于社工对社区服刑人员情况的了解和评估；介入社区矫正期满后的安置帮教工作，也有利于社区矫正后期的跟踪评估。

四、社区矫正社会工作与司法社会工作、矫正社会工作、社区社会工作的关系

一个概念的提出，仅仅有定义还不够，还需要探讨它与其他相关概念的关系。虽然“社区矫正社会工作”这个概念专门指代在社区矫正领域内开展的社会工作，但是对它的范围予以界定，指出

它与其他相关范畴的区别和联系之处，有利于学者正确使用这一词汇。

学科的发展筑基于对学科内基本概念体系的认同，新研究领域亦是如此。在查阅文献时，笔者发现学界对社区矫正工作与社区矫正社会工作两个概念产生了混淆。中国知网中主题为“社区矫正工作”的文献有1811条，大多没有对社区矫正工作进行定义，但通过文章能看出其指代内容各不相同。佟丽萍在《社会工作者介入社区矫正工作探讨》一文中提到社会工作者是作为社区矫正的主体参与社区矫正工作，社区矫正工作是指在社区矫正的基础上开展的工作。郭伟和在《社区矫正工作亟待创新的三个问题》一文中提到社区矫正工作是指整个社区矫正中需要做的工作。而刘洁莹在《创新社区矫正 构建和谐社会——政府购买服务在社区矫正工作中的重要作用》一文中则将社区矫正工作看作社区矫正社会工作。有学者指出，社区矫正工作者是执法者，具有执法权，与社会工作者是有区别的。面对学界在“社区矫正工作”这一词汇的使用中与“社区矫正社会工作”的混淆，有必要对此予以明确。笔者同意大多数学者的意见，即所谓社区矫正工作，是指在社区矫正中开展的工作，既包括社区矫正社会工作的内容，也包括社区矫正过程中的其他工作，如社区服刑人员日常管理工作、宣传教育工作、档案整理工作等。社区矫正工作不等同于社区矫正社会工作。“社区矫正工作”相对于“社区矫正社会工作”来说，是一个外延更广的词汇。

有的学者用矫正社会工作泛指社区矫正社会工作，笔者认为这是不恰当的。矫正社会工作实际上主要包括两部分：一部分是在监狱内开展的矫正社会工作；另一部分是在社会处遇下开展的社会工作，也就是社区矫正社会工作。两部分的服务对象，前者在监狱内，后者在监狱外，所处的环境以及各自面临的困境有着极大的不同，社会工作服务的开展所采用的社会工作的方式方法、技巧也大不相同，如果仅仅用矫正社会工作泛指这两者其中之一则有失精确。笔者认为，根据两者的独特性，无论是在社会工作实践中还是在社会工作研究中，都需要将两者区别开来。毋庸置疑，社区矫正社会工作是矫正社会工作的组成部分，但是矫正社会工作并不能指代社区矫正社会工作。

矫正社会工作的定义也有很多，但大多意义相近，笔者认为王思斌在《社会工作概论》一书中对此的定义具有代表性。矫正社会工作是指将社会工作实施到矫正体系之中，由专业人员或志愿人士运用社会工作专业理论和技术，为罪犯或具有犯罪危险性的违法人员，在审判、服刑、缓刑、刑释或其他社区处遇期间，提供思想教育、心理辅导、行为纠正、生活照顾等，使之消除犯罪心理结构、修正行为模式、适应社会生活的一种福利服务（王思斌，1999）。该定义中提到的“社区处遇”指的就是社区矫正，由此可见，矫正社会工作包含社区矫正社会工作，或者说社区矫正社会工作是矫正社会工作的组成部分。

司法社会工作是指司法社会工作者综合运用社会工作专业知识和方法，为社区服刑人员、安置帮教对象及边缘青少年等弱势群体提供心理疏导、职业技能培训、就业安置等社会工作服务，以提升其自我机能、恢复和发展社会功能，最终达到预防犯罪、稳定社会秩序的专业服务过程。结合上述矫正社会工作的定义，我们可以看到司法社会工作属于社会工作的一种，但它的范围比较大，包含矫正社会工作的一部分和社区矫正社会工作。

为了使大家对以上所述有一个更直观的认识，我们用一个图示来表示它们之间的关系（见图1-1）。

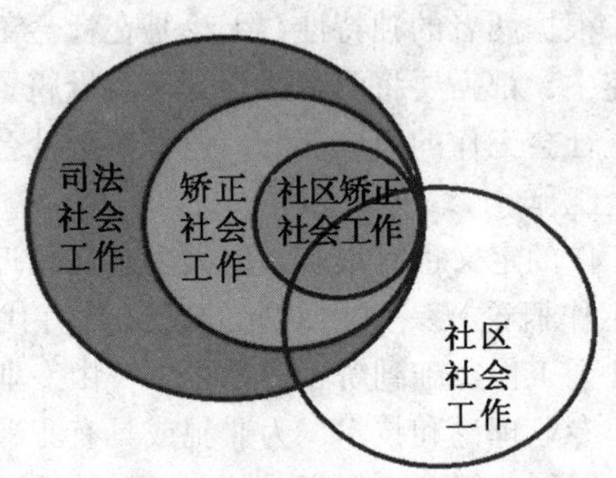

图 1－1　司法社会工作与社区矫正社会工作的关系

第二节　社区矫正社会工作的国际经验

社区矫正和社会工作都是从国外引进而来的，两者也都经历着中国化的过程。针对舶来品，历来有两种观点：一种是拿来主义，全盘西化；另一种是敝帚自珍，闭关锁国。历史已经证明这两种观点皆不可取，而且在日益国际化的今天，要求必须正视国际规则和国际规范，因此我们应该取其精华、去其糟粕，根据我国的具体国情，借鉴和吸收国际经验。

社区矫正在发达国家和地区已经有较长的历史。早在 18 世纪后半叶，英国进步监狱改革家约翰·霍华德就提出过反对监狱非人道化刑罚的监狱改革理论，促进了对罪犯的人道化待遇。19 世纪后半期，随着资本主义社会矛盾的激化及西方国家犯罪现象的急剧增加，刑事近代学派的奠基人龙勃罗梭运用人道主义和实证主义方法，探究了犯罪的深层次个性原因，论证了教育、劳动等社会因素对于矫治罪犯心理及行为倾向的重要作用，引发了以李斯特为代表的刑事近代学派的产生，以及缓刑、假释、不定期刑、保安处分等一系列现代刑法制度的出现。第二次世界大战以后，随着人类对战争期间各种不幸和灾难的反思，对于个人权利的尊重和保护日益成为各国法律的主题。在欧洲大陆国家出现了强调保护社会免受犯罪侵害，主张对犯罪人进行再社会化并实行人道的刑事司法处遇的社会防卫学派。与此同时，美国受医疗模式、标签理论以及中间刑法制裁措施等因素的启发和影响，社区矫正制度日趋完善。联合国及其有关下属组织在总结各国非监禁性刑罚经验的基础上，于1955年在日内瓦举行的第一届联合国预防犯罪和罪犯待遇大会上通过了《囚犯待遇最低限度标准规则》；在1966年第二十一届联合国大会上通过了《公民权利和政治权利国际公约》；在1980年第六届联合国预防犯罪和罪犯处遇大会上通过了关于《减少关押矫正及其对剩余囚犯的影响》的报告。在这些重要文献中，均强调了实行社区矫正的必要性和重要作用。20世纪下半叶以来，社区矫正已经成为一项重要的司法制度，在西方发达国家以及我国的香港、台湾等地区，得到了多样化的普及和发展。2000年，许多发达国家和地区纳入社区矫正的非监禁人数已大大超过监狱中的监禁人数，完成了由以监禁刑为主向非监禁刑为主的历史性转化（范燕宁，2004）。社区矫正是司法社会工作与矫正社会工作的结合，通过透视西方发达国家在社区矫正中的先进做法，我们可以总结提炼出社区矫正社会工作的经验。

国外对社区矫正有多种称谓，如社会处遇等，并且包括广泛、多样的裁判选择，诸如缓刑（Probation）、假释（Parole）、家中监禁（Home Confinement）、电子监管（Electronic Monitoring，在罪犯身上安装可连续发射信号的电子监控器），以及正在发展中的新项目（New and Developing Programs）（F. Schmalleger，1999）。此外，日报告中心（Day Reporting Centers）、返回社区训练所（Halfway Houses）等形式也比较常见。有些是中国所不具有的。本书对国际经验进行了提炼总结，以期起到推动我国社区矫正社会工作发展之目的。

一、先进的理念

西方，特别是欧洲，是人道主义的起源之地，而社会工作也一直秉承着人道主义理念。如何在看似缺乏人道的刑罚执行中体现社区矫正、社会工作的一面，必然要以先进理论为思想先导。正是西方的先进刑罚理论，为社区矫正制度的产生提供了强大的思想武器，并推动了西方国家社区矫正社会工作的建立和发展。

刑罚人道主义的兴起使社区矫正社会工作从理论走向现实。刑罚作为人类社会维护自身生存条件的手段，是国家作为“公共权力”即社会的管理者来主持公道，对严重危害社会的行为实施的惩罚。但在相当长的时间内，它并没有摆脱复仇的阴影，反而成为威吓、镇压的工具，刑罚的样式和内容也越发严厉、残酷和血腥。直到启蒙主义历史时期之后，“自由、平等、博爱”旗帜下的人道主义的出现，才使人类社会刑罚制度有了重大改革。刑罚人道主义者不仅以“法学”为基石，还以“人学”为基石；从预防主义出发，主张以“人本位制”的矫正主义取代“刑本位制”的报应主义，认为刑罚不要拘泥于对已经出现并不可改变的犯罪行为的究问和报应上，而应当以刑罚为手段，努力消除犯罪人的主观恶性，以达到矫正犯罪、预防重新犯罪的目的。因此，刑罚的本质虽然是给犯人带来了一定的痛苦，但更应当立足于人的本质方面的复归、解放、更新和再造，努力使犯罪人得到人道的尊重、人格的提升、人生价值的重新体现和追求，得到深层次的人文关怀，将刑罚带来的痛苦程度限制在使犯罪人能够改过迁善和有效地预防犯罪的限度之内，并且要与时代的变化相适应。随着社会的进步，科学的、人道的刑罚理论逐步被人们所接受，越来越多的人认识到，传统的刑罚中一些必备的痛苦已经没有存在的必要了，而应当以符合人道主义原则，促进犯罪人认罪悔改、回归社会的新的行刑方式取而代之。正是由于有了人文关怀和人文精神的渗透，才使犯罪人的自我调节功能得以激活，使其自身在社会生活中与精神世界中的偏离和错误得以纠正；才使整个刑罚从野蛮逐渐走向文明，预防主义和矫正主义日益成为公认的行刑理念，从而使假释等非监禁刑和社区矫正介入行刑领域。

行刑的社会化的发展使社会公众对社区矫正社会工作产生了认同感。所谓行刑社会化，是指在刑罚执行中注重社会因素的作用，通过各种努力争取社会力量介入对犯罪人的矫正，加强犯罪人与社会的联系，以达到犯罪人改过迁善、易于回归社会、不再重新犯罪的目的的一种矫正方式。它包括社会关心、社会援助、社区矫正、社会帮教和社会监督等社会工作的内容。现代刑罚理论认为，犯罪不是犯罪人与生俱来的，乃是社会多种因素交合作用而生成的一种独特的社会实践的产物，从某种意义上来讲，犯罪是社会使然。因为人是赤裸裸地来到这个社会的，是这个社会赋予了他一切，当然也包括犯罪行为能力。对此，社会有责任帮助他们消除犯罪动机和能力，使他们重新适应正常的社会生活。要达到此目的，就要把犯罪人置身于由多种良性社会关系所构成的特定社会环境中，体验多方面的社会关系，使犯罪人在社会关系中找到自己的归宿，同时通过对犯罪人施以一定的救助、矫正和改造措施而使其顺利回归社会。再者，犯罪人所置身的社会是一个运动变化着的动态系统，行刑效果的取得直接影响社会发展的宏观态势。因此，必须打破行刑封闭化，让社会力量参与犯罪人的改造，实行社区矫正，这既是犯罪人再社会化所必需的，也是社会之责任。而假释就成为西方各国行刑社会化的一个重要组成部分。

二、以政府为主，鼓励社会力量参与

西方各国假释适用和社区矫正的开展，在具体办法和程序上虽有差异，但在基本原则和总体做法方面都有其相似之处，大体上遵循以政府为主，辅助以社会工作者、志愿者等社会力量的参与与协助。为了便于问题的阐述，笔者以加拿大为例作一介绍。

加拿大假释的执行和社区矫正由矫正机关负责。加拿大矫正当

局不仅负责对狱内服刑人员的监管矫正，也担负着对走出监狱大门的假释人员的教育、督导和考察的职责。

对于从联邦监狱出来的日间假释服刑人员，联邦矫正局主要指定两种场所安置他们：

一是联邦矫正局建立的17个“社区矫正中心”，这是联邦政府设立的专门用于对假释缓刑等非监禁刑服刑人员进行社区矫正的机构。从省级监狱日间假释出来的服刑人员，则由各省矫正局租赁“中途站”或设立社区矫正中心进行安置。

二是遍布全国的165所私营“中途站”，即矫正当局与“中途站”的私营老板签订合同，由政府出钱租赁“中途站”的部分住房，“中途站”则根据合同的约定收容日间假释犯人，为他们提供食宿、体能锻炼和康乐设施，而假释犯人的矫正督导工作则由矫正当局派出矫正官负责，“中途站”私营雇员也可以在矫正官的指导下从事一些简单的矫正工作。政府选定的这些“中途站”，大都是由教会属下的救世军等慈善机构或一些社会团体兴办的。很多私营的“中途站”不仅收留假释人员，还收留其他流浪者和精神病人。矫正当局与这些私营机构合作，其实质就是花钱买服务。

联邦社区矫正除在首都渥太华设有总部外，还在全国设有5个分部（按地区管辖），就西部的太平洋地区而言，下面又分为4个假释区，4个假释区下设22个中途住所，有65名假释官、200名社区志愿者，共管理1100名联邦社区服刑人员。在垂直管理体制下，专业化分工明确是加拿大社区矫正的一大特色，如在联邦的假释办公室设有高级假释官、行政经理、项目管理者、牧师、电脑技师、个案管理工作者等。垂直管理的好处是有利于加强业务方面的领导，减少地方的干预；有利于工作人员的专业化管理和素质的提高。而专业化分工明确又使得各个部门、环节、人员能够各司其职，互相配合。这对我国目前试点工作中分工模糊，社区矫正工作小组的上级管理部门过多，造成“婆婆太多，媳妇难做”的事实是一个启示。

三、注重个别化并相互衔接

西方各国在社区矫正种类的设计上具有宽泛性和递进性的特点。所谓宽泛性，就是社区矫正种类繁多，对不同的社区服刑人员具有不同的矫正内容设计，因人而异。所谓递进性，就是根据社区服刑人员的年龄、犯罪性质以及主观恶性程度等设计严厉程度不同的矫正措施，并且相互衔接，对罪犯的自由限制和管理形成一个由宽到严的阶梯。宽泛而递进的复合型的立法设计，拓张了社区矫正的弹性，赋予了法官较大的裁量空间，允许法官针对个案的具体情况，选择最适合犯罪人的一个或多个社区矫正令，因人施刑，更加有利于罪犯的改造。

【知识拓展】

英国的社区矫正不是一个单一型的刑种，是复合型的多元化的刑种群，由多种社区矫正令组成。这些矫正令是立法机关在近一个多世纪以来，随着刑罚学研究的不断深入，在不同时期逐步确立的。刑事司法机关在个案的审判中，对某个被告人可以适用一个或多个社区矫正令。根据2000年英国国会通过的《刑事法院量刑权限法案》［Powers of Criminal Courts（sentencing）Act］的规定，英国社区矫正的种类由社区令、补偿令、缓刑（暂缓执行）和假释构成。该法案第33条第1款规定，“社区令”包括宵禁令、缓刑令、社区服务令、结合令、毒品治疗和测试令、管护中心令、监督令和行动计划令。其中，宵禁令适用于所有年龄段的罪犯；缓刑令、社区服务令、结合令、毒品治疗和测试令仅适用于已满16周岁的罪犯；管护中心令适用于未满21周岁的罪犯和不履行责任者；监督令、行动计划令仅适用于未满18周岁的罪犯。补偿令适用于未成年罪犯。缓刑（暂缓执行）适用于被判处2年以下监禁刑的罪犯。

英国的社区矫正在矫正种类体系设计上还具有严密的递进性，

各个社区矫正令之间根据年龄和犯罪情况等，对罪犯的自由限制和管理形成一个由宽到严的阶梯。例如，2000 年《刑事法院量刑权限法案》第60 条第 3 款和第 4 款的规定就体现出了递进性的特点，即“管护中心令可能要求一个人参加一个中心的总计小时数，不得少于12 小时，除非当：（a）他未满 14 周岁，并且（b）法院根据他的年龄或一些其他情况，认为12 小时过多了”，“总计的小时数不得超过 12 小时，除非当法院分析所有的情况后，认为 12 小时是不够的，并且在该案中：（a）当罪犯未满 16 周岁时，不得超过 24 小时；和（b）当罪犯已满 16 周岁但未满 21 周岁或未满 25 周岁时不得超过 36 小时”。在 2000 年英国国会通过的《刑事法院量刑权限法案》中，类似这样详尽的规定比比皆是。

四、社区矫正种类、手段多样

西方各国在社区矫正手段的设计上具有多样性的特点。与源自监狱矫正的传统型矫正手段单一、技术含量低、现代化手段运用得极少不同，西方各国借助雄厚的经济条件和先进的科技手段与研究成果，在社区矫正中运用了多种多样的有效手段并形成了一个完整的体系。

【知识拓展】

美国俄勒冈州社区矫正手段主要包括：（1）在制裁方面的手段，如工作中心、电子监控、家中拘留、日报告中心、强化的特别的监督、社区服务、社区劳务小组等。（2）在服务和干预方面的手段，如滥用酒精和毒品的门诊矫治、居住地滥用酒精和毒品的治疗、精神健康的治疗，对发怒的控制、认知的重建，对性罪犯的治疗，就业、教育，解决在危机状态和假释过渡期的居住条件，假释过渡期的服务等。（3）其他措施，如尿检，对使用抗滥用毒品和酒精药物的罪犯提供资助、补助金等。

上述美国俄勒冈州的矫正手段有的是传统型的矫正手段，如社区服务；有的是借助于先进的科技手段，如电子监控；有的是制裁性的；有的是服务和干预性的。制裁性的矫正手段体现了社区矫正的刑罚制裁性，而服务和干预性的矫正手段则是对社区服刑人员的人文关怀，使社区服刑人员能够回归社会。经过长期社区矫正的实践，美国俄勒冈州已经形成了比较全面和系统的社区矫正手段，在社区矫正中采用了许多不同形式的制裁、服务和干预的手段及措施，目的是使罪犯能够遵守法院和假释委员会确定的监督条件，使罪犯在社区承担刑事责任时尽可能地减少其今后犯罪的可能性。这些形式丰富、内容各异的矫正手段充分考虑了矫正目标实现的可能性，注重社区服刑人员个体化的差异，尊重社区服刑人员回归社会的需要并在矫正过程中给予制度化的帮助。每个州可以决定使用什么样的制裁和服务能最好地满足社区和罪犯的需要，因此各州所采用的手段具有广泛的差异性。

五、社区矫正效果评价的相对科学性

其实对罪犯改造质量进行评估是一个世界性难题。改造工作是针对人的活动，对人的活动具有个别化和不可重复化的人文特点。这就决定了一组满足要求的特性要因人而异，具有个别化的特性，要在寻求个性化的一组特性的基础上，寻求具有普遍意义的、符合一般规律的一组特性。这实质上就是要构建起个别化的改造质量标准和群体罪犯的改造质量标准。这是罪犯改造质量评估的基础和依据。而要按科学和量化的要求，构建个别化的和群体的罪犯改造质量标准的难点在于如何科学认识罪犯的特性问题、程度问题，如何落实罪犯改造质量目标的问题、研究方法的问题。国外发达国家在这方面尽管也面临同样的难题，但相比较而言，它们更加注重对这方面的研究和探索，也取得了一些成果，在社区矫正效果评价方面具有相对的科学性。例如，20 世纪 70 年代中期，当美国总统任命的矫正工作调查组负责人罗伯特·马丁森作出了“矫正无效”的

结论后，美国的犯罪学学者、刑事司法和执法领域的工作者以及政策的制定者对社区矫正项目的有效性展开了争论，并取得了大量的研究成果。这些研究成果主要有：（1）注意保持社区监督、制裁和治疗的平衡（Rand，1990；McM & che，1991）；（2）对滥用酒精和毒品者的治疗（Eisenborg，1992；McFarland，1991；Beebe，1991；Griffiths，1991）；（3）对性罪犯的治疗（Coxe，1991；Eisenberg，1992）；（4）假释过渡期的服务（Finegan，1993）；（5）认知技能的增长（Hunter，1992）；（6）采用及时反应的、有效的和实质性的干预（NCCD，1993）；（7）对于有高度和中度危险的罪犯给予更多的关注（Andrews，1993）；（8）社区的监督和服务需要有经过较好训练的工作人员来执行（Roming，1984；Ross，Gendreau 1987）；（9）社区监督和治疗的结合（Turner，Petersilia，1990；Field，1991）。运用这些研究成果，形成了一些系统的量化的评估量表，并将矫正质量评估贯穿整个矫正过程的始终，各个阶段的评估结果将用于指导和及时调整下一阶段的矫正方案，从而使矫正更具有针对性。

近年来，我国一些监狱已开始了罪犯改造质量标准与评估的理论研究和实践探索。这些研究和实践移植了ISO质量认证体系的形态，但没有构建起完整、具体、量化的罪犯改造质量的科学标准，或者只是在传统的定性的质量标准上打圈圈，不是社会化的客观标准。这种标准是建立在主观定性的基础之上的，具有较强的主观随意性，而且这种定性的标准仅对罪犯改造的主要目标进行描述，无法对罪犯的改造方案以及矫正措施产生推动作用。科学规范的管理在客观上有助于提高罪犯的改造质量，但没有科学的罪犯改造质量标准，实际上就不可能使质量目标得到全面落实，不可能在质量目标的控制下实现改造工作的持续改进。在社区矫正方面，对社区矫正效果的评价一般还只是简单地以是否有社区服刑人员重新犯罪为衡量标准。但是对于什么是重新犯罪、时间期限为多少为合理、导致重新犯罪的因素是社区矫正的效果还是其他因素的影响等问题都没有进行深入的研究，各地在进行社区矫正效果评价时适用的标准表面上看一般都用重犯率来衡量，但事实上由于对以上问题的理解不一，标准也很不统一。至于其他效果的衡量标准，只是停留在很粗浅的阶段，表现为在矫正过程中和矫正期限届满时对社区服刑人员的主观性评价。

第三节 社区矫正社会工作在中国的起源与发展

我国的社区矫正最先是由北京和上海两地在2002年进行试点，按照中央的部署，2003年7月，“两高两部”联合下发通知，决定开展社区矫正试点工作，并确定北京等6省（市）为首批试点地区。2005年“两高两部”联合发文，将试点范围扩大到18个省（区、市）。2006年，党的十六届六中全会作出的《中共中央关于构建社会主义和谐社会若干重大问题的决定》明确要求，实施宽严相济的刑事司法政策，积极推行社区矫正。2008年12月，《中央政法委员会关于深化司法体制和工作机制改革若干问题的意见》明确要求推进社区矫正立法工作。在全面总结社区矫正试点经验，认真调查研究、深入分析社区矫正工作面临的形势和任务的基础上，司法部提出了全面试行社区矫正工作的意见。经中央批准，2009年9月，“两高两部”联合下发了《关于在全国试行社区矫正工作的意见》。2009年10月，“两高两部”召开了全国社区矫正工作会议，对全面试行社区矫正工作作出了部署。2011年2月，第十一届全国人大常委会第十九次会议通过的《刑法修正案（八）》规定，对判处管制、缓刑以及假释的罪犯依法实行社区矫正。2012年3月，第十一届全国人大常委会第五次会议通过的《关于修改〈中华人民共和国刑事诉讼法〉的决定》，对社区矫正制度作出了进一步的规定，明确规定“对判处管制、宣告缓刑、假释或者暂予监外执行的罪犯，依法实行社区矫正，由社区矫正机构负责执行”。刑法和刑事诉讼法关于社区矫正的规定标志着我国社区矫正法律制度的确立。2012年1月，司法部会同最高人民法院、最高人民检察院、公安部联合制定了《社区矫正实施办法》，明确规定了社区矫正执行体制、执行程序、矫正措施、法律监督等主要问题，为社区矫正工作在全国依法顺利开展提供了制度保证。[①] 截至2011年12月底，全国已有97%的地（市、州）、94%的县（市、区）和89%的乡镇（街道）开展了社区矫正工作，社区矫正工作规模和覆盖面进一步扩大，社区矫正人员大幅增多，并将持续一段时间，全国31个省（区、市）和新疆生产建设兵团已开展社区矫正工作；各地累计接收社区矫正人员88万余人，累计解除矫正48.2万人，现有社区矫正人员40万人，社区矫正人员的重新犯罪率一直控制在0.2%左右。社区矫正工作取得了良好的法律效果和社会效果。[②]

事实上，虽然社区矫正在全国得到推广，但是各个地区的社区矫正发展程度仍存在差距。一般来说，东部沿海地区开始得比较早，发展得也比较好。社区矫正社会工作的情况亦是如此，经过十多年的试点工作，逐渐形成了社区矫正社会工作的上海模式、北京模式以及广州模式。

一、上海模式

上海是我国最早开始社区矫正工作的地区，早在2002年“两高两部”下达《关于开展社区矫正试点工作的通知》之前，上海就已经在上海市政法委的直接领导下开展了社区矫正工作。

（一）上海模式简述

上海早在2002年就率先开始了社区矫正工作的探索，在“两

---

① 郝赤勇．认真学习贯彻《刑法修正案（八）》 进一步加强社区矫正工作. http://www.legaldaily.com.cn/leader/content/2011－03/16/content_2519681.htm.

② http://www.moj.gov.cn/sqjzbgs/content/2012－02/15/content_3887867.htm? node＝30091.

高两部"《关于开展社区矫正试点工作的通知》下发之前，上海就已经开始了社区矫正工作的探索，下发之后上海市就将试点工作移交给司法所，由司法所开展具体的社区矫正工作。为解决司法所社区矫正工作人员不足的问题，2004 年 1 月，上海成立了新航社区服务总站，政府以购买服务的形式来运作社工队伍，社工以民间人士身份参与社区矫正。在当前上海的社区矫正管理模式下，派出所和司法所对社区矫正的管理主要体现在"宣告"和"台账"的管理上。直接面对社区服刑人员的"实际主体"是社工（武玉红，2006）。上海市这种"政府主导推动、社团自主运行、社会多方参与"的社区矫正工作思路将社区矫正与社会工作结合起来，采取政府购买社区矫正工作服务的方式，将"预防和减少犯罪工作体系"纳入到社区矫正工作中来。

（二）上海模式的特点

上海以其强大的经济基础和先于全国其他地区的实践优势开创了社区矫正的上海模式。上海模式的主要特点有：

第一，"上海模式"借助上海雄厚的经济实力，运用政府出资购买社团服务的方式实现了社区矫正的"政府主导推动、社团自主运行、社会多方参与"的指导思想，这种购买社团服务的方式在一定程度上还解决了上海社区矫正专业人员缺乏的问题。上海市新航社区服务总站就是在上海市政府的大力支持和倡导下成立的，它获得了政府购买服务的费用，承担政府指定的服务项目，主要职能为人事招聘、培训与考核以及制定统一的工作要求等日常管理（王李娜，2008）。

第二，"上海模式"在管理理念上采用社会工作平等、尊严、接纳、诚信的理念并传承了社会工作康复、预防功能的理念；通过购买社团服务的方式实现了在社区矫正工作中对社会工作专业方法、价值、理念的运用，使社区矫正不再只是一种刑罚方式，还是一种社会服务。

第三，"上海模式"在运行过程中，社区矫正部门与上海市高校相结合，在社区矫正的理念设计、制度建设、人员培训以及其他具体矫正工作开展的各环节都展开了密切的合作，这种与高校相结合的方式不仅为社区矫正提供了科学的理论知识，还为其提供了专业的社会工作人才，同时这些高校还为社会工作专业学生提供了很好的实习机会。

二、北京模式

北京模式在我国是发展较为健全的社区矫正模式之一，早在2004年6月就被司法部副部长胡泽君誉为“起点高、行动早、效果好，依法规范，走在全国前列”的社区矫正模式。

（一）北京模式简述

北京模式是指在社区矫正试点工作过程中由北京市社区矫正工作领导小组创新出来的一种符合北京实际情况的社区矫正工作模式。北京模式的理念是在现行的法律框架内和社区矫正试点工作的要求下对原有的由公安机关作为执行主体的社会服刑工作的继承与改革完善。北京模式的核心内容是以司法所为主导力量、以社区为载体进行的旨在提高矫正质量的刑罚执行活动。北京模式主要的工作方法有“3+N”方法和分类管理分阶段教育。

（二）北京模式的特点

北京模式是在我国社区矫正实践领域比较完善的矫正模式之一，笔者根据以往的资料将其特点归纳为以下几点：

第一，“北京模式”在法律框架内运行，受到了北京市党政领导的高度重视。

第二，以司法所为社区矫正执行部门，由专业人员组建社区矫正工作人员队伍，北京周边18个县也开展了社区矫正，并编写了教材，对社区矫正人员进行培训，力图组建专业化的社区矫正人员队伍。

第三，“北京模式”在执行过程中重视保障社会安全，以社区为载体，充分调动社区资源，实行严格管理与控制，提高社区矫正的质量，并探索建立分类管理分阶段教育的风险管理模式，这是一种有效且可操作性较强的方法。

第四，“北京模式”还强调对人权的尊重，强调以人为本的工作理念，彰显社会对社区服刑人员的关怀。

第五，“北京模式”在以司法所为主体机构的同时，强化社会力量在社区矫正工作中的作用，并成立了阳光社区矫正服务中心这一公益性社会团体。

第六，“北京模式”重视社区矫正的后续工作，各部门有效协调、配合，对刑满释放人员进行有效的评估。

社区矫正试点之初，在吸取国际经验的基础上，考虑到社会工作和社区矫正在促进社区服刑人员回归社会的目标上的共通性，政府鼓励社会工作积极参与到社区矫正工作中。在上海试点初期就明确了社区矫正的对象类型，并选择了组建社会团体、通过社会工作者开展矫正工作、政府购买社会团体的服务实施社区矫正的制度安排；在工作理念和方法上，选择了以社会工作关于平等、接纳等价值理念作为社区矫正工作者的基本理念，以社会工作的方法开展社区矫正工作的工作模式。基于这种选择，2002 年 12 月 17 日至 2003 年 1 月 27 日上海第一批矫正社会工作者在华东理工大学社会工作系接受了为期 40 天的社会工作培训（张昱，2004）。上海在社区矫正中使用社会工作者参与其中，对其他开展社区矫正的省市产生了示范意义，随着社区矫正试点工作在全国的扩展，从事社区矫正的社会工作者越来越多，社会工作者也越来越成为社区矫正中一股不可或缺的力量，发挥着重要的作用。

事实上，中国的“社区矫正社会工作”从社区矫正开始试点起便已存在，并在不断发展之中。2003 年年初，上海市按照“政府主导推动、社团自主运作、社会各方参与”的方式，由政府购买服务，引入社团和社工帮助社区矫正人员树立生活的信心，提高生活能力，从源头上预防犯罪。2004 年 1 月，为社区矫正人员和五年内刑释解教人员提供专业服务的上海市新航社区服务总站成立，标志着社团自主运行的实质性启动。上海市在社区矫正模式的构建和完善中，设计者与实践者超越了传统的依靠行政方法实施专政的理念，采用了社会工作关于平等、接纳等方面的价值理念，以及发挥社会工作康复、预防功能的理念（王李娜，2008）。因此，从一开始就强调了将社会工作的价值理念运用到社区矫正的过程中，通过政府购买社工服务的方式推动民间社团的自主运作，实行专门化机关管理和社会化管理相结合。

主要参考文献

[1] 汤啸天．社区矫正试点与矫正质量的提高．当代法学，2004（4）．

[2] 张昱，费梅苹．社区矫正实务过程分析．华东理工大学出版社，2005．

[3] 但未丽．社区矫正概念的反思和重构．武汉理工大学学报（社会科学版），2008（1）．

[4] William. Farley．社会工作概论．隋玉杰，等译．中国人民大学出版社，2005．

[5] 史俊．社区矫正工作研究．苏州大学，2007（3）．

[6] 郭伟和．社区为本的矫正社会工作理论与实践．社会工作，2008（3）．

[7] 佟丽萍．社会工作者介入社区矫正工作探讨．辽宁公安司法管理干部学院学报，2006（10）．

[8] 郭伟和．社区矫正工作亟待创新的三个问题．社会工作，2011（6）．

[9] 刘洁莹．创新社区矫正 构建和谐社会——政府购买服务在社区矫正工作中的重要作用．法治论坛，2010（3）．

[10] 刘强．社区矫正的定位及社区矫正工作者的基本素质要求．法治论丛，2003（2）．

[11] 王思斌．社会工作概论．高等教育出版社，1999.

[12] 范燕宁．社区矫正的基本理念和适用意义．中国青年研究，2004 (11).

[13] 刘强．各国（地区）社区矫正法规选编及评价．中国人民公安大学出版社，2004.

[14] 武玉红．对我国社区矫正管理模式的检讨．山东社会科学.2006 (6).

[15] 张昱．社会工作的本土化发展——上海社会工作发展过程分析．华东理工大学学报，2004 (1).

[16] 王李娜．上海社区矫正的实践与思考．湖北经济学院学报（人文社会科学版），2008 (3).

第二章　社区矫正社会工作的理论与原则

社区矫正与刑罚在司法模式和理念上具有本质的区别，社区矫正更强调犯人的康复和融入、强调人性的自我潜能（郭伟和，2008）。因此，社区矫正在社会工作领域就有别于司法领域关于“罪犯”的认知，有着一套“以人为本”的相关理论与原则。矫正社会工作认为，虽然罪犯有犯罪行为，但犯罪行为不一定是罪犯的本质上恶的表现。相信罪犯有潜能来改变自己的认识、性格、精神和行为；犯人发生积极转变的社会基础是社会对犯人以正常化对待、尊重犯人、接纳犯人、个别化地对待犯人；社会只有在真正帮助犯人进行人格、精神和行为上的改造时，才能更好地实现对罪犯进行改造的目的；以惩罚为主的改造措施很有可能导致更大的社会报复行为（陈伟道，1994；郭伟和，2008）。社区矫正作为与监禁性刑罚方式相对的非监禁性的社会化刑罚执行活动，具有深刻的思想渊源和价值理念基础。这一工作模式的具体实施，充分体现了社区矫正的若干深层价值理念和理论依据。

第一节　犯罪原因与社会生态系统理论

一、犯罪原因

如上所述，社区服刑人员都是因触犯法律而被法院裁定的犯罪人。将一部分犯罪情节较轻、确有悔改表现的罪犯判处在社区服刑，从一定意义上体现了社会对犯罪原因及犯罪预防认识的深化。

犯罪是在一定环境中生物的人类在特定心理支配下的社会行为（张小虎，2002），生物的、自然的、生理的、社会的因素都会成为导致人们犯罪的原因，但社会因素在导致人犯罪的各种因素中始终居于主导地位，是其中最主要的原因。

人们对犯罪原因的认识，始终是与人们对于犯罪的刑罚历史紧密结合在一起的。古代酷刑制度的实施，伴随人们对于犯罪原因的非理性的认识，人们在一定时代内曾把犯罪看作像魔鬼一样的犯罪行为，因此总是不惜采取切断肢体、挖去耳鼻、在面部或身体上留下耻辱烙印或墨迹，示众、暴尸等极端残酷的措施，将惩罚犯罪人的肉体当作惩罚犯罪的主要对象和措施（陈云生，2000）。

17~18 世纪，随着人们对科学理性作用的认识的提高，人们开始注意从人性的、生理的、自然的原因方面解释导致人犯罪的原因，先后出现了贝卡利亚的理性选择理论、凯特勒的犯罪倾向学说、菲利的犯罪饱和学说、塔尔德的犯罪模仿论和龙勃罗梭的“天生犯罪人”理论，人们开始试图从科学和人性的角度揭示导致人类犯罪的“斯芬克司”之谜，对于犯罪行为的惩罚也逐渐变得越来越有节制，并逐渐用监禁、禁闭、强制劳动、苦役、流放等形式取代了古代极为残酷的肉刑惩罚制度。

19 世纪，韦伯、迪尔凯姆等人开拓了从社会学角度“解释性地理解社会行为并且通过这种办法在社会行为的过程和影响上说明其原因的科学”的时代（韦伯，1997）。德国刑事社会学派代表人物李斯特提出了个人因素与社会因素二元并立的犯罪原因二元论观点，强调了犯罪过程的社会责任，以及应当以“社会防卫”代替“社会惩罚”的观点。迪尔凯姆提出了社会功能主义的犯罪社会学理论，认为犯罪率急剧增长是病态社会的特殊现象，是社会失范、反常、价值崩溃的表现，犯罪间接有利于社会，“犯罪是社会学上的一种规则现象”（迪尔凯姆，1999）。

20 世纪产生了当代犯罪社会学的三大核心理论，即社会结构理论、社会化过程理论、社会化冲突理论，强调在解释犯罪原因时，要将社会结构和社会整体作为基本的分析单位，从社会结构的解体、转型的角度来看待社会犯罪现象；从社区的生态特征以及社会解组、社会组织功能丧失等社会原因的角度，解释不同社区犯罪率增高的原因。美国社会学家默顿运用"紧张理论"解释了转型社会的犯罪现象，指出社会结构的解体导致了社会成员的精神紧张（包括人们因不能通过合法手段获得社会认同而产生的沮丧和气愤情绪），人们的紧张情绪则导致了犯罪率的上升（张小虎，2002）。默顿还通过"社会反常理论"进一步发展了帕森斯、迪尔凯姆的社会失范思想，指出社区环境对于青少年犯罪有重大影响，因此，加强社区治理，粉碎犯罪者的犯罪价值观及导致其犯罪的社会环境，乃是预防犯罪的有效途径。当代犯罪学犯罪原因理论的产生和发展推动了社区矫正运动的开展，也为利用社区资源矫正社区服刑人员的犯罪心理，以及为社区服刑人员提供有利于思想改造的社会处遇，提供了重要的思想理论支持。

二、社会生态系统理论

社会生态系统理论（Society Ecosystems Theory）在社会学、社会工作学界内又往往被简称为生态系统理论（Ecosystems Theory），它是用以考察人类行为与社会环境交互关系的理论。该理论把人类成长生存于其中的社会环境（如家庭、机构、团体、社区等）看作一种社会性的生态系统，强调生态环境（人的生存系统）对于分析和理解人类行为的重要性，注重人与环境间各系统的相互作用及其对人类行为的重大影响，是社会工作的重要基础理论之一。社会生态系统理论还是系统理论的分支，它注重把人放在环境系统中加以考察，注意描述人的生态系统如何同人相互作用并影响人的行为，揭示了家庭、社会系统对于个人成长的重要影响（师海玲、范燕宁，2005）。

社会生态系统理论是当代社会学、社会工作学的重要基础理论之一。该理论将系统论、社会学、生态学紧密结合起来，强调每个人的生存环境（包括家庭系统、朋友系统、工作职业系统、社会服务系统、政府系统、宗教系统等）是一个完整的生态系统体系，即由一系列相互联系的因素构成的一种功能性整体。在社会生态环境中，个人（微观系统，Micro System）的行为会受到家庭成员、家庭环境、家庭氛围（中观系统，Mezzo System）的影响；也会受到文化、社区、机构、制度、习俗等社会因素（宏观系统，Macro System）的重要影响，人类行为与社会环境相互联系、相互制约、相互影响。

社会生态系统理论是社区矫正模式的重要理论依据之一。矫正社会工作者在面对社区矫正对象时，首先，要对他们的心理与所处社会环境进行纵向评估，全面了解社区矫正对象的生命历程以及在成长中的各个系统之间的关系，进而可以发现社区矫正对象犯罪的深层次原因；其次，要多角度考虑，对社区矫正对象的心理、生理等进行全面的横向评估，整合相关资源，通过整个系统对社区矫正对象进行矫正。

在社会生态环境中，社区矫正对象既会受到各种不同社会系统因素的影响，也会持续地和具有活力地与其他各种社会系统因素相互作用，形成促进罪犯人格改造的良性动力。

相比于监狱管制而言，在社区中对服刑人员进行矫正，更符合社会生态系统理论的基本框架。与传统的心理分析、行为疗法等微观治疗理论不同，社会生态系统理论并不是只关注个人问题，也把个人置于社会生活环境之中。在社区矫正中，可以有效地减少社区矫正对象的负面情绪，并可以加强其与家庭、社区及社会相关系统的互动。例如，罪犯在社区内参加各种公益活动或在社区内承担一定的服务性工作，为社区及居民付出劳动，会逐渐减轻其亲友、邻居、所在社区或社会各方的歧视，为自己及其家庭赢得社会的尊重(付立华，2009)。

第二节 人道主义与人性化原则

一、人道主义

“人道主义”一词源自拉丁文 humanistas，原意为人道精神(曲新久，2000)。刑罚人道主义是在人道主义的基础上产生的，存在于西方启蒙思想的基础之上。西方在中世纪时期以刑罚的苛酷而著称于世，从法国到英国、俄国等都有数百种严酷的刑罚种类，在此基础之上，西方形成了刑罚人道主义。刑罚人道主义是刑罚学的重要原则之一，在刑罚的产生、执行、消灭过程中起着重要的作用，同时对犯罪论的许多问题也有着决定性的影响，西方许多法治国家已把人道主义作为刑法的基本原则之一（陈庆安，2003)。

刑罚人道主义的兴起使社区矫正社会工作从理论走向现实。刑罚作为人类社会维护自身生存条件的手段，是国家作为“公共权力”即社会的管理者主持公道，对严重危害社会的行为实施的惩罚。但在相当长的时间内，它并没有摆脱复仇的阴影，反而成为威吓、镇压的工具，刑罚的样式和内容也越发严厉、残酷和血腥。直到启蒙主义历史时期之后，“自由、平等、博爱”旗帜下的人道主义的出现，才使人类社会刑罚制度有了重大改革。刑罚人道主义者不仅以“法学”为基石，而且以“人学”为基石，从预防主义出发，主张以“人本位制”的矫正主义取代“刑本位制”的报应主义，认为刑罚不要拘泥于对已经出现并不可改变的犯罪行为的究问和报应上，而应当以刑罚为手段，努力消除犯罪人的主观恶性，以达到矫正犯罪、预防重新犯罪的目的。因此，刑罚的本质虽然是给犯人带来一定的痛苦，但更应当立足于人的本质方面的复归、解放、更新和再造，努力使犯罪人得到人道的尊重、人格的提升、人生价值的重新体现和追求，得到深层次的人文关怀，将刑罚带来的痛苦程度限制在使犯罪人能够改过迁善和有效地预防犯罪的限度之内，并且要与时代的变化相适应。随着社会的进步，科学的、人道的刑罚理论逐步被人们所接受，越来越多的人认识到，传统的刑罚中一些必备的痛苦已经没有存在的必要了，而应当以符合人道主义原则，促进犯罪人认罪悔改、回归社会的新的行刑方式取而代之。正是由于有了人文关怀和人文精神的渗透，才使犯罪人的自我调节功能得以激活，使其自身在社会生活中和精神世界中的偏离与错误得以纠正；才使整个刑罚从野蛮逐渐走向文明，预防主义和矫正主义日益成为公认的行刑理念，从而使假释等非监禁刑和社区矫正介入行刑领域。

二、人性化原则

“刑罚的人性化”，是以人为本，把人作为刑罚制度里面必须尊重的主体，而不是客体。刑罚，罚的是人的“罪行”而不是人本身。刑罚的制度必须围绕人来建立，而不是由立法者制造出刑罚制度来规制人。刑罚的初衷和目的、手段和方式、启动和裁量、执行和消灭，既要保护受害人的利益，又要保护犯罪人作为人不应该在刑罚中失去的基本人权和人格权，最终使刑罚成为一种相对有限的人文关怀，而不是单纯地为了“刑罚”而刑罚（杨金玉，2004）。社区矫正作为非监禁性行刑方式的产生，直接发源于近代西方社会进步思想家对封建主义制度下罪刑擅断、滥施酷刑、监狱黑暗等种种反人道现象的批判和反思。他们提出的罪刑法定、罪刑均衡、刑法人道的三大原则，奠定了文明时代刑法制度的基础理论，也奠定了现代社区矫正分类处遇制度的人道主义的基本价值理念。将社区矫正过程视为“犯罪司法体系和尊重法律条款的一部分，通过积极鼓励并帮助罪犯成为遵纪守法的公民，同时实施安全、可靠、人性化的控制，为社会保护作贡献”；尊重每个公民的个人尊严，尊重社会所有成员的权利，尊重人类生存和发展的潜能（Ontario，2003）；“承认罪犯也有作为遵纪守法的公民而生活的潜能”，“执行法庭的判决，对罪犯进行安全、人性化的监禁和管理”，“利用监狱和社区的计划措施，帮助罪犯改造，使其作为一个遵纪守法的公民重新回归社会”（Ontario，2003）。这些已经成为当代社区矫正及对社区服刑人员实行分流处遇的重要理念。

我国是社会主义国家，实行社会主义的社区矫正制度，在基本理论、法律法规、政策精神、文化传统、组织机构等方面，均体现了社会主义初级阶段及中国传统文化和社会转型发展的国情特点。这些情况决定了我国在社区矫正的价值理念、政策导向、机构设置、罪犯处遇形式等方面必然会与西方国家有许多不同。然而，我国在社区矫正方面与发达国家相比也有许多相同或相近之处，如国家或地区的社区矫正系统都承担着维护社会安全及帮助罪犯回归社会重新做人的使命，都遵循法制和公正原则，都尊重和承认人的基本权利，都力图使之与公共安全和受害人的利益相平衡。因此，我们在社区矫正的许多基本做法和基本理念上是可以相互借鉴的。在社区矫正的问题上，我国司法系统及矫正工作者始终坚持“大胆吸收和借鉴人类社会创造的一切文明成果，吸收和借鉴当今世界各国包括资本主义发达国家的一切反映现代社会化生产规律的先进经营方式、管理方法”，包括借鉴和吸收国外司法系统有关刑罚执行程序及过程的一切先进理念和方法。我们反对西方人道主义者脱离社会历史的发展孤立地谈论人、人的本质、人的权利的研究视角，主张用社会的、具体的、现实的、实践的观点看待刑罚实践中的人道主义和人权问题。但与此同时，我国也大胆吸收了西方刑罚人道主义的合理思想成分，主张在维护法律尊严及与整个社会发展水平相协调的基础上，实施社会主义的刑罚人道主义。

北京市实行的分类管理分阶段教育的社区矫正工作模式充分体现了社会主义的刑罚人道主义观念，主要表现在：在罪犯进入社区矫正程序及在社区服刑期间，保障其人身权利、财产权利受到刑法保护；尊重社区服刑人员作为人的人格尊严，维护罪犯的基本人权；为罪犯在食物、居住、医疗、卫生、就业等方面，提供基本条件和可能途径；对罪犯实行有针对性的人性化的管理与教育，根据社区服刑人员表现出的不同特点，相应地建立起不同类型的社区服刑人员的管理办法，以不同的管理方式、管理手段，组织、调节和限制社区服刑人员的活动，引导和约束社区服刑人员积极参与矫正过程；针对每名社区服刑人员的犯罪原因、思想状况、社会关系、犯罪类型、心理特征等方面的具体情况，制定矫正个案，并充分利用社会力量对其进行帮教，提高对罪犯的教育改造质量，使罪犯的人格得到改造并健康发展，享有法律规定的基本人格尊严及价值；在满足对罪犯应有惩罚的前提下，充分考虑到在社区服刑的特殊性，在方法、种类、刑罚量、管理矫正方式等方面及时作出人性化调整，使政策规定的刑罚适用方面尽可能地有利于罪犯重返社会，使其成为自食其力的守法公民。

第三节 分流处遇与个别化原则

一、分流处遇

分流处遇又称分类处遇，是指根据罪犯的不同的犯罪原因、犯罪类型、认罪悔罪态度、本人需求情况等而分别采取的对待、处理、惩罚、矫正、教育方式的总和。对待罪犯的不同处遇方式，表明了一个国家社会文明与法律发达的程度。关于“社会处遇”（Social Treatment）问题的研究直接来自对于罪犯处遇（Treatment to Offenders）问题的研究，而对于罪犯处遇问题的研究，又直接来自对于人类犯罪刑罚历史的研究。目前已有的研究成果绝大部分都采用了历史主义的研究方法，阐述了处遇及罪犯处遇概念的由来和演化。

日本学者森下忠 1994 在《犯罪者处遇》一书中对“罪犯处遇”或“犯罪者处遇”的概念进行了厘清和界定。他指出，“处遇”一词来自拉丁语的 trahere，含有吸入、吸引、处理、对待、治疗等意思，其中与处遇最相符合的意思是处理、对待（森下忠，

1994)。美国学者麦卡锡，中国学者夏宗素、耿光明等对于罪犯分类处遇或分流处遇的思想来源及实践方式进行了较系统的研究。夏宗素、耿光明指出，所谓罪犯处遇具有广义和狭义两种含义：从广义上来说，处遇是指罪犯的一般地位或者待遇；从狭义上来说，处遇是指为使罪犯早日回归社会，防止其重新犯罪而采取的各种处理、对待的措施的总和。

法国著名思想家福柯在《规训与惩罚》一书中也采取了历史主义的研究方法，揭露了中世纪酷刑的处罚场景（福柯，1999）。

刑事近代学派的奠基人龙勃罗梭运用人道主义和实证主义方法，深入探究了犯罪的深层次个性原因，提出了“先天犯罪”（Innate Crime）理论；论证了教育、劳动等社会因素对于矫治罪犯心理及行为倾向的重要作用，引发了以李斯特为代表的刑事近代学派的产生，以及缓刑、假释、不定期刑、保安处分等一系列现代刑法处遇制度的出现，为社区矫正思想进入刑罚领域找到了一个理论支撑点。法国学者雷蒙·萨雷伊（R. Suleilles）提出的“刑罚个别化”（Individual Punishment）思想成为刑事实证学派建立的罪犯处遇制度中的重要思想基石之一。

陈兴良、杜建新等人研究了“现代美国犯罪者处遇的理论及其变迁”问题。陈兴良指出，在19世纪后半叶到20世纪初，受意大利的实证学派主张的影响，并随着精神障碍者的保安处分和不良少年的保护处分处遇体系的形成，处分的个别化和再社会化中个别化处遇的问题成了犯罪处遇的中心问题（陈兴良，1997）。

20世纪60~70年代以后关于罪犯处遇的理论及模式表现出两种不同的取向：一种取向是在监禁性刑罚的范围内，将对犯人的量刑、管理处遇更加细化。另一种取向是随着家中监禁、周末拘禁、劳动释放、学习释放、电子监控、转向方案、中途之家、间歇监禁、教育释放、社区扶助等多种开放化、社会化行刑方式的出现，一些学者开始转而研究犯人的社区处遇及社会处遇问题，并逐渐把“处遇”及“社会处遇”概念扩展到社区服刑人员乃至不同弱势群体社会处境方面进行研究。

二、个别化原则

刑罚个别化是罪犯处遇制度中的关键原则之一，也是北京市分类管理分阶段教育的社区矫正模式的基本法理依据之一。

刑罚个别化原则是1898年由法国学者雷蒙·萨雷伊在他的《刑罚个别化》一书中正式提出的刑罚理论，这一理论针对古典学派提出的“罪刑法定”原则执行过程中的绝对主义倾向，提出了关于法律个别化、裁判个别化和行政个别化三个原则，主张法律应预先着重以行为作为标准；法官可根据罪犯的主观情况适用不同的制裁方式；刑罚执行机关可根据罪犯的具体情况执行刑罚。刑罚个别化原则的核心思想强调：一是对于罪犯的适用刑罚应当以犯罪的个别预防为出发点；二是应根据罪犯的人身危险性决定刑罚的具体适用方式。根据刑事实证学派的观点，国家对一切人，包括犯罪的人，都应采取积极的态度，尊重其个人尊严，把国家作为一种福利，任何人都能从中受利，都应受到国家的某种保护和关心。刑事司法过程应根据犯罪人的个别犯罪原因，采取刑罚个别化原则，因人施教，改造、矫正犯罪人，使其回归社会。正是在这种思想的指引下，不定期刑、缓刑、假释、保安处分以及监狱行刑过程中的分类处遇制度、心理分析、强制医疗方案等相继在欧洲大陆各国普遍实行。在刑事实证学派的努力下，建立了以个别化为中心的刑事矫正制度，罪犯从单纯地接受惩罚的状态改变为接受各种形式的矫正以便重新复归社会的分流处遇方式。

北京市实行的分类管理分阶段教育的社区矫正工作模式，在很大程度上依据了刑罚个别化的法理原则。北京市社区矫正机构借鉴和吸收了美国、加拿大等国家在社区矫正中对社区服刑人员心理健康状况评估、自杀倾向评估、人身危险性评估、需求评估、社区矫正适应性评估的经验和做法，对社区服刑人员的年龄、文化程度、婚姻状况、身体健康状况、技能/收入/就业情况、家庭/交友/人际关系/社会交往情况、饮用酒精/吸毒情况、犯罪刑罚历史、法律法规认知/认罪悔罪情况、接受社区矫正态度、心理人格特征、回归社会倾向等方面的具体情况，采用社区服刑人员“自陈”与社区矫正工作人员“他评”相结合的方式，对社区服刑人员的状况进行综合评定，区分出不同的管理强度，并针对每名社区服刑人员的不同情况，制定出有针对性的个案矫正方案，因地制宜，一人一案，对每名社区服刑人员实行专门化、个性化的矫正措施，充分体现了现代刑法理论所强调的刑罚个别化原则和理念。

第四节　社会参与与专业化原则

一、社会参与

利用社会力量开展社区矫正工作，是有效开展社区矫正工作的重要途径和方式，也是中国社区矫正未来的重要发展方向。在社区矫正工作中所说的“社会力量”，是指在社区矫正工作中可以利用的社会人力、组织和设施、技术、资金等的总称。

与传统的监狱管理相比较，目前我国的社区矫正服务网络已经有了一定程度的外延，包括社区、社会组织、特定医疗和心理矫治机构等，但事实上政府与民间合作的局面并未真正实现。在社区矫正的过程中，专门性的社区矫正服务组织已经开始出现，如北京市以区县为单位建立了阳光社区矫正服务中心，作为非营利性组织其主要有四个职能：一是组织发动社会力量参与社区矫正；二是为社区服刑人员提供心理矫正、技能培训、临时救助等帮助和服务；三是组织开展社区矫正宣传、培训与研究；四是对社区矫正工作者进行招聘、管理、培训和考核。从机构设立的初衷来看，其体现的是通过民间的力量矫正犯罪人员。但由于其在场地、资金、工资方面对政府、街道、司法所的严重依赖，作为非政府组织的独立性并未得到体现。所以，有专家认为阳光社区矫正中心名不副实，即名义上是民，而实际上是官（杨家庆、肖君拥，2006）。因为无论是人员的配备、资源的获取还是工作任务的分工，都是以政府为主，行政化倾向较为明显。

在社区矫正试点工作中，通过一些社会工作专家、学者及其社区的相关工作人员的参与，原有的矫正模式有所改变，从一元参与发展为多元参与，但是在具体实际工作过程中，却与理想状态相去甚远。我国学者崔会如在 2011 年对北京、河北等地的 600 名群众进行了关于社区矫正相关问题的问卷调查，结果显示 39.3% 的人对社区矫正完全不了解，54.2% 的人了解一些，对社区矫正很了解的人只占 6.5%（崔会如，2011）。这进一步说明了居民对社区矫正缺少相应的认识和了解，也从侧面反映了在现阶段的社区矫正过程中关于社会参与的不足。

广泛地利用社会力量参与社区矫正工作，是社区矫正的本质特征之一。从某种意义上来说，社区矫正能否顺利进行，社区矫正能否取得成效，关键在于社会力量参与的范围和程度。北京市在社区矫正试点中，充分认识到社区矫正是一项系统的社会工程，经过摸索和实践，现已逐步形成具有北京特色的“社会力量参与社区矫正的模式”，即由政府倡导、组织成立社区矫正服务中心，以社区矫正服务中心为纽带，动员、组织、整合、利用一切社会力量和资源，参与社区矫正工作。这一做法可以初步概括为：政府主导、社团运作、社会参与、服务矫正、规范运行。

（一）政府主导

社会力量参与社区矫正的工作由政府倡导推动。2004 年 10 月 19 日，北京市社区矫正工作领导小组办公室（以下简称“市矫正办”）向各区县社区矫正工作领导小组办公室发出关于建立社区矫正服务中心的通知，具体就社区矫正服务中心的意义、数量、主要任务、组织形式、经费来源、选择条件等方面作出了规定。在北京市 18 个区县申报的基础上，市矫正办研究决定在东城、房山、朝阳、通州、密云 5 个区县建立区县级社区矫正服务中心，其他 13

个区县各建立一个街道、乡镇级社区矫正服务中心。

（二）社团运作

社团运作是探讨社会力量参与社区矫正工作的有效途径之一，也是国际上一些国家和地区开展社区矫正工作的成功做法。为此，北京市成立了社区矫正服务中心。

社团运作就是按照社区矫正服务中心的性质、宗旨、职能、任务和章程，设置相应的内设机构，招聘相应的专职、兼职人员，按照民间社团的运作方式开展相应的工作。

（三）社会参与

在开展社区矫正试点工作中，北京市认识到社区矫正工作的载体在社区。为此，动员、利用一切社会力量和资源参与社区矫正工作是北京市成立社区矫正服务中心的根本目的。各区县成立了社区矫正服务中心以后，在动员社会力量参与社区矫正方面进行了广泛的探索，取得了一定的效果。

（四）服务矫正

利用社会力量为社区服刑人员提供多层次、多角度的服务，是北京市成立社区矫正服务中心的主要目的。因此，整合全社会的力量和资源，加强对社区服刑人员的教育、矫正和帮助，提高矫正质量，使他们早日适应社会生活，成为自食其力的守法公民。可以说，为社区矫正服务是社区矫正服务中心的主要任务。

（五）规范运行

为了保证社区矫正服务中心顺利、健康地发展，使其真正成为社会力量参与社区矫正的中心，必须建立一整套的规范制度和工作体系。北京市在社区矫正服务中心设立之日起，就非常重视规范运行的问题，制定了一系列社区矫正服务中心管理制度。2005 年 4 月 29 日，市矫正办颁发了《关于进一步做好阳光社区矫正服务中心工作的试行意见》（京社区矫正办〔2005〕14 号），对社区矫正服务中心成立的意义、职能任务、运行机制、社会工作者的招聘条件、制度和工作纪律、监督管理等方面进行了规范。该文件还就阳光社区矫正服务中心与区县、街道（乡镇）社区矫正组织的工作关系和流程进行了规范。经过一段时间的试点运行，各社区矫正服务中心基本上建立起了一整套规范运行的制度体系，针对社区矫正服务中心工作涉及的各个方面和每一个人员都制定了相应的规范制度。

二、专业化

最早提出社会工作专业化的是美国学者格林伍德（Ernest Greenwood），他指出了专业的五个特质：有一套系统的专业理论、得到社区的认可、有一定的专业权威、有一套专业伦理道德、有本专业的文化（Ernest Greenwood，1957）。随后，基于西方现代主义专业化模式，我国学者赵康提出了成熟专业的六个核心属性：正式的全日制职业、专业组织和伦理法规、知识和教育、服务和社会利益定向、社区认可和支持、自治（赵康，2000）。相关的学者都认为专业之所以不同于一般职业是因为它有自己的独特的性质（知识、价值和技巧），所以应该给他们以独立的专业地位和权威，让他们在社会上发挥专业功能，促进社会团结、公平和进步（郭伟和，2005）。

20 世纪 80 年代我国恢复了建设社会工作专业，最早是通过专业教育引进国外的理论与方法体系。最近几年，2006 年党的十六大提出要建立一支宏大的社会工作人才队伍，2007 年民政部确定了首批社会工作人才队伍建设试点地区和单位，2008 年人事部和民政部开始实施社会工作者职业水平考试制度，2009 年民政部确定了第二批社会工作人才队伍建设试点单位，2011 年中组部等 18 部委颁布了关于加强社会工作专业人才队伍建设的意见，2012 年中组部等 19 部委颁布了社会工作专业人才队伍建设中长期规划（郭伟和，2013），这些顶层设计在一定程度上促进了社会工作专业化的发展。

社会工作专业化在西方是社会发展的产物，而在中国也是如此，都是由于社会转型、社会问题增多，需要处理社会矛盾，专业的社会工作才由此诞生。

（一）社会工作视角下的社区矫正

笔者认为，社区矫正首先是国家机关与社会力量对符合条件的犯罪人在社区实行惩罚的过程，其次是促使犯罪人顺利再社会化的过程。从法学的角度来说，社区矫正是一种刑罚执行方式。从社会学的角度来说，社区矫正旨在实现使矫正对象恢复社会功能、顺利回归社会的目标，恢复性和回归性是社区矫正的典型特点。社区矫正具有二元属性。它是执行与矫正的统一，是刑罚与恢复的统一，也是刑罚执行和福利服务的统一。刑罚执行是社区矫正制度的基本属性。而它的福利服务属性，是社区矫正作为一种有别于传统监禁矫正的、开放化和具有社会趋向的刑罚执行的内在属性（方舒，2013）。

（二）社区矫正的本质

既然我们称之为社区矫正，那么社区就是矫正的主体，也意味着社会化是社区矫正的核心，因此，社区矫正的主要目的就是让矫正对象恢复社会功能，再次社会化，最终融入社会。这是体现以人为本的主要理念，也是社会工作的本质理念，更是顺应社会发展的趋势。我国的社区矫正是通过社会工作专业化而发展起来的，首先，社区矫正符合刑罚社会化的标准；其次，社区矫正就是为了让矫正对象回归社会；最后，社区矫正是一种教育管理方法。

（三）专业社会工作是社区矫正的关键手段

社区矫正的社会化要求决定了需要社会化的介入手段，而专业的社会工作正好是介入社区矫正的最理想手段，与社区矫正的社会化要求相契合。

第一，社会工作的本质是相信“人是可以改变的”这一理念与社区矫正关于对“人的改造”是相吻合的。社区矫正作为一种刑罚执行方式，也是遵从这一基本理念在我国发展起来的。

第二，社区矫正需要专业的社会工作方法。社区矫正是一项复杂的工作，不仅仅需要关注矫正对象的个人心理问题，还需要协调矫正对象家庭的生态系统问题，另外，还需要社工提供社会资源协助服务对象解决工作问题等。而专业的社会工作方法，正好适用于这种复杂的工作，可以通过心理咨询、小组辅导、家庭治疗、资源整合、社区发展等工作方法有效地处理社区矫正中的相关问题。

第三，社会工作的价值理念与社区矫正相吻合。社区矫正一般针对矫正对象的“非主流”价值进行矫正，使其重新适应社会；社会工作的价值理念就是通过尊重、接纳、个别化等原则很好地与服务对象进行沟通，并通过平等、公平的方式与服务对象进行交流，有效地促进矫正对象接受并更好地配合社区矫正。

第五节 增能赋权与优势视角理论

一、增能赋权

增权是一个多层面的概念，且因人而异。在学术上，增权被用来对人们在社会中有权与无权（Power and Powerless）的关系进行理论化的探讨（Humphries，1996；Rees，1991）。在社会工作赋权领域最具有影响力的早期发展，是来自美国的社会工作著作和实践。例如，美国黑人增权与公民权利运动中的所罗门（Solomon，1976）的作品最具典范。所罗门关于增权运作过程的概念化和模型化十分清楚、明晰并且具有活力。所罗门对增权的定义是：以改变或消除个体因作为被污名化的团体成员而陷入的无权状态为目的的、旨在减少基于污名群体的成员的负面评价而形成的无力感的一系列活动。增权是找出导致此问题的直接权利阻碍和间接权利阻碍，进而实现消除无权的目的（Adams，2013）。所罗门认为，他们的无权是一种权利的缺失（Power Lack），而不是权利故障

(Power Failure)(Solomon, 1976)。同时,所罗门还认为,增权这个概念适用于“正遭受系统性、制度性歧视无所不在的差别待遇限制”的任何人、团体和社区的社会干预(Solomon, 1976)。

所罗门认为,增权是一个过程(陈树强,2003)。当然,在这个过程中,社会工作者不可以为他人赋权,这不仅仅是文字上的细微差异,相反,他们要做的是帮助人们自己为自己赋权。这与社会工作者和社区矫正对象如何构造他们的现实具有本质的差别(Solomon, 1990)。赋权取向的实践策略并不是如韦氏词典所定义的那样,给予无权者权利或权威,或者给予资格允许别人做;而是一种产生权利、发展权利、掌握权利或协助掌权的过程(Parsons, 1991)。让底层群体增加权能包括三层含义:一是更加积极地发挥自我感觉的潜能;二是学习和培养能够批判性地理解自己周围社会政治现实网络的知识和能力;三是为了达到个人和集体目标,吸收资源和策略,或者培养能够发挥社会功能的行动能力(Lee, 1994)。因此,社会工作者一定要把社区矫正对象视为有能力、有价值的人,降低其无力感,赋权的实质是“助人自助”,反对干涉主义。无论社区矫正对象的境遇如何,社会工作者都要通过发掘社区矫正对象自身潜能的方法和社区矫正对象建立一种合作的伙伴关系(何雪松,2007)。

从法律的角度来看,社区矫正对象是非监禁服刑人员,他们是罪犯,应该受到法律的监管和严惩。但从其社会化程度来看,他们的主要特征表现为社会化过程的阻断或弱化造成社会适应能力的降低或消失(费梅苹,2004)。长期以来,社区矫正对象一直被认为是有问题、有缺陷的失败者,因而难以再次融入社会。传统的矫正工作者关注的是社区矫正对象的问题,强调将矫治重点放在社区矫正对象的困难和问题上,并花费了大量的精力和时间去发现存在于他们身上的障碍、缺陷及所受到的伤害,然后利用教育、心理治疗、技能培训等方法对其进行矫治,但很少去寻找“问题”背后潜藏的那些真正有助于解决“问题”的个性特质,忽视了人类自身面对困难和问题时所具有的优势和潜能（张凯、朱晓杰，2010）。

增权可以看作是一种理论和实践、一个目标或心理状态、一个发展过程、一种介入方式。但值得注意的是，增权并不是“赋予”案主权利，而是挖掘或激发案主的潜能（陈树强，2003）。增权实践模式下的专业人员的角色应该是伙伴、合作者、共同导师、对话者、共同行动者、共同工作者等（Lee，1994）。因此，社会工作增权的视角是通过各种方式提高社区矫正对象及其家庭的自身能力，以增强其应对生活和自我发展的能力，这是矫正社会工作者的核心任务及重要的理论基础之一。

二、优势视角

美国堪萨斯大学社会福利学院从20世纪80年代起开始了质疑传统问题视角的服务，并且进行了最早的社会工作优势视角的探索（童敏，2013）。自优势视角被提出以来，引起了巨大的反响，从老人、儿童、妇女到精神健康等诸多领域开始流行，成为社会工作后一个重要的理论流派。

特别是20世纪80年代之后能力建设、抗逆力以及增权等强调能力挖掘的理论的兴起，使得优势视角上升为一种一般意义上的社会工作理论和实践的视角，成为整个社会工作发展的主导（童敏，2013）。近年来，优势视角渐渐得到了中国社会工作界的认可，并发展迅猛，在司法矫正社会工作领域得到了广泛的应用。

社会工作者要立足于发现和寻找、探索和利用服务对象的优势与资源，协助他们达成自己的目标、实现自己的梦想，使他们勇于面对生活中的挫折和不幸。社会工作如同其他所有的助人专业一样未能幸免于以障碍和疾病为主的思维方式的感染。从某种层面上来说，社会工作的理论和实践倾向于立足这样的假设：案主之所以成为案主，是因为他们有瑕疵、有问题、有病理和疾病。现代社会有更加详细分化的术语，这些负面语言的建构影响了我们所要协助的案主的命运。病态学词汇的背后是一系列的假设：此人有已命名的问题或病态。诊断标签很容易成为案主的主要身份（Dennis Saleebey，2004）。

优势视角反对将服务对象“标签化”，认为长时间的标签化可能会影响服务对象自我的看法以及对他人的看法，并有可能慢慢地形成一种新的自我认同。与传统的看法所不同的是，优势视角更注重发掘资源和发掘潜能。塞勒伯指出，对传统社会工作而言，优势视角是实践领域的一次戏剧性飞跃。优势视角取向的服务实践意味着：作为社会工作者所应该做的一切，在一定程度上要以服务对象的优势和资源为主，发现和寻求、探索和利用可能的资源并协助服务对象面对生命中的挫折和不幸。所以，优势视角的实践就是让社工从一个新的角度来看待服务对象，一般不再聚焦于服务对象的问题和缺陷，而是注重优势和可能性。简单地说，就是服务对象能够利用自身的优势和资源来处理和面对自己的问题。

优势视角的基本信念包括：

（一）赋权

西门（Simon）将赋权的概念建立在五个理念之上：强调与服务对象和社会工作者之间的平等关系；强调服务对象的优势和资源；重视服务对象的家庭及其生活环境；视服务对象为具有主观能动性的个人；个人问题外化为集体问题（Simon，1994；Saleebey，2004）。

（二）成员资格

没有成员资格，就会有被边缘化、被异化和被压迫的风险。人们需要成为社区的成员，为他们的社区负责，进而成为有价值的成员。优势视角承认服务对象是一个种类的成员，并享有与成员身份相伴随的自尊、尊重和责任。但是，一些服务对象没有地方生活，也就没有归属感，成为一名社会成员是增权的开始。成员资格的另外一个意义在于人们必须走到一起，让他们的声音被听到、需要得到满足、不公平受到重视。

（三）抗逆力

抗逆力是一种人类在面对伤害、苦难等时具有的顽强的补偿性和转换性反应。人们在遭遇严重麻烦时会反弹，个人和社区可以超越和克服严重麻烦的负面事件。特别的压力事件，并不必然导致伤害适应失败和精神问题。抗逆力是一种面对磨难而抗争的能力。同时，抗逆力也是一个过程，在社会交往的过程中会不断地变化和发展。

（四）痊愈和整合

人类具有一种内在的自我纠正和健康生活的能力。人类的机能具有自我痊愈的倾向。痊愈和自我再生是生命保障系统的内在本质。痊愈意味着整合和调动身体与心灵的机制，去面对障碍、疾病和断裂。它需要个人与更大的社会/物理环境之间的良性关系。在某种意识层面上，我们具有知道什么对我们最好、当遭到机体或环境的挑战时应该如何应付的朴素智慧。重要的是将眼光投向未来，而不是为曾经黑暗的昨天带给自己的失望和伤害耿耿于怀。

（五）对话与合作

在对话中，我们确认别人的重要性并开始弥合个人、他人和制度之间的裂缝（Saleebey，2004）。优势视角强调个人、团体、家庭和社区都有优势；创伤和虐待、疾病和抗争具有伤害性，但它们也可能是挑战和机遇；与案主合作，我们可以最好地服务于案主；所有环境都充满资源；注重关怀、照顾和脉络（Saleebey，2004）。

主要参考文献

[1] 邓小平文选（第3卷）. 人民出版社，1993.

[2] 张小虎. 转型期中国社会犯罪原因探析. 北京师范大学出版社，2002.

[3] 陈云生. 反酷刑——当代中国的法治和人权保护. 社会

科学文献出版社，2000.

[4] [德] 马克斯·韦伯．经济与社会（上卷）．林荣远，译，商务印书馆，1997.

[5] [法] 埃米尔·迪尔凯姆．社会学方法的规则．胡伟，译，华夏出版社，1999.

[6] [日] 森下忠．犯罪者处遇．白绿铉，吴平，车红花，译．中国纺织出版社，1994.

[7] 夏宗素，耿光明．论罪犯处遇及其价值选择．中国监狱学刊，2000（2）.

[8] [法] 米歇米·福柯．规训与惩罚．刘北成，杨远婴，译．生活·读书·新知三联书店，1999.

[9] 陈兴良．罪犯处遇的法理分析．河北法学，1997（1）.

[10] 曲新久．刑法的精神与范畴．中国政法大学出版社，2000.

[11] [美] Dennis Saleebey. 优势视角——社会工作实践的新模式．李亚文，杜立婕，译．华东理工大学出版社，2004.

[12] 师海玲，范燕宁．社会生态系统理论阐释下的人类行为与社会环境——2004 年查尔斯·扎斯特罗关于人类行为与社会环境的新探讨．首都师范大学学报（社会科学版），2005（4）.

[13] 付立华．社会生态系统理论视角下的社区矫正与和谐社区建设．中国人口·资源与环境，2009.

[14] 陈庆安．刑罚人道主义及其相关问题．河南省政法管理干部学院学报，2003（5）.

[15] 杨金玉．刑罚的人性化导论．吉林大学，2004（5）.

[16] 崔会如．社区矫正社会参与的不足及其完善．前沿，2011（3）.

[17] 陈树强．增权——社会工作理论与实践的新视角．社会学研究，2003（5）.

[18] 费梅苹．社区矫正中个案社会工作方法运用的经验实证

研究．华东理工大学学报（社会科学版），2004（2）．

［19］童敏．从问题视角到问题解决视角——社会工作优势视角再审视．厦门大学学报（哲学社会科学版），2013（6）．

［20］张凯，朱晓杰．优势视角的社会工作在社区矫正中的运用——以社区矫正对象G某为例．行政与法，2010（8）．

［21］方舒．我国社会工作参与社区矫正机制的检视与创新．甘肃社会科学，2013（3）．

［22］郭伟和，郭丽强．西方社会工作的专业化历程及对中国的启示．广东工业大学学报（社会科学版），2013（5）．

［23］赵康．专业、专业属性及判断成熟专业的六条标准——一个社会学角度的分析．社会学研究，2000（5）．

［24］郭伟和．迈向社会建构性的专业化方向——关于中国社会工作专业化道路的反思．北京科技大学学报（社会科学版），2005（2）．

第三章　社区矫正社会工作的相关法规政策

第一节　中国社区矫正法规政策的类型及线索

一、社区矫正制度的发展阶段

社区矫正制度是现代刑事制度的主要趋势，代表着世界轻刑化的发展走向。国际学者和司法界人士都认为社区矫正对初犯、轻刑犯和青少年犯的改造十分有利。作为一种新型的刑罚执行方式，它最早出现在公元十世纪的英国。英国亚西路斯旦王在公元 940 年制定的法律（A Law of King Athelstan）中规定："应处刑之 15 岁少年，不执行其刑而委托僧侣予以监督，倘其再有触法行为时，始处其原曾判决之死刑。"1973 年英国颁布了《刑事司法法》，该法首次规定了"社区服务"刑种，之后欧美各国纷纷效仿（杨玉花，2012）。目前，社区矫正已经成为英国、美国、法国、加拿大、日本等发达国家的一项重要司法制度。

我国的社区矫正制度虽然从 2003 年才开始由理论走向实践，但具有社区矫正性质的非监禁刑在我国早已存在。抗日战争时期颁布的《修正淮海区审理司法案件暂行办法》第 18 条为了适应当时的战争环境，将管束规定为五种主刑之一，排列在死刑、有期徒刑、罚金、拘役之后，刑期为一年以下一日以上。其执行方法是不予关押，但是要服公役，这就是现行管制刑的雏形，当时称为

“回村执行”（董纯朴，2012）。新中国成立后，“回村执行”逐渐变成了我国五大主刑之一的管制刑。作为一个刑种，管制刑是具有中国特色的与现行社区矫正制度性质相类似的非监禁刑，它适用于罪行较轻的犯罪分子，而且要求犯罪分子进行社会劳动。此外，1994 年的《监狱法》和 1997 年的《刑法》规定，被判处管制、缓刑、假释、监外执行和剥夺政治权利的服刑人员，由公安机关进行监督考察。这是国家基本法律领域涉及社区矫正的规定，主要是关于社区矫正的对象。但是，这两部基本法律中，都没有出现“社区矫正”的字样，并不是关于社区矫正的立法（朱海蛟、胡玉姗、姚思慧，2011）。

因此，纵观中国社区矫正法规政策的发展历史，依据中国社区矫正法规政策发展阶段性质和标志性事件，社区矫正法规政策的发展阶段基本可以分为：2001 年以前、2001 年至 2003 年 7 月的理论和实践探索准备阶段、2003 年 7 月至 2009 年的初步试点阶段、2009 年至今的全国试点阶段等四大发展阶段，清晰地反映了中国社区矫正体系与社区矫正法规政策变迁的轨迹。2001 年以前，中国的犯罪矫正体系主要以监禁刑为主，主要依据的法律是 1994 年通过的《监狱法》和 1997 年通过的《刑法》，没有任何“社区矫正”字样的法规政策。随着社区矫正在国外的盛行以及在司法领域的影响和扩大，2001 年 11 月，司法部部长张福森根据中央政法委员会会议上针对国内外社区矫正的讨论情况，要求司法部门预防犯罪研究所对社区矫正问题进行研究（刘津慧，2007）。2002 年 10 月，经过一年对社区矫正问题的全面、系统和深层次的研究，社区矫正问题研究课题组提交了《关于改革和完善我国社区矫正制度的研究报告》，对于改革和完善我国社区矫正制度的重大意义、实施方案等进行了具有说服力的研究论证，提出了切实可行的政策建议。2003 年 5 月、6 月，司法部社区矫正制度研究课题组相继在《中国司法》上发表了题为“改革和改善我国社区矫正制度之研究”的文章。与此同时，实践探索也在紧锣密鼓地进行着。

上海于2002年8月在徐汇、普陀、闸北三个区进行了社区矫正的试点工作，2003年1月，社区矫正工作在这三个地区全面展开。2003年7月10日，“两高两部”发布了《关于开展社区矫正试点工作的通知》，该通知确定了北京、天津、上海、江苏、浙江、山东6个省市为全国社区矫正的首批试点省市。中国的社区矫正试点工作正式开始。随后，在6个省市的成功试点的基础上，2005年1月20日，“两高两部”又发布了《关于扩大社区矫正试点范围的通知》，将社区矫正试点省份扩大到湖南、广东等18个省市。2009年9月2日，在社区矫正试点工作取得明显成效并达到预期目标的情况下，为了推动社区矫正工作的持续深入发展，“两高两部”联合发布了《关于在全国试行社区矫正工作的意见》，标志着社区矫正试点工作在全国范围内开展。

总体来说，我国社区矫正制度发展的特点是先研究、学习，再试点、总结，后制定规范、实施。

二、社区矫正法规政策的类型及线索

我国法的形式主要包括宪法、法律、行政法规、地方性法规、自治法规、行政规章、经济特区法规和军事法规等，在十多年的社区矫正试点过程中，各地区都积累了一定的经验并作出了有益的尝试，形成了关于社区矫正的法律法规。然而，目前我国还没有关于社区矫正的专门立法，现行的用于社区矫正执行的法规政策主要是中央、地方出台的关于社区矫正的行政法规、地方性法规和行政规章。中央层面的有“两高两部”的通知、制定的办法，地方层面的有地方性社区矫正相关的政府规章和地方性法规，形式多样、效力不等。社区矫正法规政策的制定呈现出的特征是上令下行、下践上推。总体而言，根据社区矫正法规政策的法律效力，可以将其分为四类：法律与行政法规、地方性法规、行政规章（包括部门规章和地方政府规章）和社区矫正机构制定的社区矫正工作制度。

（一）法律与行政法规

2008年12月，党中央下发了《中央政法委员会关于深化司法体制和工作机制改革若干问题的意见》，对推进社区矫正工作提出了明确要求。2011年2月25日，中华人民共和国第四十一号主席令公布，第十一届全国人民代表大会常务委员会第十九次会议通过了《中华人民共和国刑法修正案（八）》（以下简称《刑法修正案八》），这是我国1997年全面修订刑法以来进行的规格最高、最重要的一次刑法修正。自2011年5月1日起实施的《刑法修正案八》将社区矫正正式写入刑法，并规定了对判处管制、缓刑、假释、剥夺政治权利与暂予监外执行的犯罪分子，依法实行社区矫正；制定和完善了对未成年人和老年人犯罪从宽处理的规定，进一步明确了缓刑适用条件，完善了管制刑及缓刑、假释执行方式（董纯朴，2012）。《刑法修正案八》确定了社区矫正的对象，标志着我国社区矫正法律制度的确立，同时对我国刑罚轻刑化、社会化也具有里程碑的意义。2012年3月14日，根据第十一届全国人民代表大会第五次会议《关于修改〈中华人民共和国刑事诉讼法〉的决定》，将《中华人民共和国刑事诉讼法》（以下简称《刑事诉讼法》）第258条修改为："对被判处管制、宣告缓刑、假释或者暂予监外执行的罪犯，依法实行社区矫正，由社区矫正机构负责执行。"修改后的《刑事诉讼法》明确了社区矫正的实施对象和执行主体。2012年10月26日中华人民共和国第六十三号主席令公布，中华人民共和国第十一届全国人民代表大会常务委员会第二十九次会议通过了《全国人民代表大会常务委员会关于修改〈中华人民共和国监狱法〉的决定》。2013年1月1日起施行的《中华人民共和国监狱法》（以下简称《监狱法》）第27条规定："对暂予监外执行的罪犯，依法实行社区矫正，由社区矫正机构负责执行。原关押监狱应当及时将罪犯在监内改造情况通报负责执行的社区矫正机构。"第28条规定："暂予监外执行的罪犯具有刑事诉讼法规定的应当收监的情形的，社区矫正机构应当及时通知监狱收监；刑期届满的，由原关押监狱办理释放手续。罪犯在暂予监外执行期间死亡的，社区矫正机构应当及时通知原关押监狱。”同时，《监狱法》第33条第2款规定：“对被假释的罪犯，依法实行社区矫正，由社区矫正机构负责执行。被假释的罪犯，在假释考验期限内有违反法律、行政法规或者国务院有关部门关于假释的监督管理规定的行为，尚未构成新的犯罪的，社区矫正机构应当向人民法院提出撤销假释的建议，人民法院应当自收到撤销假释建议书之日起一个月内予以审核裁定。人民法院裁定撤销假释的，由公安机关将罪犯送交监狱收监。”新修订的《监狱法》明确了暂予监外执行和假释罪犯由社区矫正机构管理的情况，并且规定了监狱、社区矫正机构、法院、公安机关等部门的衔接责任。

（二）地方性法规

2014年1月16日，江苏省第十二届人大常委会第八次会议通过了《江苏省社区矫正工作条例》，并于2014年3月1日起正式实施。这是我国出台的首部社区矫正地方性法规，为我国社区矫正立法打下了基础。《江苏省社区矫正工作条例》首次对社区矫正机构和人员及其责任作了详细的规定。该条例第7条规定：“县（市、区）人民政府司法行政部门社区矫正机构（以下简称社区矫正机构）负责执行社区矫正，履行下列职责：（一）开展适用社区矫正的调查评估；（二）办理接收和解除社区矫正手续；（三）组织和实施对社区服刑人员的监督管理；（四）组织和协调对社区服刑人员的教育矫正；（五）组织和协调对社区服刑人员的社会适应性帮扶；（六）法律、法规规定的其他职责。司法所承担社区矫正日常工作。”第8条规定：“社区矫正工作人员由社区矫正执法工作者、社区矫正社会工作者组成。社区矫正工作人员应当严格遵守法律，忠于职守，严守纪律，清正廉洁。社区矫正工作人员依法履行职责，受法律保护。”第9条规定：“社区矫正执法工作者由社区矫正机构和司法所的公务员担任。下列执法事项应当由社区矫正执法工作者办理：（一）社区服刑人员的接收；（二）社区矫正的执行宣告和解除宣告；（三）社区矫正监督管理事项的审批；（四）对社区服刑人员的考核奖惩。社区矫正执法工作者执行公务时应当出示社区矫正工作证件。”第10条规定：“社区矫正社会工作者在社区矫正机构组织下，协助开展社区矫正工作。社区矫正社会工作者由下列人员担任：（一）县（市、区）人民政府公开招聘的社会工作者；（二）通过政府购买服务方式接受委托的社会组织派出的人员。县（市、区）人民政府应当按照规定配备社区矫正社会工作者，保证社区矫正工作需要。”

该条例通过对参与社区矫正工作的机构、人员责任范围的确定，提高了社区矫正工作者分工协作的责任意识，有利于提高其社区矫正工作水平。

除此之外，该条例还有一大亮点就是：此前，江苏省社区矫正法规只要求对未成年社区服刑人员实行有针对性的社区矫正措施，而此次，第21条第2款明确规定：“对未成年社区服刑人员实施社区矫正应当与成年社区服刑人员分开，矫正宣告不公开进行，矫正档案应当保密。”

（三）行政规章

行政规章包括部门规章和地方性规章。部门规章主要有“两高两部”发布的行政性通知，包括2003年7月10日发布的《关于开展社区矫正试点工作的通知》，2005年1月20日发布的《关于扩大社区矫正试点范围的通知》，2009年9月2日发布的《关于在全国试行社区矫正工作的意见》。这些指导性文件明确了开展社区矫正的意义、范围、性质、任务和应该注意的事项。司法部于2004年5月9日印发的《司法行政机关社区矫正工作暂行办法》是当时司法行政机关实施社区矫正工作的具体法律依据。2012年1月10日“两高两部”发布了《关于印发〈社区矫正实施办法〉的通知》，自2012年3月1日起正式实施的《社区矫正实施办法》不但为司法行政机关提供了具体的法律依据，而且将社区矫正权确定为由司法行政机关统一行使。值得注意的是，对被剥夺政治权利的罪犯还是实行公安和司法行政机关双主体管理模式。

地方政府规章主要是由社区矫正试点省市发布的有关社区矫正的法规政策。由于我国社区矫正法规政策的制定特点是上令下行、下践上推，因而社区矫正试点省市发布的有关社区矫正的法规政策形成模式基本上是：试点省市领导机构根据“两高两部”文件精神，结合本地区实际而发布的开展社区矫正的指导意见，如北京市的《关于开展社区矫正试点工作的意见》、江苏省的《社区矫正试点工作实施意见》等；试点县区结合省市领导机构下发的文件精神，结合本地区实际而发布的开展社区矫正的指导意见，如北京市朝阳区发布的《关于开展社区矫正试点工作的意见》等。社区矫正工作实施细则建立的体系也是如此，如《湖南省社区矫正实施细则》、《浙江省社区矫正实施细则（试行）》等，基本上都是根据《刑事诉讼法》和“两高两部”的《社区矫正实施办法》等国家和中央有关法律、法规、规章的规定并结合本省实际情况来制定的。此外，试点省市相关部门也会发布有关社区矫正的具体措施和具体制度的文件，如上海市司法局发布的《关于印发〈社区服刑人员日常行为奖惩的规定（试行）〉的通知》，上海市高级人民法院、市人民检察院、市公安局、市司法局发布的关于《社区矫正对象法律文书转递工作的规定（试行）》，北京市的《关于进一步做好阳光社区矫正服务中心工作的试行意见》等。

（四）社区矫正机构制定的社区矫正工作制度

此类制度主要包括社区矫正机构根据实际情况创新制定的工作制度和社区矫正管理部门制定的社区矫正机构工作制度，社区矫正机构根据指导文件结合实际情况进行制定、落实。北京市丰台区阳光社区矫正服务中心根据管理和服务社区服刑人员的具体情况，创新制定了一整套社区矫正管理制度：为明确岗位职责、工作标准和中心资产管理，建立了档案收集和管理、登记的必要手续和公章使用的签字制度；为提高社区矫正服务中心的管理工作水平，建立了奖惩管理制度、民主决策管理制度、重大事项报告制度、安全责任制度、监事会管理制度等内部管理制度；为提高社区服刑人员的矫正效果，建立了临时性救助制度、组织培训制度、公益劳动制度等工作制度（北京市丰台区阳光社区矫正服务中心，2007）。

除了机构自行建立制定的社区矫正相关的教育、管理工作制度外，还有试点省市社区矫正机构管理部门为规范机构、开展制度化管理而设立的社区矫正机构工作制度。江苏省司法厅按照《刑法》、《刑事诉讼法》等法律规定和“两高两部”有关规范性文件的要求，结合江苏省社区矫正试点情况，制定了一系列社区矫正机构的工作制度，用制度规范社区矫正工作，提高规范化水平。例如，部署本地社区矫正工作，协调处理社区矫正工作重大问题的工作例会制度；对社区矫正工作者和志愿者进行定期培训的教育培训制度；维护社区服刑人员合法权益，监管社区矫正工作司法权行使情况的监督制度；反映本地社区矫正情况的信息管理制度；掌握社区服刑人员动态的走访制度；发展社会力量，保证社区矫正工作顺利实施的社会志愿者聘用制度等（王年生，2011）。

总体来看，法律与行政法规、部门规章与地方试点省市相配套建立的有关社区矫正的法规政策保证了目前我国社区矫正工作的顺利开展。虽然这些政策法规在内容上、体系上、效力上都存在问题，但是它们结合了我国的国情，并依据国情实施，将为我国建立专门社区矫正法提供理论和实践的依据。

第二节　社会力量参与社区矫正的法规政策依据

2003 年“两高两部”发布的《关于开展社区矫正试点工作的通知》指出，“社区矫正是与监禁矫正相对的行刑方式，是指将符合社区矫正条件的罪犯置于社区内，由专门的国家机关在相关社会团体和民间组织以及社会志愿者的协助下，在判决、裁定或决定确定的期限内，矫正其犯罪心理和行为恶习，并促进其顺利回归社会的非监禁刑罚执行活动。社区矫正是积极利用各种社会资源、整合社会各方面力量，对罪行较轻、主观恶性较小、社会危害性不大的罪犯或者经过监管改造、确有悔改表现、不致再危害社会的罪犯在社区中进行有针对性的管理、教育和改造工作，是当今世界各国刑罚制度发展的趋势。为了适应我国政治、经济、社会及文化的发展要求，有必要开展社区矫正试点工作，积极探索刑罚执行制度改革”，并要求“充分发挥基层群众自治组织、社会团体和社会志愿者的作用，积极参与和协助社区矫正的试点工作”。其对社区矫正的定义和对社区矫正工作的要求明确指出社会力量是社区矫正的执行主体之一，是社区矫正重要的参与者和资源提供者，对社区矫正工作的顺利开展具有重要影响。

司法部于2004年5月9日印发的《司法行政机关社区矫正工作暂行办法》第2条规定：“社区矫正是指将符合社区矫正条件的罪犯置于社区内，由专门的国家机关在相关社会团体和民间组织以及社会志愿者的协助下，矫正其犯罪心理和行为恶习，促进其顺利回归社会的非监禁刑罚执行活动。”第3条规定：“司法行政机关开展社区矫正工作，遵循党委政府统一领导，司法行政机关具体实施，人民法院、人民检察院、公安机关密切配合，社会力量广泛参与的原则。依照有关规定和本办法，充分发挥社会各方面的作用，提高社区服刑人员的教育改造质量。”这两条规定确定了社会力量参与社区矫正是司法行政机关开展社区矫正工作的原则。《司法行政机关社区矫正工作暂行办法》第9条规定，乡镇、街道司法所具体负责实施社区矫正，要组织相关社会团体、民间组织和社区矫正工作志愿者，对社区服刑人员开展多种形式的教育，帮助社区服刑人员解决遇到的困难和问题。第30条规定：“司法所应当聘请社会专业人员，定期为社区服刑人员提供心理咨询服务，开展心理健康教育。”第31条规定：“司法所应当组织社会团体和社会志愿者对社区服刑人员开展经常性的帮教活动，并通过社区服刑人员的亲属加强对社区服刑人员的教育。”以上三条规定初步明确了社会力量参与社区矫正工作的内容。《司法行政机关社区矫正工作暂行办法》第12条规定："社区矫正工作者应当由司法所工作人员、有关社会团体成员和社会志愿者组成。"第13条规定："社区矫正工作志愿者应当具备下列条件：（一）拥护宪法，遵守法律，品行端正；（二）热心社区矫正工作；（三）有一定的法律政策水平、文化素质和专业知识。自愿参与和从事社区矫正的社会志愿者，向居住地的街道、乡镇司法所报名，符合前款规定条件的，由司法所报请县级司法行政机关颁发聘书。"这两条规定初步明确了社区矫正工作者由专业矫正人员和社区志愿人员组成，并设定了志愿者的条件。《司法行政机关社区矫正工作暂行办法》对社区矫正工作者进行了分类规定，为社会力量尤其是个人参与社区矫正工作提供了依据。

2005年1月20日，"两高两部"联合发布的《关于扩大社区矫正试点范围的通知》指出，扩大社区矫正试点工作要积极争取各级党委、政府的重视和支持，应当坚持党委、政府领导，司法行政机关负责组织实施，法院、检察、公安、司法行政等相关部门紧密配合，社会力量广泛参与的工作机制，确保试点工作健康、顺利地开展。要高度重视对社区矫正试点工作的宣传，充分利用报刊、电视、广播、网络等宣传媒体，大力宣传社区矫正工作的作用和做好这项工作的重要意义，宣传从事社区矫正工作贡献突出的先进典型和已经顺利回归社会的社区服刑人员的典型，扩大影响，让社会力量对社区矫正工作有正确的理解和认识，争取他们的支持和参与，为社区矫正试点工作创造良好的社会环境和舆论氛围。

2008年12月《中央政法委员会关于深化司法体制和工作机制改革若干问题的意见》对推进社区矫正工作提出了明确要求。当前，我国正处于改革发展的关键时期，维护社会和谐稳定的任务十分繁重。在全国试行社区矫正工作中，把那些不需要、不适宜监禁或者继续监禁的罪犯放到社区里，充分利用社会力量有针对性地对其实施矫正。

2009年9月2日，"两高两部"联合发布的《关于在全国试行社区矫正工作的意见》要求，要确保社区矫正工作的有序开展；坚持专群结合，充分调动社会资源和有关方面的积极性，不断增强社区矫正工作的社会效果；整合社会资源和力量，为社区服刑人员提供免费技能培训和就业指导，提高就业谋生能力，帮助其解决基本生活保障等方面的困难和问题；在各级司法行政机关建立专门的社区矫正工作机构，加强对社区矫正工作的指导管理；建立专群结合的社区矫正工作队伍，充实司法所工作力量，确保有专职人员从事社区矫正工作；广泛动员社会力量参与社区矫正工作，建立健全社会工作者和社会志愿者的聘用、管理、考核、激励机制；切实加强社区矫正工作队伍的培训，提高队伍综合素质，提高做好社区矫正工作的能力和水平；进一步健全社区矫正工作领导体制和工作机制，坚持党委、政府统一领导，司法行政部门牵头组织，相关部门协调配合，司法所具体实施，社会力量广泛参与的社区矫正工作领导体制和工作机制；社会各有关方面要理解、支持和参与社区矫正工作，为开展社区矫正工作创造良好的社会环境。

2012 年 3 月 1 日正式实施的《社区矫正实施办法》指出，经过多年的实践与探索，社区矫正在我国取得了巨大进展，形成了各具特色的地方工作模式。在各地的模式中，都不同程度地将社会工作看作社区矫正的重要力量，并探索其介入社区矫正的工作机制。《社区矫正实施办法》第 3 条规定，县级司法行政机关社区矫正机构对社区矫正人员进行监督管理和教育帮助。司法所承担社区矫正日常工作。社会工作者和志愿者在社区矫正机构的组织指导下参与社区矫正工作。《社区矫正实施办法》确定了目前社区矫正执行机构是司法行政机关，指出了社会工作者是其中重要的参与力量。

2014 年 3 月 1 日起正式实施的我国首部社区矫正地方性法规《江苏省社区矫正工作条例》第 3 条规定："社区矫正工作坚持惩罚犯罪与教育矫正相结合、专门机关与社会力量相结合、维护社会稳定与促进社区服刑人员再社会化相结合的原则。"第 4 条第 1 款规定："县级以上地方人民政府应当将社区矫正工作纳入国民经济和社会发展规划，建立健全社区矫正工作领导体制和工作机制，加强社区矫正工作机构和队伍建设，鼓励和支持社会力量参与社区矫正工作。”第6条规定：“村民委员会、居民委员会、社区服刑人员所在单位或者就读学校依法参与社区矫正工作；社区服刑人员的家庭成员或者监护人、保证人及其他有关人员应当协助落实社区矫正措施。鼓励、支持志愿者、志愿者服务组织和其他社会组织参与社区服刑人员的教育帮扶工作。依法设立的社区矫正协会，依照章程参与社区服刑人员的教育帮扶工作。”第15条第2款规定：“矫正小组组长由社区矫正执法工作者担任，成员包括社区民警、社区矫正社会工作者、志愿者、村民委员会或者居民委员会代表、社区服刑人员所在单位或者就读学校代表、家庭成员或者监护人、保证人……”第33条规定：“县（市、区）人民政府和乡镇人民政府、街道办事处应当提供开展社区矫正工作需要的场所，为社区矫正工作配备必要的设施和装备。县（市、区）人民政府司法行政部门应当规范社区矫正中心建设，发挥其整合社区矫正资源、协调调度监督管理、落实教育帮扶措施的作用。”第34条规定：“县（市、区）人民政府可以通过购买社会工作服务，为社区服刑人员提供行为矫治、心理疏导、关系调适和社会功能修复等专业服务。”第37条规定：“民政部门应当将社区矫正工作纳入社区建设和社区管理范围，指导村民委员会、居民委员会和社会组织协助、参与社区矫正工作。”此外，第41条规定：“鼓励依法对社区矫正教育帮扶工作捐赠。单位和个人的公益性捐赠支出符合条件的，按照规定享受有关税收优惠。鼓励企业事业单位、社会组织建立社区矫正教育培训和社区服务基地。”

以上八条规定确定了社会力量参与社区矫正的重要性和途径，通过政策确保了社会力量参与社区矫正的合法性，鼓励社会力量参与社区矫正建设。此外，该条例还首次确定了社区矫正工作人员由社区矫正执法工作者、社区矫正社会工作者组成。社区矫正执法工作者由社区矫正机构和司法所的公务员担任。社区矫正社会工作者由县（市、区）人民政府公开招聘的社会工作者和通过政府购买服务的方式接受委托的社会组织派出的人员担任。该条例对社区矫正工作人员的性质和工作职责的划分为建立权责清晰的社区矫正工作人员队伍提供了依据。

从上述的法规政策可以看出，从 2003 年的试点文件开始，国家和地方政府逐步意识到社会力量参与社区矫正的重要性，并逐步强调、建立和具体化了社会力量参与社区矫正的途径和制度机制。

第三节　社区矫正社会工作者及机构的法规政策依据

2004 年 6 月 15 日，劳动和社会保障部办公厅发布了《关于印发第九批国家职业标准的通知》，“社会工作者”作为一种职业首次被载入其中。在该通知发布的《社会工作者国家职业标准》中，社会工作者被定义为：遵循助人自助的价值理念，运用个案、小组、社区、行政等专业方法，以帮助机构和他人发挥自身潜能，协调社会关系，解决和预防社会问题，促进社会公正为职业的专业工作者。解决和预防社会问题是社会工作者最基本、最重要的职能。《社会工作者国家职业标准》对社区矫正社会工作者提出了最基本的要求。

经过十余年的实践与探索，社区矫正在我国取得了巨大进展，社区矫正的法规政策在试点工作中不断成熟，并形成了北京、上海、江苏等各具特色的地方社区矫正模式。不管是在现存的法规政策体系中，还是在各地社区矫正模式中，社区矫正社会工作者及机构都被不同程度地看作社区矫正的重要力量，各地都在探索其介入社区矫正的工作机制。但是在现存的法规政策体系中没有专门为社区矫正社会工作者及机构制定的文件，涉及社区矫正社会工作者及机构的权威性法规政策数量也不多，主要存在于各试点省市社区矫正工作相关行政文件中。

我国2004年5月9日印发的《司法行政机关社区矫正工作暂行办法》第3条规定："县级司法行政机关社区矫正机构对社区矫正人员进行监督管理和教育帮助，基层的司法所承担社区矫正日常工作，社会工作者和志愿者在社区矫正机构的组织指导下参与社区矫正工作。"首次通过部门规章明确了社区矫正社会工作者是参与社区矫正工作的队伍之一。2012年3月1日正式实施的《社区矫正实施办法》第3条规定再次确认了这一点。除此之外，2014年3月1日起正式实施的我国首部社区矫正地方性法规《江苏省社区矫正工作条例》第8条第1款规定："社区矫正工作人员由社区矫正执法工作者、社区矫正社会工作者组成。"第10条规定："社区矫正社会工作者在社区矫正机构组织下，协助开展社区矫正工作。社区矫正社会工作者由下列人员担任：（一）县（市、区）人民政府公开招聘的社会工作者；（二）通过政府购买服务方式接受委托的社会组织派出的人员。县（市、区）人民政府应当按照规定配备社区矫正社会工作者，保证社区矫正工作需要。"其进一步明确了社区矫正社会工作者在社区矫正工作中的地位和范围。

以上三个社区矫正法规政策是明确提到社区矫正社会工作者参与社区矫正工作最权威的依据。其他的社区矫正法规政策虽然没有提到社区矫正工作者，但它们对社区矫正志愿者和社会力量的规定包括了社区矫正社会工作者及其机构，也是社区矫正社会工作者及其机构参与社区矫正的依据之一，如2009年9月2日"两高两部"联合发布的《关于在全国试行社区矫正工作的意见》。

上海和北京是社区矫正试点工作开展最早的城市，它们在社区矫正试点工作中积累了大量的经验，结合本地实际情况建立了各自行之有效的社区矫正模式。社区矫正社会工作者及机构功不可没。因此，上海和北京发布了一系列社区矫正社会工作者及机构建设的社区矫正行政文件。

2003年11月6日，上海市司法局发布的《关于贯彻落实市委"构建预防和减少犯罪工作体系"的总体部署 进一步推进社区矫正试点工作的意见》要求，坚持专门化机关管理与社会化运作相结合的原则。按照“政府主导推动、社团自主运行、社会多方参与”的总体思路，以司法行政工作现有体制推进社区矫正试点工作。同时，还要积极探索建立专门化执法队伍和培育专业化社会组织的新路子，形成相互协调、共同推进社区矫正工作的新格局。该意见要求对社会工作者提出要求，明确工作目标，年终对本街道（乡镇）的社会工作者作出评估，并将评估结果分别送区（县）社工站、司法局及预防和减少犯罪办公室；全市各区积极培育扶持社团组织参与社区矫正试点工作，按照“政府主导推动、社团自主运行、社会多方参与”的总体思路，在坚持以国家专门机关为主实施社区矫正工作的同时，要引入社会工作的理念，加大社团组织的培育扶持力度，充分发挥社团和社会工作者的作用，积极参与社区矫正试点工作；抓紧组建社区矫正社团组织力争于当年11月注册成立“上海市新航社区服务中心”。该意见明确规定“上海市新航社区服务中心”为民办非企业单位性质，根据市社区矫正工作办公室设定的总体工作目标，依据法律、法规及其章程的规定，组织社会工作者参与社区矫正试点工作。社团组织设立董事会、监事会和总干事，按社团组织的规章自主运作。主要职责包括：依照法律、法规及章程开展活动；与社会工作者签订服务协议并组织社会工作者对社区服刑人员和刑释解教人员进行帮教和服务；负责对区（县）新航社区工作站及社会工作者进行工作评估；确保政府购买服务费用的合理使用；维护社会工作者的合法权益等。区（县）设立新航社区工作站，工作站主要负责向本区（县）各街道（乡镇）派出社会工作者，对本区（县）社会工作者进行业务指导、绩效考核和日常管理。

在该意见的指导下，上海市在社区矫正制度上首创“执法主体”和“工作主体”适度分离的工作模式，率先于2004年1月成立了全国首个服务于社区服刑人员、开展社区矫正工作的民办非企业性质的社会组织——上海市新航社区服务总站，为上海市社区服刑人员和五年内刑释解教人员提供专业服务。上海市新航社区服务总站成立后，依据上海市司法局与其签订的政府购买服务合同，结合其实际情况，建立了一系列社区矫正社会工作者需要遵守和依据的工作制度。例如，2008 年 1 月 1 日，为及时、公正地处理上海市新航社区服务总站服务对象的投诉，保障社区服刑人员和刑释解教人员的合法权益，规范社区矫正社会工作者服务工作，提升服务质量，维护社工的良好形象，制定了《关于服务对象投诉的暂行规定》，之后又相继制定了《社会工作督导实施办法（试行）》、《上海市新航社区服务总站人事管理办法》和《上海市新航社区服务总站专业服务承诺制度》等。

与上海社区矫正模式齐头并进的北京社区矫正模式是指“在现行法律框架下，执行主体与执行对象不变，但具体的执行工作和矫正内容由司法行政机关的基层司法所承担和落实，调动与整合社区力量，对罪犯进行刑罚执行”（胡松，2013）。因此，2005 年 3 月底，北京市 18 个阳光社区矫正服务中心全部挂牌成立。为确保社区矫正服务中心各项工作规范运行和取得实效，北京市社区矫正工作领导小组办公室于 2005 年 4 月 29 日发布了《关于进一步做好阳光社区矫正服务中心工作的试行意见》。该意见规定社区矫正服务中心作为专门为社区矫正提供服务的民间公益性社会组织，其职能任务主要有组织发动社会力量参与社区矫正和对社区服刑人员提供回归社会辅导、心理矫正、帮助教育、技能培训、临时救助等各类服务。此外，该意见明确规定社区矫正社会工作者协助司法助理员和抽调监狱劳教干警工作，其职责主要是开展社区矫正宣传，组织各种社会力量对社区服刑人员进行帮教，参与矫正方案的制定和协助社区矫正服务中心对社区服刑人员开展辅导等（北京市社区矫正工作领导小组办公室、北京市司法局，2006）。2006 年 3 月 24 日，北京市社区矫正工作领导小组办公室为进一步加强阳光社区矫正服务中心建设，又发布了《关于加强阳光社区矫正服务中心建设的通知》。该通知规定阳光社区矫正服务中心要建立社区矫正专职社会工作者队伍，要理顺阳光社区矫正服务中心与司法所的关系和细化职责、加强考核等（北京市社区矫正工作领导小组办公室、北京市司法局，2006）。在上述意见和通知的指导下，北京市各城区阳光社区矫正服务中心根据管理和服务社区服刑人员的具体情况，创新制定了一整套社区矫正社会工作者应该遵守的管理制度。

由于上海和北京是开展社区矫正试点最早的城市，全国其他省份的社区矫正工作基本上是参照以上两种模式并结合本地实际情况来开展的，因此关于社区矫正社会工作者及机构的法规政策发布的情况也相差无几，社区矫正社会工作者及机构开展社区矫正工作的法规政策依据主要以省市司法行政部门的行政文件和机构自行设立的工作制度为主。

第四节　社区矫正社会工作立法问题及政策

目前，虽然中央和各省市都十分重视社会工作介入社区矫正的途径和机制，但是并没有关注到社区矫正社会工作立法。一方面是因为社区矫正试点时间较短，对于社区矫正没有专门的法律；另一方面是因为社区矫正社会工作的实务开展占据了主要关注领域，立法工作被忽略了。社区矫正社会工作立法问题多多、困难重重。

社区矫正社会工作立法无“法”可依。目前，我国虽然已经有一些与社区矫正和社会工作相关的法规政策，但是社区矫正法和社会工作法都没有建立，社区矫正社会工作缺乏立法的理论依据。

社区矫正社会工作立法无“实”可依、无“人”可执。由于我国的社会工作和社区矫正工作起步都较晚，社区矫正社会工作作为两者的交叉点不但起步更晚，而且实施对象和执行人群不稳定、执行的范围不确定，社区矫正社会工作立法缺乏实践依据，即使建立了，也可能因为人群难以确定而无法执行。

社区矫正社会工作立法无“序”可依。社区矫正社会工作法是我国社区矫正社会工作职业化和专业化的必要前提和重要保障，而社区矫正社会工作法律法规得以贯彻实施的关键在于社区矫正和社会工作法治秩序的建立。

此外，我国目前的法规政策缺乏对社区矫正社会工作特有行为的有针对性的规制。已存在的法规政策在制定法律时没有充分考虑社区矫正社会工作的现状和发展趋势，有些规定还存在可操作性缺乏和权利保障十分片面等明显缺点。另外，绝大多数社区矫正社会工作者没有经过专业的法律学习和培训，导致服务的专业性不够强，法律意识也不够强。

目前，我国关于社区矫正社会工作的法规政策的内容在很大程度上集中在社区矫正社会工作主体上，尤其是社区矫正社会工作者的资格上，应该尽快制定社区矫正社会工作专门的法律法规，包括法律、行政法规和行政规章层面的社区矫正社会工作者职业法规、社区服刑人员维权法律法规和社区矫正社会工作服务机构业务法律法规。

综上所述，在社区矫正社会工作立法方面，我国虽然在社区矫正试点工作和社会工作领域为社区矫正社会工作立法积累了一定的经验，也取得了一定的进展，但仍落后于社区矫正社会工作发展的现实需要。而当前我们提出构建社区矫正社会工作立法有其不可抗逆性，这不仅是社区矫正和社会工作专业本身的发展需要，也是时代发展的必然要求。作为社区矫正和社会工作发展的后续国家，我们需要结合中国礼俗社会的现实基础，总结我国社区矫正社会工作的发展经验，同时在理论和实务模式上批判性地吸取西方发达国家的经验和教训，充分利用后发优势，建立中国特色的社区矫正社会工作模式，这将促使我们在构建中国特色的社区矫正社会工作制度时具有一定的前瞻性和可行性。

主要参考文献

［1］董纯朴．中国当代社区矫正特点综述．公安研究，2012(10)．

[2] 方舒．我国社会工作参与社区矫正机制的检视与创新．甘肃社会科学，2013（3）．

[3] 胡松．论社区矫正机构队伍建设．今日中国论坛，2013（15）．

[4] 刘津慧．我国社区矫正制度研究．南开大学，2007.

[5] 司法部社区矫正制度研究课题组．改革和完善我国社区矫正制度之研究（上）．中国司法，2003（5）．

[6] 司法部社区矫正制度研究课题组．改革和完善我国社区矫正制度之研究（下）．中国司法，2003（6）．

[7] 王年生，等．社区矫正行为导航．南京大学出版社，2011.

[8] 杨玉花．论我国社区矫正制度的建立．宿州教育学院学报，2012（1）．

[9] 朱海蛟，胡玉姗，姚思慧．我国社区矫正法律制度存在的问题及其反思．法制与社会，2011（8）．

第四章　社区矫正社会工作的人才队伍建设

社区矫正是指将符合社区矫正条件的罪犯置于社区内，由专门的国家机关在相关社会团体和民间组织以及社会志愿者的协助下，在判决或裁定规定的期限内，矫正其犯罪意识和行为恶习，并促使其顺利回归社会的非监禁刑罚执行活动（张昱，2004）。社区矫正必须重视广泛发动社会力量共同参与，特别是要充分发挥社会工作者、社会工作专业机构和志愿者等社会力量的独特作用。这是社区矫正有别于监禁矫正的重要特征之一。社会力量由民间组织和各类志愿人员组成。前者为社区矫正提供专业协助的机构和个人即社区矫正社会工作机构和社区矫正社会工作者，科学地利用相关理论和方法，多方面地为社区服刑人员提供专业化的服务；后者为基于社会责任感自愿为社区矫正提供无偿服务的社区志愿者即社区矫正志愿者（吴军，2012）。社会力量作为社区矫正的重要辅导队伍，它的参与保证了社区矫正工作的顺利开展。

根据2004年司法部颁布的《司法行政机关社区矫正工作暂行办法》的规定，社区矫正工作者应当由司法所工作人员、有关社会团体成员和社会志愿者组成。因此，目前社区矫正队伍主要由社区矫正专职工作者（社区矫正官）、社区矫正社会工作者和社区矫正志愿者组成。组建社区矫正社会工作人才队伍，全面开展社区矫正工作，是贯彻落实宽严相济刑事法律政策的需要，是提高社区服刑人员教育改造质量的需要，是推进我国轻刑化、非监禁刑司法体制和工作机制改革的需要。2009年“两高两部”联合下发了《关于在全国试行社区矫正工作的意见》，决定在全国范围内试行社区矫正工作，极大地促进了社区矫正工作的开展，同时也进一步推动了我国社区矫正队伍的建设。该意见明确提出要广泛动员社会力量参与社区矫正工作，建立健全社会工作者和社会志愿者的聘用、管理、考核、激励机制；切实加强社区矫正工作队伍的培训，提高队伍综合素质，提高做好社区矫正工作的能力和水平。

社区矫正社会工作者队伍是参与社区矫正的主要力量之一。自2003年开展社区矫正试点工作以来，参与社区矫正的社会工作者的数量不断增加。司法部提供的数据显示，截至2011年3月底，全国从事社区矫正工作的社会工作者达到57623人（吴宗宪，2011）。他们为我国社区矫正事业的发展作出了卓越的贡献。与社区矫正专职工作者不同，社区矫正社会工作者是社区矫正的重要辅助人员，是根据一定条件选择并经过培训后对社区服刑人员开展相关社会工作的专业人员。社区矫正社会工作者的主要职责是与社区服刑人员联系和沟通，组织教育学习、公益劳动和技能培训，掌握社区服刑人员的表现，帮助解决社区服刑人员的实际困难以及对社区矫正志愿者进行业务培训等（刘武俊，2012）。社区矫正社会工作者通过司法行政机关招聘直接进入社区矫正领域或者通过专业社会工作机构派驻到社区矫正机构，间接进入社区矫正领域，包括高校各专业毕业生和社会其他待业人员。因此，社区矫正社会工作者根据受社会工作训练的专业程度的不同，可以分为专业社区矫正社会工作者和准专业社区矫正社会工作者。

第一节　专业社区矫正社会工作者

专业社区矫正社会工作者是指协助司法机关在社区矫正的不同环节开展有关社会工作，受过社会工作专业训练并具有社会工作资质的专业人员。专业社区矫正社会工作者一般是具有社会工作专业教育背景的工作人员或虽无社会工作专业教育背景但已经拿到社会工作师或助理社工师证书，且经过社区矫正社会工作专业培训，在社会组织或社区中配合司法部门专门从事社区矫正社会工作的工作人员。这类工作人员掌握专业的社会工作知识和技能，能够将社会工作的价值理念贯彻到社区矫正社会工作当中，具有良好的专业操守和职业操守。

社区矫正社会工作是社会工作专业的重要组成部分，涵盖了法学、心理学、管理学、社会学、社会工作学等多学科的研究领域。经过专业训练，具有专业背景的专业社区矫正社会工作者在开展社区矫正社会工作的过程中，能够通过发挥自身的专业优势、运用其专业理论和方法，与社区矫正专职工作者、准专业社区矫正社会工作者以及社区矫正志愿者等一起，为社区服刑人员及其家人提供各种专业化服务，帮助其解决多方面的问题，包括矫正其犯罪心理与不良行为模式，使其家人得到心理和社会支持，使其周围的社会环境得到改善，以便帮助其适应社会生活，重新回归社会（吴宗宪，2011）。与此同时，能更好地将社会工作融入社区矫正，与社区服刑人员建立互动关系，有针对性地开展工作，帮助其重组社会资源，提升其自身能力，发展自我，充分发挥社会工作康复、预防和发展的三大专业功能。

专业社区矫正社会工作者一般是按照国家考核认定的职称即助理社会工作师、社会工作师和高级工作师或督导（机构认定的）级别获得职业发展的。国家司法行政机关和专业社会工作机构也是以此为依据，结合实际工作开展情况和工作年限进行绩效考核管理及提供相应的福利待遇。

自2003年我国开展社区矫正试点工作以来，截至2011年9月底，全国31个省（区、市）和新疆生产建设兵团已开展社区矫正工作，试点地区累计接收社区服刑人员78.9万人，解除矫正43.2万人，现有社区服刑人员35.7万人（司法部社区矫正管理局，2011）。社区服刑人员呈现出增速快、幅度大、范围广等特征。社区矫正工作任务越来越重的现实要求不断增加社区矫正工作力量。

各试点省市忙于应对突如其来的社区服刑人员和试点期间社区矫正制度、社区矫正专职工作者队伍的建设，在组建社区矫正辅助力量如社区矫正社会工作者队伍时，忽略了社区矫正社会工作者的重要性，对其专业性和职业性认识不够，因此社区矫正社会工作者队伍建设尤其是专业社区矫正社会工作者队伍建设逐渐呈现出弊端。

社区矫正社会工作者队伍准入标准较低，工资水平较低，难以招纳专业的社会工作人才。例如，福建省武夷山市发布的社区矫正社会工作者招聘公告中仅要求报考人员具有武夷山市户籍；年龄在18 周岁以上 35 周岁以下；具有大专学历以上的文化程度且具有基本的计算机操作能力；拥护中国共产党，热爱社会主义，贯彻执行党的基本路线和各项方针政策，遵纪守法，品行端正，忠于职守，爱岗敬业，以及身体健康，五官端正，无生理缺陷。此外，社区矫正社会工作者的待遇按照《武夷山市人民政府常务会议纪要》（〔2011〕16 号）文件精神执行，即社区矫正社会工作者的福利待遇由工资、奖金、职业津贴、社会保险和住房公积金构成，全部纳入财政性社区经费支出。（1）工资：1200 元/月，每月发放 1000 元，剩余部分待半年和年终考核后发放；（2）奖金：根据社区矫正社会工作者的表现情况和年度考核结果，由市司法局发给一定的奖金（每年不超过 2500 元）；（3）职业津贴：社区矫正社会工作者补贴每人每月 100 元；（4）社会保险：参照武夷山市劳务派遣人员的标准执行；（5）住房公积金：社区工作者享受住房公积金待遇，以上一年本人月平均工资为缴费基数，单位和个人各按 8% 的比例缴纳（武夷山市公务员局，2012）。全国各试点省市的招聘社区矫正社会工作者的要求基本上与上述一致，对社区矫正社会工作者要求高的，如上海，无非加上一条：法学、社会学、社会工作学者优先。这种准入门槛低、工资水平低的现象，一方面，反映了顶层政策设计者对社区矫正社会工作力量和功能的忽视以及其定位低下；另一方面，准入标准低挤占了专业社会工作者进入的名额，而低工资水平注定无法吸纳和留住专业社会工作者提供专业化服务。因此，目前社区矫正社会工作者队伍中专业社区矫正社会工作者数量较少，许多促进社区服刑人员心理、行为、认知转变和自我成长，有利于其社会功能的恢复、发展的专业服务无法正常开展，社区矫正效果难以提高。

社区矫正各类力量职责不清，专业社区矫正工作者难以发挥功效。国家发布的政策性文件和各试点省市发布的政策性文件对司法所工作人员的职责都作出了明确的规定，但对于其他社区矫正力量如社区矫正社会工作者、社区矫正志愿者的职责缺乏明确的规定。以江苏为例，根据社区矫正的相关规定，司法所作为工作主体，负责社区矫正的日常管理工作。但是在社区矫正实践中，社区矫正社会工作者已经成为社区矫正的主要工作力量，几乎承担了所有的具体矫正工作。这就使得他们的工作量大大加重，一方面由于工作量与收入的不平衡，容易产生不满情绪，影响工作的积极性；另一方面社区矫正社会工作者无暇顾及本职工作，无法充分发挥社会工作的专业优势，难以使系统、深入的社会工作专业服务工作落到实处，发挥其康复、预防、发展的功能，从而难以实现社区矫正的目的。

国家和政府一方面要高度重视专业社区矫正社会工作人才的培养，为社区矫正社会工作的开展输送和储备人才；另一方面要健全社区矫正相关规章制度，建立权责清晰的管理机制、明确的职业晋升机制和稳定的工资福利保障机制，组建具有专业知识、技能和专业操守以及强烈价值认同感的专业社区矫正社会工作人才队伍，让专业社区矫正社会工作者有时间和精力从事其本职工作，将本职工作科学化、系统化。

第二节 准专业社区矫正社会工作者

目前，社区矫正队伍中的社区矫正社会工作者绝大多数是准专业社区矫正社会工作者，他们负责的社区矫正工作内容与专业社区矫正社会工作者基本一致。准专业社区矫正社会工作者一般是指没有社会工作专业背景，也没有获得社工师、助理社工师职业资格证书，但曾接受过一些社区矫正社会工作的专业培训，配合司法部门在社会组织或社区中专门从事社区矫正工作的社会工作者。

在实际工作中，对专业社区矫正社会工作者与准专业社区矫正社会工作者的区分是模糊的，基本上统称为社区矫正社会工作者，但事实上，目前的社区矫正社会工作者大多是准专业社区矫正社会工作者，如上述福建省武夷山市招聘的社区矫正社会工作者就属于准专业社区矫正社会工作者。北京的准专业社区矫正社会工作者比较容易区分，因为在名称上将准专业社区矫正社会工作者称为社区矫正协管员。

准专业社区矫正社会工作者队伍的数量较之专业社区矫正社会工作者队伍更为庞大，在年龄层次、受教育程度等方面也有较大差异。以北京的准专业社区矫正社会工作者队伍为例，北京的准专业社区矫正社会工作者即社区矫正协管员建设是北京市委、市政府提出的一项折子工程。为确保折子工程的落实，市司法局与市劳动和社会保障局联合下发了《关于招聘社区矫正协管员工作的意见》（林仲书，2007）。该意见要求社区矫正协管员的招聘条件为：热爱祖国，热爱人民，热爱社区矫正工作；遵守国家法律、法规，政治素质较高，责任心强，作风正派，有一定的组织协调、言语和文字表达能力；具有高中以上文化程度，身体健康，中共党员优先；女年满40周岁以上、男年满50周岁以上的城镇登记失业人员，或者女年满35周岁以上、男年满40周岁以上，符合享受本市居民最低生活保障待遇条件的城镇登记失业人员。可见，北京市社区矫正协管员岗位基本上是为年龄较大、受教育程度较低的人解决失业问题而设置的，并非从社区服刑人员的社区矫正效果着想。因此，在社区矫正服务的专业要求上，该意见仅要求社区矫正协管员上岗前，应当由区县司法行政部门组织进行不少于60个小时的集中培训，并经考核合格后持证上岗。各区县要根据工作进度，适时开展业务培训和工作交流，不断提高社区矫正协管员的工作水平，培训交流工作由区县阳光社区矫正服务中心具体组织实施。培训每年不少于4次，培训成绩与对社区矫正协管员的考核和聘用挂钩（北京市司法局、北京市劳动和社会保障局，2006）。这种短期培训和“人性化”适时培训仅仅是为了应付社区矫正工作的需要而进行的“临阵磨枪”，这样培养出来的社区矫正工作者显然难以胜任专业性、法律性很强的社区矫正工作。这种现象普遍存在于全国的各试点省市。

因此，目前的准社区矫正社会工作者队伍呈现出年龄偏大、学历偏低、专业素质偏低，同时普遍缺乏基本的刑事执法以及社会工作专业知识和经验，思想观念难以适应社区矫正的价值理念的特征。他们并不具备从事社区矫正工作的专业素养，对开展社区矫正工作的认识还不到位，工作方法比较简单，专业水平和工作能力与社区矫正工作的要求尚有较大的差距（种若静、许兵，2008）。

社区矫正是刑罚执行的一种，虽然尚处于试点阶段，但它是一项法律性、严肃性、专业性和技术性都很强的工作，对社区矫正社会工作者的专业水平、专业知识、工作能力、专业素养以及专业操守等都提出了较高的要求。专业的人才是任何一支队伍开创优秀业绩的前提条件。提高社区矫正社会工作者的准入标准，建立专业化、职业化的社区矫正辅助力量——社会工作人才队伍，是使社区服刑人员顺利回归、融入社会的保障之一。

因此，社区矫正试点工作要时刻警惕经济发展中的“先污染、后治理”的现象。国家和政府必须重视社区矫正社会工作者的选拔及培训工作，要在人才队伍组建的初期把好关，建立严格的选拔、培训和考核筛查制度，实现社区矫正社会工作者队伍“能者进、劣者汰”的目标，提升社区矫正社会工作者队伍的整体素质和整体水平。

第三节 社区矫正社会工作专业机构

2003 年“两高两部”发布的《关于开展社区矫正试点工作的通知》要求“充分发挥基层群众自治组织、社会团体和社会志愿者的作用，积极参与和协助社区矫正的试点工作”。社区矫正的预期目的能否实现，社会力量的参与程度是关键因素之一。在“小政府、大社会”的格局下，政府出台激励政策鼓励民间自行开办社区矫正服务机构，或用购买服务的方式吸引民间组织与社会团体参与社区矫正管理、教育服务工作，一批具有代表性的社区矫正社会工作专业机构出现了。

社区矫正社会工作专业机构一般是指按照政府的委托和授权从事社区矫正工作，由专业的社区矫正社会工作者运用社会工作方法为社区服刑人员开展心理矫正、教育培训、资源链接、帮困救助以及社区矫正相关项目研究与开发的非营利性社会团体。从国外社会力量参与社区矫正的实践来看，社区矫正社会工作专业机构可以分为民办型、官办型和准官办型（即具有政府与民间两重性）（狄小华，2000）。由于目前我国政府力量强大，民间力量尚处于弱势，社区矫正社会工作专业机构基本上都是准官办型。这种类型的特征在于政府不会划拨编制给社区矫正社会工作专业机构，而是通过购买社区矫正社会工作专业机构服务的方式实现政府社区矫正工作的需求，一般有整体项目打包购买和岗位购买两种形式，由社区矫正社会工作专业机构来指导和管理服务于社区矫正的社会工作者，政府对该机构提供的社区矫正管理、教育服务工作实施监督、评估。

目前最具代表性、最具规模的社区矫正社会工作专业机构是上海市新航社区服务总站。2004 年 1 月，按照“政府主导推动、社团自主运行、社会多方参与”的总体思路，上海市成立了全国首个服务于社区服刑人员、开展社区矫正工作的民办非企业性质的社会组织——上海市新航社区服务总站。上海市新航社区服务总站成立后，依据上海市司法局与其签订的政府购买服务合同，本着“以人为本，助人自助”的服务宗旨，协助司法部门管理、教育、帮助社区服刑人员，协助安置、帮助、教育刑满释放和解除劳教人员，运用社会工作技巧，为社区服刑人员和五年内刑释解教人员及其家属提供心理矫正、认知行为矫正、家庭辅导等专业化帮教服务，使该类对象的法制意识和道德观念有所增强、心理状态和行为习惯得到改善、实际困难得到解决，社会环境得到改变，从而实现使其顺利融入社会、预防和减少重新违法犯罪的现象、维护社会稳定的目的。上海市新航社区服务总站的业务范围包括：对社区服刑人员和刑释解教人员开展帮教和服务，社区矫正和安置帮教理论研究与实务探索，根据委托或授权承担的其他业务（上海市新航社区服务总站，2014）。

随着社区矫正试点工作的深入开展，其他试点省市也纷纷出现了社区矫正社会工作专业机构。例如，2009 年 3 月成立的广州市尚善社会服务中心，是在司法部、省司法厅和广州市委市政府关于推进社会管理改革创新部署的背景下，由广州市司法局主导创立的广州市首个非营利性司法社工组织。该中心坚持以人为本的价值取向，秉持“助人自助，崇善尚善”的社工理念，运用专业矫治方法，为社区矫正人员、刑满释放人员和具有违法犯罪倾向的高危人员及其家属提供个案辅导服务、心理情绪支援服务、家庭支援服务、判前考察服务、社会观护服务、犯罪预防服务、释前介入服务以及其他就学、职业辅导等多元化、可行性强、需求度高的专业司法社工服务（广州市尚善社会服务中心，2014）。

此外，北京市海淀睿博社会工作事务所、首都师范大学社区矫正与社区发展研究中心、首都师范大学少年司法社会工作研究与服务中心以及深圳市社联社工服务中心等都是从事社区矫正工作和研究的社会工作专业机构。这些社区矫正社会工作专业机构能够提供不同的社会服务，满足不同社区服刑人员的社会需求，帮助其顺利地再社会化。同时，社区矫正社会工作专业机构的参与能避免传统的由刑罚执行机关改造罪犯带来的成本大、效果低等弊端。但是目前这类机构的数量与社区服刑人员的数量不成正比，远远不能满足社区矫正工作的需求。此外，这类机构的建立往往依托于设有社会工作专业的高校力量或利用临近香港、台湾等社会工作、社区矫正发展较为完善的地区优势，限制了社区矫正社会工作专业机构的发展、壮大。

因此，建立和完善社区矫正社会工作专业机构一方面需要政府的大力扶持和政策倡导，同时也需要各试点省市突破传统，加大吸引专业社会工作人才、建立社区矫正社会工作专业机构的力度；另一方面需要国家加强社会工作专业的建设以及社会工作专业人才的培养，让社区矫正社会工作专业机构有人可用。

第四节　社区矫正社会志愿者

2004 年司法部颁布的《司法行政机关社区矫正工作暂行办法》第 13 条第 1 款规定："社区矫正工作志愿者应当具备下列条件：（一）拥护宪法，遵守法律，品行端正；（二）热心社区矫正工作；（三）有一定的法律政策水平、文化素质和专业知识。"一般而言，社区矫正社会志愿者是指自愿无偿地参与社区矫正工作的专家学者、社会团体人员、离退休干部、教师、高等院校学生等。目前我国从事社区矫正的社会志愿者已接近 46.8 万人（杨美娜，2013）。社区矫正社会志愿者通常具有志愿服务精神，其提供的服务具有无偿性、自愿性、临时性、流动性的特点。

社区矫正是针对社区服刑人员开展的一项具有一定危险性的、带有刑罚执行特点的工作，要求社区矫正社会志愿者应具备良好的教育素质、心理素质及人格素质。首先，社区矫正社会志愿者应该对刑事法律、社会学、心理学、社会工作学的知识以及公安、法院和司法矫正体系有一个基础的理解；其次，社区矫正社会志愿者需要具备一定的能力来应对各种不同的服刑人员，应对他们可能的欺骗和公开的敌意，并能通过适当的方法来行使权利，较好地配合社区矫正专职工作者、社区矫正社会工作者开展社区矫正工作；最后，社区矫正社会志愿者要有责任感，应勇于承担责任，在进行社区矫正志愿服务期间，要积极协助社区矫正机构及工作人员做好对社区服刑人员的监督管理、教育矫正等工作（宋维俏、彭馨乐，2012）。

根据对社区矫正社会志愿者能力和素质的要求与目前我国社区矫正试点工作的实践情况来看，社区矫正社会志愿者的来源一般有五类：（1）在职志愿者。在职人员通常具有较强的责任心，对社区矫正机构所分配或自愿认领的服务能较好地完成。尤其是与社区矫正工作相关程度较高的教育领域、政法机关、文艺领域的在职志愿者能为教育帮扶社区服刑人员创造更好的改造条件。（2）退休志愿者。这类志愿者主要是法律、心理咨询、社会工作等领域，具有与社区矫正相关工作经验的退休人员，如退休的警察、心理咨询医师等。（3）青年志愿者。青年人精力较旺盛、服务意识较高、学习能力较强，应积极吸纳专业知识和职业特征与社区矫正相关的青年志愿者参与社区矫正工作。（4）成功解矫人员。社区服刑人员或多或少地会产生一些心理问题，有些甚至是精神和行为问题，并通常具有较强的戒备心理和自我保护意识。成功解矫人员能以同理心对在刑的社区服刑人员进行帮助，树立正面的榜样作用。（5）社区服刑人员的家属、邻居和朋友。社区服刑人员处于社会当中，健全的家庭、社会支持体系不但有利于监管社区服刑人员，而且有利于感化和矫正社区服刑人员，增强矫正效果（刘武俊，2012）。

将社会志愿者引入社区矫正具有其特殊的优势。合理使用能适应社区矫正工作的社会志愿者可以缓解社区矫正工作力量不足的压力，可以为社区服刑人员提供多元化、个性化的社区矫正服务，彰显社会关怀。具有多元化知识背景的社区矫正社会志愿者能够丰富社区矫正工作力量的知识结构和工作视角，促进社区矫正的本土化发展。此外，社区矫正社会志愿者具有靠近社区服刑人员的地缘优势和与社区服刑人员无利益纠纷、无身份冲突的角色优势，有助于帮助解决社区服刑人员的心理、行为、家庭及社会问题；有助于宣传社区矫正政策，帮助公众了解社区矫正、认同社区矫正，优化社区矫正实施的社会氛围。

然而，目前社区矫正社会志愿者队伍也存在不少的弊端。例如，对于社区矫正社会志愿者缺乏筛选的标准、规范其服务的标准和考核标准，令社区矫正社会志愿者成为一种摆设，只是找几个人挂个名并没有进行实际意义上的志愿服务，有的甚至都不知道自己成为社区矫正社会志愿者后服务对象是谁；有的社区矫正社会志愿者缺乏对社区矫正的了解和认同；有的社区矫正社会志愿者虽然来参加志愿服务了但是要么无精打采、十分随意，要么害怕见到社区服刑人员，要么对社区服刑人员横加指责。

因此，作为一支重要的社区矫正社会支持力量，社区矫正社会志愿者队伍的建设需要建立规范性和权威性的招聘机制与任职资格认证机制，提升社区矫正社会志愿者的职业成就感，增强从事社区矫正志愿工作的荣誉感；需要建立必要的志愿工作津贴发放机制和志愿工作保护机制，让社区矫正社会志愿者毫无顾忌地投入到社区矫正志愿服务当中。此外，由于社区矫正工作具有较强的专业性，社区矫正社会志愿者在进入社区开展社区矫正志愿服务前和服务中都需要进行相关业务的培训。

主要参考文献

［1］吴宗宪．社区矫正导论．中国人民大学出版社，2011.

［2］张昱．论社区矫正中刑罚执行和社会工作的统一性．社会工作，2004（5）.

［3］吴军．社会工作志愿者参与社区矫正的思考．云南警官学院学报，2012（6）.

［4］刘武俊．社区矫正工作中的社会力量专论．中国司法，

2012 (7).

[5] 林仲书. 北京市社区矫正试点工作情况. 法治论丛, 2007 (1).

[6] 种若静, 许兵. 北京市社区矫正试点工作调研报告. 中国司法, 2008 (1).

[7] 狄小华. 试论矫正社会工作. 犯罪与改造研究, 2000 (9).

[8] 杨美娜. 浅析社区矫正的辅助力量. 鄂州大学学报, 2013 (6).

[9] 宋维俏, 彭馨乐. 论我国社区矫正的队伍建设. 法制博览, 2012 (11).

第五章 社区矫正社会工作的基本程序与内容

第一节 社区矫正社会工作的基本程序

社区矫正社会工作是一项专业性很强的复杂工作，涉及司法行政部门、执法部门基层社区、矫正对象家庭等多方的参与和配合。因此，对社区矫正社会工作而言，科学合理的矫正社会工作程序格外重要。

目前，中国的社区矫正社会工作主要是在司法行政机关的领导下进行规划和设计的。从目前已经开展社区矫正社会工作的地区的发展经验来看，社区矫正社会工作一般涉及以下几个基本程序。

一、司法判决前的社会工作介入

欧美和我国港台地区的社区矫正社会工作经验表明，在社区矫正的司法判决前，就需要社会工作的介入，往往会开展相应的社会调查或者是人格调查等审前调查。审前调查制度具有重要的意义。

将司法判决前的调查工作交予社区矫正社会工作者也具有独特的优势，社区矫正社会工作者不仅会从矫正对象的危险性和人格等角度进行评估，而且也能从矫正对象自身的家庭、社区、资源等多个角度进行系统评估，这些都对法庭判决具有重要的意义。而对于那些拟被判处社区矫正的矫正对象而言，这种调查也是正式建立服务关系前收集矫正对象的资料、初步了解矫正对象的一个很好的机会和重要的过程。通过这个过程不仅能收集到潜在矫正对象的基本资料，而且能与其建立初步的联系，为以后的正式接案、建立正式的服务关系打下良好的基础。目前，我国社会调查在社区矫正工作中的运用虽然取得了较好的效果，但由于这项工作刚刚起步，还没有形成一个统一的、规范化的标准，我国各地开展的社区矫正社会调查工作均是根据各地自己的社区矫正工作开展情况自行实施的，实践中的问题也层出不穷（王文晓，2012）。因此，在我国司法判决前社会调查制度还不够完善和健全的情况下，让矫正社会工作者参与社会调查，不仅符合国际惯例，而且对提升社会调查的规范性和质量具有重要的意义，对矫正社会工作者而言，参与法庭社会调查也为接下来的正式的社会工作介入打下了良好的基础。

二、正式的服务对接

在“两高两部”发布的《关于开展社区矫正试点工作的通知》、《关于在全国试行社区矫正工作的意见》、《关于印发〈社区矫正实施办法〉的通知》以及司法部《关于印发〈司法行政机关社区矫正工作暂行办法〉的通知》等相关政策文件中都明确指出了司法行政机关是社区矫正工作的实施主体。这就意味着在社区矫正社会工作过程中，专业社会工作矫正机构的工作开展必须要通过和司法行政机构对接来完成，通过购买矫正社会工作服务项目或者其他合作形式来开展工作。因此，社区矫正社会工作在正式开启服务之前必须要有一个服务对接或者转介的过程。

在服务对接过程中，需要按照原来约定的合作形式展开，如果是通过政府购买的形式来完成的社区矫正社会工作服务，则需要按照购买合同的约定，在宣判社区矫正之后将矫正对象转介给社区矫正社会工作机构开展矫正社会工作；如果是一般意义上的合作关系，则需要在对矫正对象宣判社区矫正之后，对矫正对象的矫正工作进行分工，由矫正社工从专业角度对矫正对象进行社区矫正社会工作。

有些地区的矫正社会工作机构没有通过项目合作的形式与司法行政机关建立正式合作关系，而是通过和一些基金会等第三方资金提供方合作提供矫正社会工作服务，这类机构往往具有更强的独立性，但和司法行政机构的链接性相对较弱，但这类机构的服务对象来源相对广泛，可分为主动求助者、由他人或其他机构转介而来（其中包括有合作关系的司法行政机关或社区等其他组织、机构转介而来）、社会工作者通过外展服务拓展而来（张书颖、曹海英，2013）。不同来源的矫正对象看待社区矫正社会工作的角度以及对其的认可程度和投入程度会有较大的不同，这也对接下来正式开展服务产生了一定的影响。

三、建立正式的服务关系

经过前一阶段的服务对接之后，需要和矫正对象建立正式的服务关系。在这个过程中需要社会工作者把握好矫正社会工作的服务定位以及矫正社会工作的基本理念和任务，同时要注意矫正社会工作者的基本角色问题。矫正社会工作者在社区矫正过程中担任“资源整合者”、“使能者”、“教育者”、“倡导者”等角色。而服务关系本身，由于社区矫正的特殊性也具有一些独特的特点，如目标性、非平等性、控制性和代表性以及以矫正对象为本等（张昱，2008）。

服务关系的建立需要一个过程，虽然在社区矫正开始执行时，已经由相关司法行政机关对矫正对象进行过服务对接，但要真正建立起服务关系，需要运用专业的服务技能，在充分尊重和考虑矫正对象需要的基础上建立起良好的专业关系。与矫正对象建立服务关系的技巧主要有以下几个方面：

1. 理解、尊重和接纳。这些既是技巧也是理念，是社会工作者对待矫正对象所应持有的一个基本服务态度和技能。矫正对象接受社区矫正的过程，本质上也是一个接受刑罚处罚的过程，而在中国的社会环境下，他们还是会被当作“罪犯”来看待，这也给矫正对象带来了很大的精神压力，社区矫正社会工作者的理解、尊重和接纳能让他们体会到不一样的感觉，让他们感受到矫正社会工作者对他们的认可和支持，这有利于专业服务关系的建立和接下来矫正工作的开展。

2. 感同身受，充分的同理心。矫正对象在接受社区矫正时往往都会承受被污名化、标签化带来的影响，他们自身背负的这些压力让他们对社区矫正有一定的排斥，而且很多矫正对象也因此不愿意参加社交活动，甚至会产生回避性的心理行为习惯。因此，需要社区矫正社会工作者能感同身受，进行充分的同理，能真正从矫正对象的角度去理解和分析问题，让他们能感受到社区矫正社会工作者是充分理解和接纳他们的，是他们的支持性资源。

3. 积极倾听，深入了解矫正对象的基本信息。积极倾听的过程不仅是一个充分表达关注和支持的过程，也是一个收集和整理矫正对象基本信息的过程，在倾听的过程中有针对性地提问，可以很好地从矫正对象个人的生物性、心理性、社会层面等多个角度进行全面的资料整理和分析。积极倾听的过程也是建立服务关系的过程，在倾听过程中，矫正社工和矫正对象彼此间更加了解，矫正对象对矫正社会工作的服务范围、服务内容和服务目标等更加清晰，这也为进一步地开展矫正社会工作服务打下了基础。

4. 制造氛围。良好的氛围是建立专业关系的重要环境保障，可以帮助矫正社会工作者树立良好的专业形象。良好氛围的营造，首先体现在工作场所上，如设置一个温馨的个案工作室，让矫正对象感觉到安全和受到关怀；其次是矫正社会工作者的态度要积极、专业，让矫正对象感觉到尊重感；最后是矫正社会工作者自身的专业形象，如着装、仪表等，让矫正对象能对矫正社会工作者的专业能力产生信任感（张昱，2008）。

在建立正式服务关系阶段要明确接下来的工作模式，让矫正对象充分了解矫正社会工作的内容、形式和服务定位，因此在该阶段的面谈和服务接触过程中要完成以下几项任务：

1. 界定社区矫正社会工作服务的基本框架。在该阶段，要向服务对象界定清楚社区矫正社会工作的服务性质、服务内容、服务形式、服务定位等基本信息。

2. 厘清彼此的角色期待，明确矫正社会工作者和服务对象的权利、义务和角色定位。明确的角色定位和权利义务关系可以为接下来的社区矫正社会工作服务提供基本的前提，也能有效地避免在以后的矫正社会工作服务中可能出现的权责不清晰所带来的一系列问题。

3. 鼓励并促进服务对象进入角色。在社区矫正之初，对被判处缓刑等非监禁刑的服务对象来说，对自己的社区矫正对象的身份尚不能接纳和认同；而获得假释的社区矫正对象在从监狱生活回归到社区生活的过程中也存在身份转换的适应问题。因此，无论是哪种类型的社区矫正对象，都需要矫正社会工作者对其进行鼓励，鼓励其进入角色，从心理上到行为上逐渐适应社区矫正过程。

4. 确定工作目标和工作进度。在建立关系阶段，需要矫正社会工作者和服务对象就矫正社会工作的工作目标和工作进度在充分沟通的基础上进行协商确定。工作目标既要包括阶段性目标也要包括长远目标，既要考虑服务对象本身的需要也要考虑矫正工作本身对服务对象的期待目标和要求。确定了工作目标之后，就需要根据矫正工作的内容针对整体目标和阶段性目标与服务对象进行充分讨论，并在此基础上确定矫正工作的整体进度。

5. 达成初步协议。经过以上几个主要阶段任务的完成，矫正社会工作者与服务对象之间已经有了一个基本的了解，此时矫正社会工作者与服务对象就可以达成一个初步协议。协议的形式可以是书面的，也可以是口头的，主要目的在于双方有一个目标和约束，以便在后续的工作中能够有相应的工作依据，也能有效地保证社区矫正工作的效率和效果。

社区矫正社会工作服务协议书如表5－1所示。[①]

表5－1 社区矫正社会工作服务协议书

协议（合同）编号：
项目名称：＿＿＿＿＿＿＿＿

委托方（甲方）：服务对象（签名）：＿＿＿＿＿＿＿＿
日期：＿＿＿＿年＿＿＿＿月＿＿＿＿日
服务对象重要联系人（签名）：＿＿＿＿＿＿
日期：＿＿＿＿年＿＿＿＿月＿＿＿＿日

受托方（乙方）：社工（签名）：＿＿＿＿＿＿＿＿
日期：＿＿＿＿年＿＿＿＿月＿＿＿＿日
机构负责人（签名）：＿＿＿＿＿＿
日期：＿＿＿＿年＿＿＿＿月＿＿＿＿日

签订日期：＿＿＿＿＿＿＿＿
签订地点：＿＿＿＿＿＿＿＿
有效期限：＿＿＿＿＿＿＿＿

服务对象姓名		性别		联系方式	
服务对象重要关系人姓名、性别		与服务对象的关系		联系方式	
社工姓名		接案日期		联系方式	

① 张书颖，曹海英．社区矫正社会工作服务项目操作指南．知识产权出版社，2013.

（续表）

<table>
<tr><td>案情描述</td><td colspan="3"></td></tr>
<tr><td>服务时间</td><td></td><td>结案时间</td><td></td></tr>
<tr><td>认定服务对象的问题</td><td colspan="3"></td></tr>
<tr><td>工作目标</td><td colspan="3">参与者各自的角色</td></tr>
<tr><td></td><td colspan="3"></td></tr>
<tr><td>介入策略</td><td colspan="3">对任务的共识</td></tr>
<tr><td></td><td colspan="3"></td></tr>
<tr><td colspan="4">社工机构意见

负责人（签名）：________
填表日期：______年______月______日</td></tr>
</table>

补充说明：

一、甲乙双方一经签订协议，就表明双方社会工作专业关系的建立，双方已经达成了一定的共识。

二、社会工作者不以自己的利益为取向，而要以服务对象的利益为中心。

三、社会工作者是掌握专门知识、具有专业伦理和专门技巧的权威。

四、社会工作专业关系是控制型的，社会工作者要掌握工作的大方向，并控制自己的感情投入和采取的行动。

五、服务对象如实地提供社会工作者所需要的资料，并按照协议内容积极配合社会工作者的服务计划。

六、社会工作者提供服务的时间，以协议商定的时间为限。

七、如出现影响继续服务的因素，经双方协商可提前终止服务。

八、其他未尽事宜由双方在提供服务的过程中协商而定。

九、本合同自双方签订之日起生效，有效期自　　年　　月　　日起至

年　　月　　日止。

十、本合同一式三份，甲乙双方各执一份，社会工作服务机构备存一份。

甲方（签名）：	乙方（签名）：
服务对象重要联系人（签名）：	日期：______年______月______日
社工（签名）：	日期：______年______月______日
机构负责人（签名）：	日期：______年______月______日

四、矫正对象的资料收集、整理、分析和预估

建立正式专业合作关系之后，需要对矫正对象的个人基本资料进行收集整理，矫正社会工作者应尽可能全面地收集矫正对象的资料。需要收集的资料一般包括三个层面，即个人层面、环境层面、个人与环境交互作用层面。

服务对象个人层面的资料主要包括以下几个方面：（1）矫正对象的基本信息，如年龄、生活经历、重要事件、服刑经历、社会经济地位、周围的重要任务、相关的社会系统等。（2）矫正对象的基本能力，如生理、心理、情感、智力等方面的能力。由于矫正对象在生活经历、犯罪类型、服刑经历、家庭背景和社会关系等方面都存在相当大的差别，因此，他们的生理、心理、情感等方面的能力也呈现出诸多的不同。作为矫正社会工作者，必须全面地收集这方面的资料，如果发现矫正对象的实际能力与表现之间存在明显的差距，矫正社会工作者就要进行仔细的分析。对矫正对象基本能力资料的收集和整理是对矫正对象开展矫正工作的依据。（3）矫正对象主观层面的资料，如矫正对象对社区矫正的态度、对解决自身问题的主观认识、改变自身问题的动机和内驱力等。矫正社会工作者对矫正对象主观层面资料的收集和整理对分析矫正对象的主观态度、矫正意愿和接下来正式开展矫正工作具有重要的意义和作用。

环境层面主要是指矫正对象生活的社会系统，收集环境层面的

资料的过程可以借鉴参考生态系统理论的一般模型。收集和整理矫正对象的家庭、朋友圈、社区、学校、工作单位等不同生活环境系统的基本资料，有助于全方位地了解矫正对象的处境和对其发生作用的生态系统，对矫正工作的后续开展具有重要的意义。矫正对象环境层面的资料主要包括以下几个方面：（1）矫正对象社会网络的基本情况，如矫正对象的社交圈子是怎样的，家庭、邻里、社区关系如何，联结程度的强与弱等。另外，还要收集对矫正对象有重要影响的关键人物的资料，这些关键人物对矫正对象往往有重要的影响，而在接下来的矫正过程中，他们往往也能发挥重要的作用。（2）矫正对象所处的物理环境。物理环境主要是指矫正对象的家庭、社区、学校、工作单位等环境的基本情况，如生活在城市社区还是农村社区、生活在富裕地区还是贫困地区、工作单位的办公条件如何、学校的基本设施怎么样等。物理环境也是矫正对象生存环境的基本部分，这些环境直接影响到矫正对象的基本生存状况，矫正对象的身心状况与其所处的物理环境有很大的关系。（3）矫正对象的社会资本及社会支持网络状况。社会资本主要是指人们在社会结构中所处的位置给他们带来的资源；而社会支持网络主要是指社会关系网络中对人们有支持作用的网络资源。这些资源包括矫正对象积极的人际关系、相应的支持性政策以及各类专业服务组织等。矫正对象的社会资本和社会支持网络状况是矫正对象直接的支持性资源，而恢复和重建矫正对象的社会支持网络也是社区矫正社会工作的一个重要任务，因此在此阶段收集和整理矫正对象的社会资本和社会支持网络状况不仅能了解矫正对象的基本信息，也为进一步地开展矫正工作提供了基本的数据资料。

矫正对象与环境交互作用层面的资料，主要包括矫正对象与环境的关系、矫正对象寻求帮助的主要方式、矫正对象所处的社会网络系统对矫正对象求助的反应，以及其他系统互动方式对矫正对象的问题的影响等方面的内容。矫正对象与环境的交互作用情况为接下来的矫正工作提供了很好的切入点。

整个收集资料的过程通过以下几种方法完成：文献法、问卷法、观察法和访谈法。其中，观察法又可分为参与式观察和非参与式观察；访谈法又可分为结构式访谈、半结构式访谈、无结构式访谈。每种资料的收集方法都有相对专业的操作流程，在运用这些方法时，应注意对矫正对象隐私的保护，对已经收集上来的资料，也要严格按照相关的规定和承诺做好保密工作。

对已经收集上来的矫正对象的资料，要根据工作需要做好分类整理和分析工作。在分类整理的过程中，要做好对资料的审查和复查，并对资料按照相关标准进行分类；在整理资料的过程中，要做好备忘录；在分析资料的过程中，可以运用比较分析法、因果分析法等资料分析方法。同时，要注意进行全面、综合、系统的分析，不能带有偏见，对不能确定的资料要进行验证，在后续的工作中，有更新的资料要及时进行补充。

在整理具体资料的过程中，可以使用一些资料整理分析工具，如社会生态系统图、家庭结构图、社会网络评估表等。典型的家庭结构图和生态系统图如图5－1、图5－2所示。

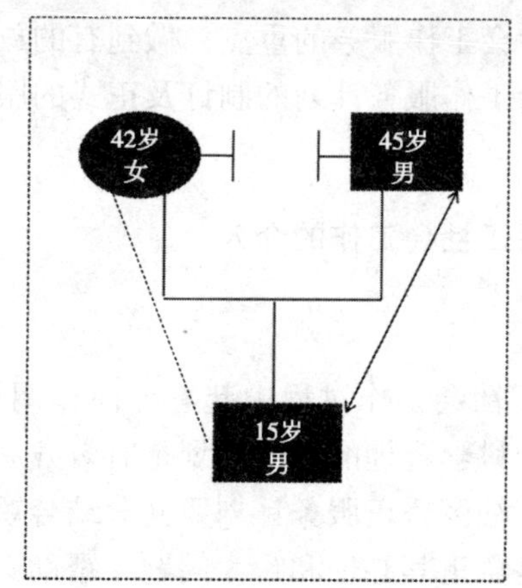

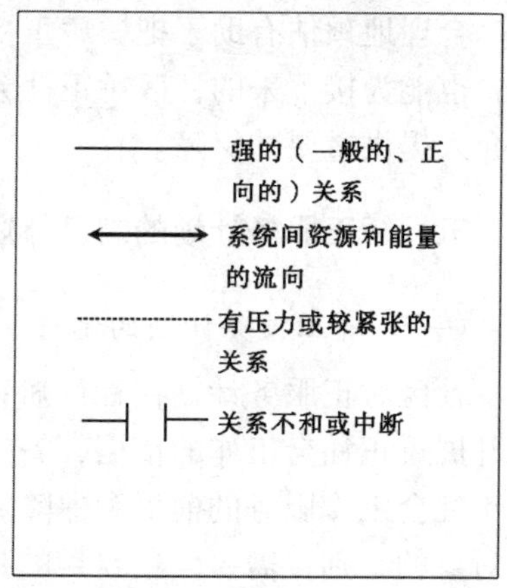

图5－1　家庭结构示意图

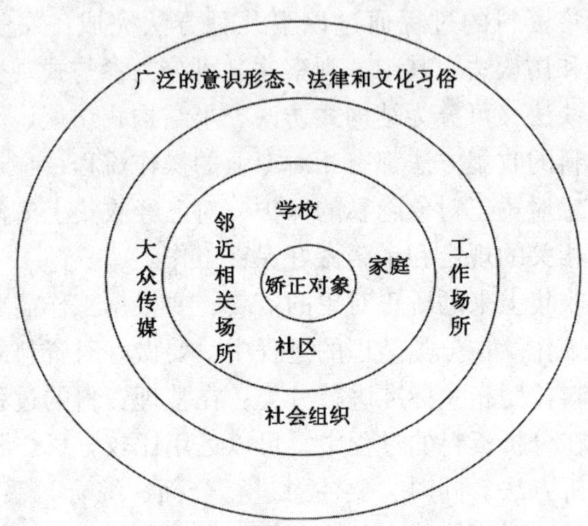

图5－2　生态系统示意图

完成对矫正对象基本资料的收集、整理和分析之后，要在此基础上对矫正对象的基本情况进行预估，预估矫正对象所面临的主要问题，矫正对象在接下来的社区矫正工作中可能遇到的问题。充分、合理地预估有助于把握矫正社会工作服务的重点，做到有的放矢，也能为接下来的社区矫正社会工作服务计划的制订及正式的服务介入提供重要的保障。

五、矫正服务计划的制订与矫正社会工作的介入

（一）矫正服务计划的制订

社区矫正服务计划在社区矫正社会工作过程中起着导向作用，是开展矫正社会工作的依据，一份科学合理的服务计划是有效开展矫正社会工作服务的前提和保障。社区矫正服务计划要充分结合矫正对象的个别化需要，主要目的是矫正其心理和行为问题，帮助其顺利完成社区矫正过程，提高矫正的效率和质量。

一般而言，矫正服务计划主要包括以下几个部分：矫正社会工

作介入的目的和目标、介入的策略和方法、服务进度、评估方法等。其中，科学合理、可行性强的目的和目标对整个计划的影响非常大，目的主要指通过介入所获得的长远结果和期待，目标主要指中间过程中所获得的较为具体的、近期的结果。目的和目标的确定需要在前期资料收集工作的基础上，结合社区矫正的相关法律法规规定的目标要求来确定，在这个过程中要和矫正对象进行充分的沟通。在制订社区矫正服务计划的过程中，要注意以下几个重要方面的问题：首先要坚持“以人为本”的原则，矫正计划的过程应该以心理疏导、行为矫正、社会支持网络重建和能力发展、环境改善等为主，以司法行政机关的惩罚、管束和教育为辅，帮助其完成再社会化，顺利完成矫正任务、回归社会。其次要坚持个别化原则，每个矫正对象都是独特的个体，每个矫正对象在接受社区矫正之前也都面临着不同的问题，他们的身心状况、社会职业、家庭情况、犯罪的原因、犯罪手段、犯罪经历以及所判处社区矫正的处罚也都各不相同，因此在矫正过程中要充分把握个别化原则，对每个矫正对象的情况进行个别化对待，要充分结合每个矫正对象的具体情况制订符合其自身需要的服务计划。另外，个别化原则也是社会工作的基本原则之一，矫正社会工作作为社会工作的重要服务领域之一，自然也要充分考虑个别化原则。再次，在制订计划的过程中要综合考虑多方意见，通过司法行政机构查阅矫正对象的相关个人资料，以及观察、个别谈话、走访、座谈会等形式，全面了解矫正对象的个人情况，为制订社区矫正服务计划提供数据支持（张书颖、曹海英，2013）。最后，在制订计划的过程中要注意计划的可行性和有效性；在具体执行计划的过程中，要不断进行总结，必要的时候需要对原计划进行修改、补充和完善。

对社区矫正社会工作服务计划的介入策略和方法、服务进度、评估方法等内容的确定，要和相应的矫正社会工作服务团队进行充分的交流，必要的时候可以申请机构的督导提供相应的支持。最终服务计划的确定要得到相关机构如司法行政机构、矫正社会工作机构等组织和机构的确认，也要和矫正对象进行充分的沟通，得到服务对象的理解和支持。

（二）矫正社会工作的介入

矫正社会工作的介入是社区矫正社会工作的核心内容，也是前期矫正计划的具体执行过程，社区矫正社会工作的基本服务内容主要都是通过对矫正对象的介入过程来实现的。一般而言，对矫正对象的介入可以分为直接介入和间接介入两大类。

直接介入是直接作用于矫正对象的介入，往往包含对矫正对象个人或者群体的介入。针对矫正对象个人层面的介入一般用个案工作的方法进行，在开展个案工作的过程中需要重点考虑矫正对象的特殊需要。针对矫正对象群体的介入，主要通过小组或者社区工作的方法，利用群体动力或者社区参与的方式，对矫正对象群体进行服务介入。

间接介入是指针对矫正对象所处的环境层面的介入，一般包括针对矫正对象的家庭、社区、学校、工作单位以及对矫正对象有重要影响的社交网络的介入。

在矫正社会工作介入过程中，要注意结合矫正对象的实际情况，选择合适的社会工作服务模式和方法，涉及具体的服务过程可能还需要一些更加微观具体的专业技巧，如认知行为疗法、叙事疗法、萨提亚家庭治疗模式等。无论选择哪种具体服务模式和方法，都要符合矫正对象的基本情况和需要，从而帮助矫正对象实现更好的矫正效果。

六、服务评估

服务评估是社会工作服务的一个重要过程，也是对社工的服务效果的一个验证，通过评估可以对工作是否达到预期目标、工作绩效情况以及项目实施效果等有一个客观的了解和认识。服务评估有助于提高矫正社会工作者的工作能力，提升服务品质；有利于探索矫正工作的未来方向。

按照不同的标准进行分类，可以将服务评估分成不同的类型。以矫正评估对象为依据，可以将服务评估分为对矫正机构的评估、对矫正社会工作者的评估、对矫正项目的评估等。以服务评估的主体为依据，可以将服务评估分为由政府实施的评估、由矫正机构实施的评估、由矫正社会工作者实施的评估、由第三方评估机构实施的评估等。以服务评估的目标为依据，可以将服务评估分为阶段性评估、过程性评估、绩效评估等。以服务评估实施的时间为依据，可以将服务评估分为前期评估、中期评估和后期评估（张昱，2008）。

服务评估是一个过程，从评估的准备到评估方案的设计、实施，在这个过程中要全面地收集和分析评估资料，确定相应的评估指标体系，对评估的结果进行客观系统的分析和总结。需要注意的是，既要客观看待评估的结果，也要综合全面地看待矫正服务效果，不可迷信评估结果。

七、结案与跟进

当完成社区矫正社会工作的目标后，需要对社区矫正社会工作进行结案，也有一些特殊情况，在矫正目标尚未达到的情况下，需要将矫正对象转介到其他机构继续接受矫正社会工作服务。在结案阶段，有些工作需要注意，首先要对整个矫正社会工作服务过程进行总结，尤其是矫正对象的改变和进步，让矫正对象感受到自己在整个过程中的成长和变化，并鼓励矫正对象将这种成长和改变固定下来。其次要处理好结案阶段的一些离别情绪，虽然矫正工作本身带有一定的强制性和不平等性，但矫正社会工作本身是将矫正对象当作一个平等的服务对象来看待，长期的合作过程在结案阶段难免会使矫正对象产生离别情绪，因此要提前通知矫正对象服务结束的时间，让矫正对象看到自身的转变，并告知其可以提供的后续服务。最后，在结案阶段，要完成和相关司法行政机关、当地社区组织的服务对接，如有固定的项目合作的，按照相关合同、协议约定的内容，完成结案和服务的转介等工作。

在矫正社会工作结案之后，需要对矫正对象进行后续的跟进工作，如定期随访。结案后的跟进工作，不仅能够有效地巩固矫正项目的实施效果，而且能够帮助矫正对象在矫正社会工作专业服务结束后找到相应的支持和服务，帮助其顺利回归社会。有效的跟进服务，不仅能够体现社会工作的专业精神，而且能够在结案之后与矫正对象相关的各个系统进行信息沟通，促进服务对象更好地回归社会生活。

第二节　社区矫正社会工作的主要介入途径

在社区矫正社会工作服务中，最重要的内容就是矫正社会工作的介入。在本土化的社区矫正社会工作服务中，通过最近几年的探索和发展，积累了一定的社区矫正社会工作服务经验。社区矫正社会工作的介入途径主要包括以下几种。

一、配合司法机构的司法社会工作任务

根据“两高两部”发布的关于社区矫正工作的一系列文件可见，司法行政机关是社区矫正工作的主体，在具体执行社区矫正工作的过程中起着主导作用。社区矫正社会工作者介入社区矫正工作的很重要的一个途径就是配合司法机构尤其是司法行政机关的工作。在司法行政机关没有和专业矫正社会工作服务机构建立项目合作关系的时候，配合司法行政机关的工作是矫正社会工作开展的最主要途径，主要包括以下几个方面的工作任务：

1. 协助司法行政机关完成相关的调查取证，尤其是司法判决前的社会调查和人格调查。在司法行政机关进行社区矫正宣判之前，往往需要对目标矫正对象展开相关的调查，矫正社会工作者可以借助其专业优势，协助司法行政机关完成调查任务。

2. 利用社会工作专业优势，在社区矫正过程中，对矫正对象

的心理问题、精神健康方面的问题、家庭关系问题等进行专业介入和协助。同时，将矫正对象的一些基本情况和收集到的其他资料反馈给司法行政机关，以促进矫正效果。

3. 配合司法行政机关，促进矫正对象的社会功能康复，协助其建立起积极的社会支持网络，提升其社区矫正的效果。在目前的社区矫正制度中，司法行政机关参与的角度较窄，更多的是从管理的角度对矫正对象进行矫正和管理，对矫正对象的社会功能、社会支持网络等关注较少，不能很好地保证社区矫正的效果。

4. 协助和配合司法行政机关对矫正对象的基本管理。由于社区矫正社会工作者和矫正对象接触的机会较多，对矫正对象有比较深的了解，因此社区矫正社会工作者可以有效地协助和配合司法行政机关对矫正对象进行日常的矫正管理。

5. 配合司法行政机关协调和处理参与社区矫正服务的各方关系。社区矫正社会工作者作为资源的协调人，统筹和组织社区矫正社会工作服务中的各相关群体，配合司法行政机关做好社区矫正社会工作。

二、接受前的准备及社会调查

社区矫正社会工作者在正式介入矫正对象的矫正工作之前，需要针对矫正社会工作服务做好相应的准备工作，了解相关的信息，进行必要的知识储备。而在司法判决前的社会调查环节，也需要社区矫正社会工作者积极地参与其中，社区矫正社会工作经验表明，社区矫正社会工作者介入司法判决前的社会调查非常重要。

在接受前的准备工作中，社区矫正社会工作者应做到以下几点：首先，具有相关的知识储备，除具备一般的社工所必需的技能和知识外，还要了解相关社区矫正的法律、法规，有关社区矫正的一些政策规定，以及关于矫正对象自身生理、心理特点的基本常识。其次，接受系统的专业培训，最好由有经验的资深社工提供相应的培训和督导支持。最后，和相应的司法行政机关建立良好的关系，就相关工作分工和配合问题进行充分的沟通，明确社区矫正社会工作者在社区矫正社会工作服务中的定位。

在接受正式矫正社会工作介入服务之前，社区矫正社会工作者参与判决前的社会调查已成为很多国家和地区的通用做法。不同的国家在具体的做法上略有差异，但让社区矫正社会工作者参与审判前的社会调查则是比较通行的做法。判决前社会调查制度是指法院在刑事案件判决前，由专门机构对犯罪人的犯罪背景、一贯表现、身心资料等进行专门调查，并对其社会危险性和再犯可能性进行调查评估，提出适用监禁刑或非监禁刑的建议，形成调查与评估报告提交法院，供法院量刑时参考的一种制度。这一制度起源于美国的缓刑资格调查制度，1950 年在海牙召开的第十二届国际刑法及监狱会议积极倡导这一制度，目前已有不少国家和地区采用，成为这些国家和地区判处实施非监禁刑罚的前置条件（朱梦阳，2012）。

自“两高两部”公布《关于开展社区矫正试点工作的通知》以来，我国各地在社区矫正工作的探索中也积累了相关的经验，关于判决前的人格调查或者社会调查制度有些地区积累了较好的经验。例如，青岛市市南法院的“人格调查”制度，通过社区的社会调查员对拟判社区矫正刑罚的犯罪人的人格进行调查，并以“人格调查报告”的形式为法庭量刑提供参考（李蓉，2011）。上海市在社区矫正的实践中积累了较多的经验，其在社区矫正决定程序中建立了征求意见制度，即社区矫正决定机构应当就拟判缓刑和拟作假释的案件征求社区矫正机构的专业意见，街道、乡、镇社区矫正机构同社会工作者一起开展调查工作，在了解当事人的一贯表现和家庭、邻里关系，工作、生活和学习环境的基础上，作出报告，向法庭提出建议（李蓉，2011）。以苏州常熟市法院为代表的“听证制度”也比较典型，该制度是通过邀请拟判社区矫正的犯罪人所在社区及相关社区矫正机构参加“听证”程序，听取他们的建议，审查他们提出的相关证据，并在综合考虑检察机关和社区矫正机构的意见的基础上作出社区矫正决定（李蓉，2011）。在各地的具体执行中，面向青少年群体的判决前调查最为广泛，大家普遍认可应该对青少年群体进行判决前的社会调查，将调查资料作为重要的判决依据。例如，山东省即墨市自 2008 年以来，将社区矫正工作引入审判程序中，建立了针对未成年人的社区矫正审前调查制度，实现了审判与社区矫正的有效衔接，推动了社区矫正工作的制度化、规范化建设。2009 年 9 月，该市共对 82 名未成年人进行了审前社会调查，对其中 75 人提出了非监禁刑建议，全部被法院采纳（司法部基层工作指导司，2009）。

从国内外的经验做法中不难看出，社区矫正判决前的调查和评估非常重要，是进行社区矫正司法判决的一个重要参考标准，而社区矫正社会工作者在这个评估中承担着重要的角色。让社会工作者参与社会调查具有独特的优势，首先，社会工作专业的基本价值观所决定的社会工作者的工作态度有利于社会调查工作的开展；其次，社会工作的专业方法可以帮助社会调查员收集更加翔实、客观的相关资料（席小华，2010）。有些国家和地区甚至直接将判决前的调查交给社区矫正社会工作者来做，由其出具报告并提交法庭作为参考；有些国家和地区让矫正社会工作者以专家身份出庭作证，矫正社会工作者可以将自己的社会调查情况进行汇报，并向法庭提交自己的专业判断和建议。

社区矫正社会工作者在参与判决前的社会调查过程中，要坚持专业价值和理念，用自己所学的专业知识和专业能力进行科学规范的社会调查，得出翔实、客观的调查结果。同时，在调查过程中也要考虑司法行政机关的需要，结合其所提供的调查框架进行社会调查，尽量让调查报告翔实、客观、有效，能对法庭判决具有参考价值。

对社区矫正社会工作者而言，参与接受矫正前的社会调查的过程也是收集资料、和矫正对象建立关系的过程，因此在这个过程中，要注意对潜在矫正对象相关资料的收集和整理，并作出相应的前期预估，也要注意和潜在矫正对象关系的建立。

三、接受中的社会工作介入

社区矫正社会工作的介入是将矫正服务计划付诸实践的过程，也是整个社区矫正社会工作服务的核心内容。一般而言，社区矫正社会工作介入可分为直接介入和间接介入两大类（张昱，2008）。

（一）直接介入层面

就直接介入层面而言，可分为针对矫正对象个人的介入和针对矫正对象群体的介入。

针对矫正对象个人的介入方面，接受社区矫正的服务对象面对的问题会有所不同。被裁定假释的，由于长期的监狱生活，一定意义上形成了所谓的“监狱人格”，社会功能和社会关系受到严重损害，社会支持网络破裂，面对出狱后的生活往往感到无所适从；而被宣告缓刑的，虽然其生活方式与原来相比没有很大的变化，但其心态也会发生或大或小的变化，这些变化可能会影响其身心，因此，矫正社会工作者针对不同的矫正对象，应该从不同的层面进行介入。

首先，针对矫正对象心理、情绪等层面的介入。无论是被宣告缓刑的矫正对象还是被裁定假释的矫正对象，他们在心理、情绪层面都会面临一系列的问题，很多矫正对象沉浸在悲观、失望、痛苦等情绪中（张书颖、曹海英，2013）。针对这些问题的疏导能够有效地缓解矫正对象的初期社会适应问题，在这个过程中要充分运用同理、倾听等技术，并进行必要的认知引导。针对矫正对象心理、情绪层面的介入，不仅能够帮助他们缓解痛苦和压力，而且能够更详细地分析介入方法和策略是否恰当，也能够为进一步巩固矫正社会工作者与矫正对象的良好工作关系打下基础。

其次，针对矫正对象性格层面的介入。很多矫正对象的违法行为与其性格有很大的关系，例如，冲动易怒、自尊感低下、极端化思维等。而对被裁定假释的矫正对象而言，除了其本身的性格问题以外，长期的监狱生活也可能造成其“监狱人格”，导致其做事畏首畏尾，回避社交活动。社区矫正社会工作者对矫正对象的性格问题进行介入，可以通过个案工作方法，借助不同的个案工作理论和服务模式进行适当的干预，帮助矫正对象更好地认识自己的性格问题，并勇于作出改变。针对被裁定假释的矫正对象，可以对其进行适当的心理疏导，帮助其改变在监狱中所形成的生活模式和习惯，逐步适应社区生活。

再次，针对矫正对象社会交往、社会支持层面的介入。矫正对象往往在社会交往方面存在一些问题，缺乏必要的社会支持，主要表现为缺少朋友、与家人关系紧张（张书颖、曹海英，2013）。被宣告缓刑的矫正对象，虽然其保持着原有的社交圈子，但他们在心理上还存在一些压力，不能像原来那样进行正常的社会交往。而被裁定假释的矫正对象的心理压力更大，很多时候会被贴上“罪犯”的标签，不敢面对周围的人，和家人的关系往往也比较差，不能得到足够的社会支持。对于其原来的社交圈子，他们往往持回避的态度。社区矫正社会工作者要给他们以积极的鼓励，并努力帮助他们恢复和重建社会支持网络，帮助他们积极参加社会交往，发展新的、健康的社交圈，同时从社区层面寻求资源、提供支持。

最后，针对矫正对象与社区其他公共服务系统互动层面的介入（张书颖、曹海英，2013）。矫正对象在社区矫正过程中，除与司法行政机关、矫正社会工作机构有直接的互动之外，还与社区其他公共服务系统有很多的联系，如居委会、社区服务中心等。矫正对象在与这些公共服务系统互动的过程中，由于其对公共服务系统的运作机制和模式不甚了解，加上一些公共服务系统的工作人员对矫正对象存在一定的偏见，容易产生矛盾、误会甚至冲突。社区矫正社会工作者要针对这一问题进行必要的介入，可以利用一些专业技巧，帮助矫正对象与相关机构进行良好的互动，同时也可以借助这个过程，帮助矫正对象反思自己处理问题的态度和能力，协助矫正对象提高自身的沟通能力和办事能力等。

在矫正对象群体层面，直接介入的方法主要有以下几种：首先，针对矫正对象开展专业的社会工作小组服务，在社区层面组织互助小组、兴趣小组、发展性小组等，通过小组服务的形式，为矫正对象群体提供专业的社工服务。小组工作的原理是利用团体动力方法进行团体互动，在小组中通过自助、互助的形式实现个人的成长，这种介入形式效率较高，能够有效地帮助矫正对象群体建立社会支持系统，实现自我发展，取得良好的矫正效果。其次，在社区层面组织一些相关的社区活动，帮助矫正对象更好地融入社区，有效地促进社区对矫正对象的接纳。

（二）间接介入层面

就间接介入层面而言，可从家庭、社区、宏观社会环境和其他层面四个方面进行考虑。

首先，从家庭层面的间接介入。家庭是矫正对象的基本生活环境，很多矫正对象的问题都与家庭结构、家庭关系和家庭交往方式有很大的关系。而就矫正过程来看，家庭对矫正对象的影响也是最大的。就家庭环境本身而言，矫正对象的家庭环境可分为支持型家庭环境、沟通失当型家庭环境、关系紧张型家庭环境、破裂型家庭环境等几种。矫正社会工作者要把握好几种不同的家庭环境，充分把握支持型家庭环境的家庭资源；帮助沟通失当型家庭调整沟通、互动方式；帮助关系紧张型家庭修复家庭关系，必要时开展专业的家庭治疗，帮助其缓和家庭关系，使其家庭成为矫正对象的重要支持性资源；针对破裂型家庭开展专业的家庭治疗，在一定程度上让家庭成为矫正对象的支持性资源。

其次，从社区层面的间接介入。社区是矫正对象的基本生活环境，在社区矫正社会工作服务中，社区的作用和地位格外重要，矫正的很多任务都要在社区内完成，而且需要社区的支持和配合，因此，从社区层面对矫正对象进行间接介入具有特殊的意义。从社区层面的间接介入，需要矫正社会工作者在社区层面开展一些工作，帮助矫正对象和社区相互了解，通过举办一些社区活动增加社区对矫正对象和社区矫正过程的了解和认识，尽可能地减少社区内的社会排斥。在这个过程中，矫正社会工作者尽量让社区参与到矫正对象的矫正活动中，协助矫正对象与社区建立和谐的关系，帮助矫正对象开发和利用社区内的相关资源，从社区层面为矫正对象的社区矫正提供相应的支持。

再次，从宏观社会环境层面的间接介入。作为社会的一员，社会层面的支持对矫正对象的矫正也具有重要的意义。就当前的社会大环境而言，从社会层面的间接介入主要包括帮助矫正对象落实相关福利政策，如户口安置、再就业支持、最低生活保障、补助金的发放、贫困救助等。而目前，受制于我国的整体福利水平，针对矫正对象的福利政策仍不够完善，再就业支持不足。社区矫正社会工作者要在力所能及的范围内，通过媒体呼吁、政策倡导等手段，帮助矫正对象提升福利水平，获得尽可能多的社会支持。

最后，从其他层面的间接介入。社区矫正社会工作者要注意把握与矫正对象相关的其他社会资源，如同辈群体、原工作单位、原来的社会关系等。社区矫正社会工作者要利用自己的专业能力，对矫正社会工作的社会系统进行适当的间接介入，从不同的角度为矫正对象争取支持性资源。

社区矫正社会工作者在整个介入过程中，要根据矫正对象自身和其家庭、所处环境等多方面的基本情况，综合考虑社会工作介入的基本模式和技巧，如针对个人层面的直接介入主要运用个案工作的基本方法；针对矫正对象群体的直接介入考虑使用小组和社区的工作方法。而涉及影响、改变矫正对象家庭的介入则考虑使用结构家庭治疗、萨提亚家庭治疗等服务模式和方法。从环境层面进行间接介入时，则需要结合生态系统视角的社会工作介入模式；遇到紧急情况时，则需要运用危机介入模式的社会工作服务方法。无论选择哪种具体的社会工作服务模式和方法，都需要综合考虑矫正对象的情况和需要，选择最适合矫正对象的矫正方法，保证矫正服务效果最大化。

四、个案管理与个案矫正

（一）个案管理

个案管理（Case Management）是随着社区照顾的推行，在“去机构化”、社区服务的去集权化、多重居家服务需求的服务对象人数的增加、照顾服务的分散化、对社会支持的重要性和照顾者需求的认知的增加，以及成本抑制需要的基础上发展而来的一种专业社会工作模式（仝利民，2005）。个案管理是社会福利服务援助技术的一种专业社会工作方法，主要提供给那些面临问题并且需要多种社会资源支持的对象，具有满足复杂需求、提供持续服务、整合资源以及低成本、高效率等特点（钟莹、梁国勋，2008）。20 世纪 80 年代以后，个案管理在包括司法矫正社工在内的社会服务领域比较流行，它强调社会工作者不是直接提供辅导和治疗，而是发挥一种个案管理的作用。具体来说，就是评估案主的问题和需求，设计一个综合服务方案，协调社区资源和介绍专业服务机构给案主，综合监视和评估案主问题的解决与社会功能恢复状况。个案管理模式在社区矫正中比较流行，因为它和社区矫正强调的对社区进行保护的目标相一致，所以侧重于去评估监视对象的风险，提出适当的更加精细的手段进行管理和服务（郭伟和，2008）。个案管理的过程更像是一个包裹式的综合服务提供过程，由专业的社会工作者根据服务对象及其家庭等基本情况进行评估，通过为他们提供安置、协调、监控、评估和倡导等一系列服务以满足特定服务对象的复杂需要。

个案管理在社会工作服务中有一些独特的优势，个案管理的服务方法能够有效地整合社会资源，将所有能够应用到服务对象身上的资源整合到一起，使其作用最大化；具有较强的针对性，有助于解决一些复杂的问题；能够有效地抑制社会成本，个案管理以社区资源为基础，强调社区现有资源的应用，在控制社会成本方面效果较好。

一方面，由于社区矫正社会工作服务面对的矫正对象问题的复杂性、资源的有限性等特点，与个案管理的服务方法有很高的契合度，因此将个案管理的服务方法应用到矫正社会工作服务中，能够有效地发挥个案管理的优势，实现良好的矫正效果。另一方面，由于在社区矫正服务过程中，对矫正对象的档案管理要求比较高，这些基本的档案数据将成为个案管理的基本资料，为进一步开展个案管理服务打下良好的基础。个案管理在其他各个领域的应用已经越来越广泛，而且发展越来越成熟，在社区矫正社会工作服务中可以借鉴个案管理在其他领域积累的相关经验。

个案管理的基本流程一般包括以下几个方面：个案的选择与关系的建立、对问题的初期评估、制订服务计划、资源的协调与计划的执行、监督和评估、结案，在整个过程中涉及一些部门和组织的参与、相关资源的统筹和整合以及一些具体的服务技术。我国台湾地区学者黄源协在《社会工作管理》一书中介绍了一般个案管理的流程图（见图5－3）。

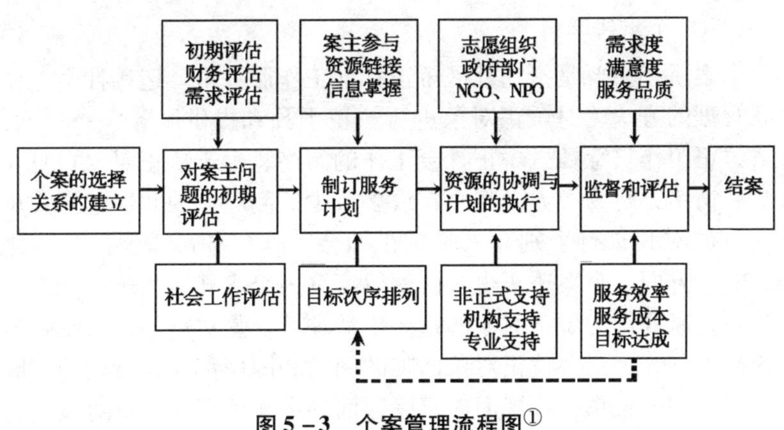

图5－3　个案管理流程图①

① 我国台湾学者黄源协．社会工作管理．扬智文化事业股份有限公司，1999：368.

图5-3展示的是个案管理服务的一般流程，对社区矫正社会工作中的个案管理工作具有重要的参考意义，但由于社区矫正社会工作本身的复杂性、矫正对象的特殊性，在具体执行社区矫正社会工作个案管理服务的过程中，要灵活运用个案管理的服务方法，系统地开展服务。在运用个案管理服务方法开展矫正社会工作介入过程中要注意以下几个问题：首先，个案管理可以使那些有复杂问题和长期服务需求的矫正对象得到合适的资源和照顾，因此在开展个案管理的服务介入时，要对矫正对象有一定的筛选；其次，在社会福利资源有限的状况下，个案管理可以避免社区资源的闲置或浪费，但社区总体资源是有限的，因此在开展个案管理服务的过程中，要注意对资源的宏观把握和协调，以使其作用最大化；最后，个案管理对矫正社会工作者的专业要求较高，涉及很多具体的个案管理技术，如协助个案管理对象克服资源使用的障碍的技术等，矫正社会工作介入最好由资深的、有经验的矫正社会工作者进行。

（二）个案矫正

个案矫正主要是指在社区矫正社会工作服务中，运用社会工作个案管理的方法，对矫正对象进行矫正干预和提供服务。一方面，个案矫正工作贯穿社区矫正社会工作的始终，由于矫正对象自身在认知、情绪、行为等方面都存在或多或少的问题，因此通过个案矫正的方法对其进行个别介入是矫正社会工作服务最重要的环节之一。另一方面，个案矫正也包含着以家庭为个案开展的矫正社会工作介入，家庭作为矫正对象的重要生活环境，是对矫正对象影响最大的初级群体，很多矫正对象面临的问题和困境都与其所处的家庭环境有很大的关系，开展面向家庭层面的个案矫正对矫正对象的矫正也具有重要的意义。

在开展针对矫正对象个人的个案矫正中，要系统地运用个案社会工作的基本服务方法和服务过程。第一，要正式接案，和矫正对象正式建立合作关系，在此基础上，针对个案矫正对象进行相关资料的收集和整理，并进行预估，确定矫正对象的基本问题。第二，要和矫正对象共同制订个案矫正目标和计划。第三，运用个案社会工作服务技巧，按照前期制订的服务计划展开服务。在这个过程中，涉及很多具体的个案工作技巧，除了一些基本的个案工作技巧，如倾听、聚焦、面谈等，也有很多系统的理论和方法可以选择，如认知行为治疗、叙事疗法、生态系统理论、社会支持网络理论等，具体的服务技巧需要在个案服务中根据矫正对象的具体情况而定。第四，评估。要对整个个案矫正服务进行过程评估和结果评估，评估可由矫正社会工作机构或矫正社会工作者展开，和司法行政机关有正式合作关系的也需要由司法行政机关或其所请的第三方评估机构进行评估。第五，结案和跟进。在评估之后，如果达到预期目标或者因为其他一些特殊原因需要结束服务时，个案矫正服务需要进入结案阶段。结案意味着一段服务的结束，要和矫正对象介绍清楚可能提供的后续服务，对矫正对象结案后的生活给予鼓励。结案后，要通过定期回访等形式对矫正对象进行后续的跟进。

在面向矫正对象的个案矫正服务中，要特别注意对矫正对象的认知、行为以及社会交往模式方面的矫正，很多矫正对象在这些方面存在问题，他们的违法犯罪行为也往往与此有关。因此，在个案矫正中尤其要掌握与此相关的一些专业服务技术和方法。

在个案矫正中还包括面向家庭的个案矫正，以家庭作为个案矫正服务对象。很多矫正对象的家庭是其自身问题的根源，家庭结构、家庭关系和家庭互动模式导致矫正对象的认知产生偏差或者情感、性格方面的一些不足，从家庭角度入手进行个案矫正能够有效地解决矫正对象所面临的问题，起到良好的矫正效果。在这个过程中，需要掌握基本的家庭治疗的方法和技巧，例如，了解基本的家庭系统结构分析方法，能够利用家庭结构图对家庭结构进行分析。另外，比较专业的家庭个案矫正需要用到系统化的、相对成熟的专业家庭治疗方法，如萨提亚家庭治疗模式等。

在一些地区早期的个案矫正实践中，也积累了一定的经验，发现了一些问题。例如，在上海市的社区矫正实践中，对个案社会工作在社区矫正中的应用得到了如下认识：（1）社会工作方法的运用与刑法执行是一个统一的过程；（2）个案社会工作方法运用的专业化程度较低；（3）个案社会工作与社区社会工作是结合在一起的。另外，在这些实践中也发现了一些个案工作实施的限制：（1）社区矫正工作制度的限制；（2）社区矫正工作者自身素质的限制；（3）组织制度安排和自身条件的限制；（4）社会支持性资源系统的缺乏（费梅苹，2004）。这些为在社区矫正实践中进一步发挥个案矫正的作用提供了良好的经验积累。

无论是个案管理还是个案矫正，在整个矫正社会工作过程中都起到了非常关键的作用，具体在运用这些方法的过程中，一定要结合矫正对象自身的情况，考虑社区所处的环境资源状况，选择合适的方法进行适度的干预。矫正对象往往存在一些自身的问题，如社会适应问题、社会支持问题、社会交往问题等，在对个别矫正对象进行个案管理和个案矫正的过程中，要有针对性地进行相应的介入。另外，在运用个案管理和个案矫正的过程中，尤其要注意和矫正对象关系的处理，良好的关系是成功进行个案干预的重中之重。

五、团体管理与团体辅导

团体管理与团体辅导主要是指运用相关的群体动力学知识，对矫正对象群体进行的矫正性管理和辅导。一方面，由于社区矫正社会工作所面临的群体相对集中，对矫正对象群体进行团体管理与团体辅导，能够有效地节约资源，达到更好的矫正效果。另一方面，由于矫正对象在社会交往方面往往存在一些问题，社会支持也相对不足，运用团体管理与团体辅导的方法能够有效地帮助他们扩大社会交往，建立互助网络，获得社会支持。

团体管理在这里借鉴了个案管理的概念，主要是指针对矫正对象群体的一些复杂性、特殊性问题进行系统的管理和干预，尤其是需要整合相应的资源，为矫正对象群体提供综合性的支持和帮助。在具体的操作中，可以按照矫正对象所面临的问题、需要或者其他一些类别性特征进行相应的分类，并依此组成不同的团体，然后根据不同团体所面临的不同问题，进行团体的矫正管理。团体管理在社区矫正社会工作中还有另外一层含义，即配合司法行政机关，通过团体工作方法对矫正对象群体进行相应的管理。

团体辅导在这里与社会工作的小组工作介入的概念一致，主要是指运用小组工作的方法对矫正对象群体进行团体辅导和干预。将小组工作的方法运用于社区矫正中具有独特的优势。第一，如前所述，矫正对象往往面临社会适应问题、社会支持问题、社会交往问题等，而小组工作的形式本身即是一种团体的交流和沟通，小组工作的主要内容也是利用团体动力解决成员的问题，这对解决矫正对象的社会适应问题、社会支持问题和社会交往问题等具有先天的优势。第二，与个案工作相比，小组工作采取一对多的形式，能够有效地整合矫正资源，实现矫正效果的最大化。第三，通过小组工作的形式来矫正个体的思想和行为，比直接针对个体进行矫正，矫正效果更好、更持久（缪恩玲，2013）。第四，小组工作模式较多，内容广泛灵活，形式丰富多样，在具体进行社区矫正社会工作服务中，能够满足不同类型群体的不同需要，能够实现较好的矫正效果。第五，小组工作的形式本身即是一种支持，小组成员坐到一起，能够感受到组员之间带来的支持和力量。

就团体辅导的模式而言，团体辅导有社会目标模式、互动模式、发展模式与治疗模式四种重要的模式。根据矫正对象的需要，在团体辅导中四种模式均有可能涉及，但在具体的实践操作中，最常用的是互动模式与发展模式，针对特殊的矫正对象，偶尔也会用到治疗模式。

互动模式又称互惠模式、交互模式。其基本假设是：个人与社会之间存在一个有机的、系统的相互依赖的关系，小组是个人和社会发挥功能的场所，也是一个互助系统，在小组中，某一成员依靠其他成员作为自己解决问题、发挥潜能和建立信心的资源，个人的社会功能得以发展和发挥（张洪英，2012）。因此，对矫正对象而言，互动模式的小组本身即是一个互助系统，在小组中，矫正对象之间能够提供相互的支持和依赖，小组成员可以通过互动提升自己的社会功能，也能通过这个过程建立起新的社会支持网络，而对有社会适应问题的矫正对象而言，参与互动模式团体辅导的过程有助于解决其社会适应问题。

发展模式强调以人的发展为中心，注重小组成员个人的成长，小组工作者的主要任务是通过小组工作过程帮助小组成员提高社会适应能力、建立良好的人际关系，促进小组成员的自我实现和发展（张洪英，2012）。从专业社会工作的角度来看，矫正对象的很多问题往往都是发展中的问题，发展性的小组相信人的阶段性成长，重视团体的力量，尊重每一个组员，因此发展性的小组工作模式比较契合社区矫正社会工作服务对象的需要，利用发展性的小组工作模式，能够有效地让矫正对象发挥潜能，实现健康成长。

治疗模式又称临床模式或康复模式，主要是将小组当成治疗的手段与脉络，小组工作者通过小组过程与小组结构促进小组成员的改变。治疗模式适用于社区矫正中具有一些类似问题的同质性较强的小组，利用小组动力实现对矫正对象特殊问题的治疗和矫正，如对小组成员的认知偏差、社交恐惧、冲动型人格等问题进行治疗和矫正。但是，由于治疗性小组的目的性较强，对工作人员的专业能力要求较高，在具体的矫正社会工作实践中应用得并不是很广泛。

在具体的团体辅导实践中，要根据矫正对象的基本情况组织成立不同性质的小组，如互助小组、情绪疏导小组、社交技能训练小组、自我成长小组等，具体小组的形式和内容可以根据矫正对象群体的需要灵活确定。虽然团体辅导的形式可以灵活多变，但必须把握具体辅导过程中的核心内容，如对团体动力的运用、在团体辅导中对组员的平等对待和尊重、团体辅导中的保密问题、在团体中对每个组员能力的培养和发展等。

团体辅导作为社区矫正社会工作的重要矫正手段之一，在矫正社会工作服务中具有得天独厚的优势，能够在有限资源的基础上使矫正效果最大化。团体辅导就是运用团体动力使团体内部互动起来，促进团体成员之间、成员与工作者之间以及团体成员与环境之间的沟通，实现团体成员社会功能的恢复和发展以及社会支持网络的重建，而这些恰恰是矫正对象所面临的最主要的问题。因此，在社区矫正中运用团体辅导的形式，针对性强、矫正效果好。而团体本身也为团体成员提供了很好的互助交流平台，团体辅导有助于矫正对象社会功能的康复和社会适应能力的提升，在这一过程中能有效地帮助矫正对象重建社会支持网络。

第三节 社区矫正社会工作的地位与作用

社区矫正社会工作是指在社区矫正这一刑罚执行和社会福利过程中开展的，运用专业的知识和方法，帮助矫正对象恢复社会功能，促进矫正对象融入社会的职业活动。社区矫正社会工作特指在社区矫正领域开展的社会工作，而进行此类工作的社会工作者可称为社区矫正社会工作者（赵玉峰、范燕宁，2012）。随着社区矫正制度的试行和推广，社区矫正制度已经在不同的地区有了不同的本土化实践，并在这些实践过程中积累了大量的经验。在这个过程中，社区矫正社会工作者的地位和作用越来越受到重视。在关于推进社区矫正工作的一系列法规政策文件中，多次提到了矫正社会工作者的参与，2012 年 1 月 10 日，由“两高两部”联合印发的《社区矫正实施办法》中提到，“社会工作者和志愿者在社区矫正机构的组织指导下参与社区矫正工作”。这为社会工作者参与社区矫正过程提供了政策、法规上的依据，而在各地具体的社区矫正实践中，对社区矫正社会工作的地位和作用则有着更加深刻的认识。例如，上海、深圳、广州等地的社区矫正实践中，都较早地引入了矫正社会工作者的参与，也通过他们的参与取得了较好的实践效果。2012 年 3 月 27 日，《法制日报》针对广东的社区矫正社会工作进行过专题报道；2014 年 3 月 17 日，《中国青年报》对上海、徐州等地的社会工作者在青少年矫正工作中的作用做了一系列报道。现节选部分内容如下：

近年来，矫正工作已不再是司法人员“单打独斗”，社会工作者（以下简称社工）和其他社会志愿者也参与到矫正工作中来。其中，社工介入作为司法手段和政府行政手段之外的补充方式，由于具有平等性、互助性等特点，在解决矫正对象的问题、恢复其社会功能、促进其顺利回归社会等方面有着较大的优势，在开展矫正过程中更容易被矫正对象所接受，已经在社区矫正工作中发挥着越来越重要的作用，并逐步成为该项工作开展的又一主力军。

运用社会工作已经成为广东目前社区矫正工作的一个重要手段。一方面，建立起了市、区（县级市）、街（镇）三级社区矫正社会组织社工队伍，并在社区矫正工作中全面推行社会工作的理念、方法、技巧，实现社区矫正工作中执法职能与帮教辅导职能的合理分配，从而实现行政执法与社会服务的有机结合；另一方面，志愿者作为社工的天然同盟军，由专职社会工作者带领社区矫正志愿者开展专业的矫正服务，进行各种专业咨询、结对帮教工作。专职社会工作者参与到对社区矫正志愿者的管理、协调工作之中，建立健全司法社会志愿者的聘用、管理、考核、激励机制，有效地提高了社区矫正志愿者的服务水准（邓新建，2012）。

从 2004 年开始，上海运用社会工作理念，成立了上海市阳光社区青少年事务中心，按照“政府主导推动、社团自主运作、社会多方参与”的工作思路，通过政府购买服务的方式，依靠阳光中心提供青少年事务专业社工，开展预防青少年犯罪工作。阳光中心共有社工 500 名，十年来服务社区青少年 23 万人，累计开案 2.4 万个，开展小组工作近 4000 个。针对有严重不良行为的青少年的“再犯预防”，上海市重点推进社工驻监所项目，进入未成年犯管教所、强制隔离戒毒所、拘留所、看守所等特殊场所，协助政法民警开展法律宣讲和感化教育，并做好工作、生活帮扶方面的衔接。针对有不良行为青少年的“临界预防”，有专业社工进社区，对已涉嫌犯罪但无羁押必要的未成年人，在诉讼期间进行帮教、考察和评估，为司法处理提供参考依据，在作出相对不起诉或刑事判决等处置后，协助社区矫正机构对其进行跟进帮教、矫正。针对普通青少年的“超前预防”，则有专业社工进学校，与老师、家长一起，时时关注学生出现不良行为的苗头，及时采取针对性的预防措施。

实践证明，社工力量有效地预防和减少了青少年违法犯罪。上海户籍青少年违法犯罪总数自2007年起持续下降，据上海市公安局统计，2010年25周岁以下和18周岁以下违法犯罪青少年总数分别同比2006年下降了25.45%和39.98%，下降速度快于上海总体违法犯罪状况（李立红、刘丽梅、王桢楠，2014）。

这些报道只是各地矫正社会工作实践效果的一个缩影，犯罪率的下降可以通过可量化的数字来反映，而在社区矫正社会工作实践中，一些实践效果是难以量化的，通过社区矫正社会工作者的努力和探索，让矫正对象感受到的是与传统的司法矫正单纯的监管有所不同的人性化的服务和支持，而这种效果正被越来越多的人所认识和重视。很多较早推广社区矫正社会工作服务的地区所积累的一些先进经验，也为后来推广社区矫正社会工作服务的地区提供了很好的借鉴，很多地区将矫正社会工作的参与和服务介入，作为实施社区矫正工作的一个必要条件。

社区矫正社会工作在社区矫正工作中发挥着越来越重要的作用。从其发挥的最基本的作用来看，主要包括以下几个方面：

首先，社区矫正社会工作在社区矫正服务实践中起到监管的作用。社区矫正制度作为一项刑罚执行制度，社区矫正社会工作者是刑罚执行团队中的一员，在一些国家和地区的立法与司法实践中

（如美国的缓刑官、我国香港地区的感化主任等），社区矫正社会工作者被法律授予依法对非监禁罪犯实施监管的职责。这种监管，一方面是对矫正对象的惩罚，另一方面可以预防其再犯罪。

其次，社区矫正社会工作在社区矫正工作中起到良好的矫正作用。社区矫正社会工作者通过专业的理论、知识、方法和技巧，从矫正对象的心理、生理、思想、认知、行为、家庭结构和关系模式、社会功能、社会关系网络等多个方面对其进行专业的介入和干预，取得了很好的矫正效果，而这种矫正作用也在不同地区的社区矫正社会工作实践中得到了充分的验证。

最后，社区矫正社会工作在社区矫正实践中起到重要的服务作用。社区矫正社会工作本质上属于福利服务体系，因此，其在司法体系中仍然是提供福利服务，其服务对象是特殊的弱势群体，社区矫正社会工作的服务贯穿于整个社区矫正过程，内容涉及生活照料、经济支持、疾病医治、就学就业指导、家庭关系调适，以及个人的心理、认知、行为、人际关系、社会适应等多方面的服务，而且其拥有专业的、多元化的服务手段，在具体的矫正社会工作服务实践中，也越来越得到矫正对象的认可（张昱，2008）。

我国自从开始进行社区矫正工作的试点和推广之后，社区矫正社会工作者在社区矫正实践中的地位和作用越来越突出，这也和国际上其他国家和地区的经验相一致，而在我国的本土化实践中，社区矫正社会工作者也积累了大量的本土化经验，社区矫正社会工作者在社区矫正中的地位和作用在实践中不断得到验证和认可。随着社区矫正领域法律法规的不断完善、运作模式的不断成熟、社区矫正社会工作者经验的不断积累，相信社区矫正社会工作在社区矫正工作中的地位和角色会越来越清晰，作用会越来越明显，成为社区矫正工作中不可或缺的中坚力量。

【案例5-1】　青岛市崂山区中韩街道社区矫正机构帮助社区服刑人员李某完成矫正，协助其回归社会

一、案例简介

服务对象李某，现年27岁，初中毕业后四处打零工，无稳定工作，2007年和三名初中同学盗窃大量郊区因线路改造闲置的通信电缆，以盗窃罪被判处有期徒刑8年，在服刑期间积极参加车间劳动，矫正态度良好，在劳动技能竞赛中获奖一次，有立功表现，2013年获假释，回到自己先前生活的社区。由于长期的监狱生活，李某假释后出现一系列社会适应问题和社会交往问题，对当前社会发展的认识存在偏差，家庭关系和社区人际关系逐渐呈现出一些问题。李某假释后，由青岛市崂山区中韩街道司法所负责对其进行社区矫正工作，由于崂山区司法局购买了本区内一家社会工作服务机构的矫正社会工作服务，该区司法局即委托该机构配合街道司法所，负责李某的社区矫正工作。

二、问题界定

矫正工作者通过案卷查阅，走访、家访、面谈，对李某的基本情况进行了系统的评估，发现李某目前面临的主要问题有以下几个方面：第一，李某面临回归社会后重新适应社会的问题。第二，李某在监狱的长期生活，使他形成了一定的“监狱人格”，在处理人际关系和对自我的认知方面存在一定的偏差。第三，李某假释后，其家庭结构的问题依然存在。第四，李某原来的犯罪与其结交了一些不良的朋友有关，而当时的这些朋友得知李某假释后仍然找李某聚会，这些社会关系如果持续下去，对李某的矫正可能会造成严重的不良影响。第五，李某假释时已26岁，假释后的李某迫切需要找到一份工作来维持生活。

三、相关理论

（一）社会支持网络理论

社会网络主要是指人与人之间建立起来的互动关系网络，同时包括这种关系中所蕴含的结构与动力。社会支持网络指的是一组个人之间的接触，通过这些接触，个人得以维持其社会身份并且获得情绪支持、物质援助和服务、信息与新的社会接触。社会支持网络主要是指在社会网络中起支持作用的关系的集合。社会支持网络理论主张通过强化人的社会资源来增强个人的社会整合度并协助个人解决社会问题。社会支持网络是一个多向度表述的概念，可区分为工具性支持、情绪支持、信息支持、自尊支持等，也有人将其区分为实际的支持和感知的支持等。从社会层面来看，社会支持隐含着个人和社会环境的联结，可分为三个层面：社区、社会网络和亲密伴侣。这三层关系中，越接近个人的那层关系对个人的影响越大，也越具有意义。从支持层面来看，社会支持可分为工具性支持（instrumental support）和表达性支持（expressive support）。工具性支持主要是指运用人际关系作为手段以达到某种目标，涉及一些有形的支持和问题解决行动；表达性支持本身则既是手段也是目的，涉及分享感受、发泄情绪和倾诉挫折、寻求对问题或者议题的了解、肯定自己和他人的价值与尊严等，包括心理支持、情绪支持、自尊支持、情感支持等。本案例中，李某假释后需要重建积极的社会支持网络、阻断原有的消极的社会关系网络，运用社会支持网络理论对李某的社会网络进行构建和干预，对其矫正工作具有重要的意义。

（二）生态系统理论

生态系统理论认为，个人的生存与心理调适有赖于个人与环境之间的交流状况，主要着眼于人类行为与社会环境的交互关系。该理论把人类成长所依存的社会环境（如家庭、机构、团体、社区、组织等）看作一种社会性的生态系统，强调生态环境（人的生存系统）对于分析和理解人类行为的重要性。生态系统理论强调个人在与所处的环境交流的过程中，必须在各个发展时期获得足够的环境支持。为了维系生命历程的进行，个人就要与其所处的生态环境保持一定的适应度。本案例中，在对李某的情况进行评估的过程中，不难发现其成长过程中的生存环境不能为其提供足够多的支持，其与环境互动的过程出了问题，但其在监狱中的良好表现以及获得假释都表明其在监狱矫正过程中与环境的互动良好，在社区矫正过程中，帮助其与社区环境良好地互动、寻求环境中的资源帮助其就业等都能有效地促进矫正的效果。

（三）心理社会理论

心理社会理论认为，应该同时从两个方面来了解服务对象，既要识别并评估服务对象的心理因素（如人格、智力和能力），也要识别服务对象的社会因素（如家庭关系、同伴关系等）。该理论试图综合人类行为与社会环境的各种理论，系统地阐明人格发展与社会功能的关系。因此，在对李某实施社区矫正的过程中，应该客观地认识其问题形成的原因，从心理、社会两个角度介入对其的矫正过程。

（四）认知行为理论

认知行为理论认为，认知过程会影响情感和行为，主张通过认知和行为技术改变服务对象的不良认知和行为。该理论认为，引起人们情绪和行为问题的原因不是诱发事件本身，而是人们自己的信念系统，即人们对该事件的看法、解释和评价，负性认知是情感行为障碍的重要原因。李某之前犯罪的行为与其形成的一些负性认知有很大的关系，如不劳而获的思想、在错误行为面前的侥幸心理等。因此，在矫正过程中，识别并通过认知行为矫正的方法来帮助服务对象树立正确的认知，对于矫正其行为、增强整体矫正效果具有重要的意义。

（五）结构家庭治疗理论

结构家庭治疗理论认为，个人的问题不能只是通过个人的介入来解决，也要通过改变服务对象的家庭交往模式来解决问题。该理论认为，个人的问题只是表象，家庭的问题才是根源，因此主张通过多元化、多层次的家庭介入来解决家庭问题，进而解决个人问题。从结构家庭治疗的角度对李某进行家庭层面的介入，将对李某的矫正过程具有重要的意义。

（六）优势视角理论

优势视角理论主张关注服务对象自身的优势和资源，尤其关注其自我成长和发展的内部力量以及其在逆境中的抗逆力。服务对象李某假释后，面临一定的社会排斥，自身压力较大，但其在监狱的监禁矫正过程中表现良好，多次获奖，在社区矫正中应该使其看到自身的优势和资源，帮助其激发内在的动力。

四、服务方案

根据对李某的情况的综合评估，并结合相关矫正理论，对李某的社区矫正工作提出以下综合服务方案。

第一，从个人的角度介入。主要运用认知行为的治疗模式，矫正李某的错误认知，同时结合李某的现状，运用任务中心模式帮助其找到当前最重要的任务，如接受就业培训，找到一份工作，通过这个过程激发其自身的内在动力，帮助其达到矫正目标。这个过程主要通过个案工作的模式开展，由专业的社会工作者来策划和实施。

第二，从家庭的角度介入。主要运用结构家庭治疗的方法，帮助李某调整家庭内部沟通模式。同时，通过家庭层面的介入，为李某建立起最基本的社会支持网络，也为进一步构建其积极的社会支持网络打下良好的基础。

第三，从社区层面介入。李某的矫正过程主要是在社区内完成，因此，从社区层面介入格外重要。通过组建互助性质的小组以及开展一些被社区接纳和认同的活动，帮助服务对象从社区层面获得足够多的支持。这个层面的介入主要是运用小组工作、社区工作的工作方法，以生态系统理论和社会支持网络理论为指导，帮助服务对象与社区环境逐步建立起良好的互动，进而帮助其构建社会支持网络，使其更好地融入社区和社会环境。

第四，从宏观的社会支持网络层面介入。从社会支持网络的视角帮助李某构建起积极的社会支持网络，运用交往阻断法帮助其厘清不良的社会关系。同时，帮助李某链接社会资源，帮助其争取政策、服务等多方面的资源，协助其顺利完成矫正。

五、实施步骤

在对李某的矫正介入中，应该充分结合李某的个人情况及其家庭、社区的情况，同时配合基层司法机关的统一安排逐步实施矫正服务方案。在对李某的个人情况及其家庭、社区的情况进行系统的收集整理的基础上，对李某实施个案管理，针对李某所面临的问题，根据其需要从多个层面进行系统、全面的介入。

首先，针对李某自身的性格和认知方面的问题进行个案介入。李某从小由于父母对其性格培养教育的忽视，形成了不稳定的性格，缺少自律意识，做事比较情绪化。另外，由于李某从小经常和同龄人一起玩耍，其性格相对外向，比较注重哥们儿义气。在假释后和李某的访谈中发现，李某在监狱的六年时间里，自律意识和善恶观念有了很大的改变，假释后，李某在言行上表现出自卑的情绪，不愿意参加社区活动，不想和人交流，尤其是和社工及司法所工作人员交流时表现出过分的尊敬和客气，同时也流露出对重新找工作的担心和自卑心理。矫正社工根据李某的情况制订了详细的个案介入计划，并制定出如下目标：（1）贯穿优势视角理论，帮助李某发现自身的潜能和优势，帮助其树立自信心。（2）运用认知行为的技术，帮助李某纠正错误的认知、修正错误的认知模式，帮助其梳理在监禁矫正过程中自己的变化，巩固在监禁矫正过程中对善恶是非观念的认知；同时帮助李某客观地认识自己的现状，帮助其树立面对新生活的信心。（3）运用心理社会治疗模式，帮助李某了解并客观地认识自身的心理状况和所处的社会环境，通过“情境”系统调整，缓解其不安和焦虑的情绪，减弱系统功能失调的感觉。

个案工作的介入共分为三个重要的阶段，即协助适应过渡阶段、认知调整阶段、自我成长与发展阶段。其中，协助适应过渡阶段进行两次专业个案介入；认知调整阶段进行三次个案介入；自我成长与发展阶段也要进行三次个案介入。通过八次个案的介入，服务对象平稳地度过了矫正过渡期，在看待社区矫正和自身的状况上有了较为客观的认识，对自身的优势和能力有了一定的信心。

其次，从家庭的角度介入。在该阶段，主要根据结构家庭治疗理论，系统地介入李某的家庭环境，通过五次家庭社会工作介入，梳理李某的家庭交往模式。矫正社工在介入的过程中发现，李某的父母一直关系不好，其父亲偶尔还有轻微的酗酒和家暴倾向，李某从小就对父亲没有好感，但其母亲则过度宠爱李某，对李某的溺爱导致其性格缺陷。从李某的家庭结构上来看，其家庭属于典型的联合对抗家庭，李某和母亲联合对抗其父亲，父亲过于严厉，对李某关爱不够，母亲过于溺爱对其约束不足。在家庭治疗的过程中，通过五次系统的家庭访谈，矫正社工帮助李某对其家庭结构进行了一定的调整，由于其父母格外珍惜李某的社区矫正机会，加上一直在反思自己的教育方式，因此在该阶段其父母非常配合矫正社工的工作，在这种内部力量的驱使下，李某的家庭治疗效果明显。

再次，从社区层面介入。社区层面的介入主要分为以下两个部分：(1) 以小组工作的形式在社区内筹建服务对象互助小组。由于该社区内同时接受社区矫正的还有几十个人，矫正工作者通过招募的方式，招募和李某具有一定同质性的服务对象组成互助小组，为他们提供一个交流的平台，帮助他们实现互助和自助。这个小组讨论的主题是回归社会后如何开始新的工作和生活，活动总共进行了7次，每周进行一次，在7次活动之后，李某自述对自己未来的工作和生活开始感觉有希望了。(2) 通过组织社区活动在社区内消除对服务对象的偏见和歧视，营造良好的社区矫正环境。在此过程中，矫正机构的社工联合司法所工作人员和社区工作人员共策划了三次规模较大的社区活动，通过社区矫正政策法规宣传、服务对象和其他居民共同参与互动式比赛活动以及社区联谊活动等，增强了服务对象的归属感。

最后，帮助李某联系资源，重建健康的社会支持网络。在该步骤的矫正工作中，重点以生态系统理论和社会支持网络理论为指导，帮助李某与社区环境进行良性的互动，让其在社区环境中能够得到足够多的支持。在资源链接方面，通过社区、矫正机构和司法行政机关帮助李某争取矫正资源，努力帮助李某参与一些就业培训，协助其去劳动市场找工作。另外，李某原有的社会网络中有一些破坏性的社会资源，虽然李某已经意识到这些社会关系会对其产生不良的影响并尽量避免，但由于李某重义气，仍会偶尔参与这个圈子的一些聚会，矫正社工对李某实施交往阻断措施，尽力帮助李某脱离原有的圈子，构建新的社会支持网络。

以上几个步骤在时间上是并列进行的，通过这种全方位、多角度的介入，服务对象李某在近一年的时间里，社会适应良好，家庭关系和社区关系得到了改善，自信心也有了很大的提升，并且逐步有了新的朋友圈子。目前，李某已经按期结束矫正，正在一个职业培训学校学习技术，矫正效果明显。

六、专业反思

通过李某的案例，我们最大的感受是一定要用优势视角的观点看待服务对象和其所面临的困境及问题，服务对象自身往往是有很大的动力去接受矫正的，尤其是像本案例中的李某，接受监禁矫正六年，很珍惜能够在社区接受非监禁矫正的机会。作为矫正社工，一定要相信服务对象，只有相信他们，才能激发他们的抗逆力和内在的潜能，帮助服务对象实现自我的成长。

另外，在对李某开展矫正工作的过程中，还有一个很深刻的专业反思，即服务对象的问题往往不是其个人的问题，他背后的家庭结构、家庭关系、社会支持状况、社区环境、教育发展状况等，都会对服务对象产生很大的影响。因此，在开展社区矫正社会工作时，一定要关注服务对象背后的一些关系状况，尤其是家庭和同辈群体的状况。这些关系梳理好了，将会成为服务对象在矫正过程中最大的动力和资源；这些关系处理不好，很容易导致服务对象的孤立无助，甚至可能因为被逼无奈重新走上犯罪道路。

作为矫正社会工作者，一定要有资源意识。在具体的矫正过程中，单靠矫正社工或者矫正机构的力量很难为服务对象提供完善的矫正服务，只有将资源链接起来，充分发挥社工资源链接者的作用，才能将矫正服务形成体系，取得良好的矫正效果。

主要参考文献

[1] 李蓉．社区矫正程序实证研究，湘潭大学出版社，2011.

[2] 张书颖，曹海英．社区矫正社会工作服务项目操作指南．知识产权出版社，2013.

[3] 张昱．矫正社会工作．高等教育出版社，2008.

[4] 张洪英．小组工作．山东人民出版社，2012.

[5] 费梅苹．社区矫正中个案工作方法运用的经验实证研究．华东理工大学学报（社会科学版），2004（2）.

[6] 缪恩玲．关于小组工作在社区矫正中应用的思考．科技创新导报，2013（26）.

[7] 仝利民．个案管理：基于社区照顾的专业社会工作方法．华东理工大学学报（社会科学版），2005（2）.

[8] 司法部基层工作指导司．山东省即墨市建立未成年人社区矫正审前社会调查制度．人民调解，2009（5）.

[9] 席小华．论社工介入未成年人犯罪审前社会调查制度的必要性．社会工作，2010（12）.

[10] 钟莹，梁国勋．个案管理：社区戒毒工作的新模式．华东理工大学学报（社会科学版），2008（2）.

[11] 周湘斌．个案管理服务：适合于社区矫正的社会服务方式．北京政法职业学院学报，2006（3）.

[12] 李伟梁．社会工作介入社区矫正的过程分析．社会工作，2007（8）.

[13] 赵玉峰，范燕宁．“社区矫正社会工作”研究述评．长春理工大学学报（社会科学版），2012，25（3）.

[14] 朱梦阳．浅谈我国社区矫正审前社会调查制度的完善．

中国石油大学胜利学院学报，2012（2）.

［15］邓新建．广东：社工介入社区矫正工作．法制日报，2012-03-27.

［16］李立红，刘丽梅，王桢楠．寻找失落的自我——青少年犯罪率下降“拐点”出现的背后系列报道之一．中国青年报，2014-03-17.

第六章　社区矫正社会工作的专业核心方法

第一节　个案管理

“个案管理”（Case Management）概念的由来，最早可追溯到1863年成立的美国慈善委员会，当时该组织就是通过协调社会服务经费来帮助那些需要帮助的困难者的。之后，睦邻之家及慈善组织会社等社区组织在处理个案的问题上从建立有效管理机制、整合协调服务，逐渐发展成联合多种专业的综合服务（赵环、孙国权，2008）。20世纪初，美国社会工作学者玛丽·里士满特别强调资源协调的重要性，积极倡导社会服务机构之间合作的实践，奠定了个案管理的雏形。个案管理的产生，既是“去机构化”之后社区照顾政策推行的结果；也是在服务对象的多重服务需求下，社会福利开支增加进而有效抑制服务成本提升的体现；又是对社会工作传统方法的发展与完善。“个案管理”一词在20世纪70年代首先出现于社会服务研究文献中（郑丽珍，1998；赵环、孙国权，2008）。20世纪80年代起，个案管理成为美国社会工作实务中的一项重要的服务模式（沈庆盈，1999；赵环、孙国权，2008）。在国内，个案管理也因为其自身整合社会资源并提供优质服务的优点，逐渐成为社会工作服务中的主要模式而被广泛应用。

当前的社区矫正服务中，存在两个局限：一是现有的社区矫正主要依靠的是司法矫正的工作方式，缺乏相应的社会服务配套措施，使得社区矫正对象在日常社区生活中存在诸多不便和不适应。二是管理方式单一。不同的社区矫正对象有着各自独特的生活背景、家庭及社会网络，而原有的社区矫正方法就是通过规范化的管理方法实行统一管理。在社区矫正的实践过程中，这种方法显然已经不能适应社区矫正对象的各种现实需求，并且很难达到应有的矫正效果。而个案管理在解决上述两个局限问题上有着一定的适用性和必要性（周湘斌，2006）。

一、个案管理在社区矫正中的适用性

（一）现行社区矫正实务工作的特点

自 2003 年以来，全国 6 省市分别开展了社区矫正试点工作，并取得了丰富的经验和成果，各个地区的司法工作人员通过不懈努力，通过社区矫正工作为社区矫正对象解决了诸多问题和困难，为维护社会稳定作出了巨大的贡献。在基层工作过的司法工作人员都会有这样的感受：社区矫正是一项非常复杂的工作，不仅包括矫正社区服刑人员的心理、行为等具体的工作，还包括帮助社区服刑人员解决在生活适应、家庭重建、社会支持网络重建等方面的诸多问题。因此，从传统的工作方式来看，仅仅通过矫正服务对象的心理、行为等并不能真正解决问题。个人的问题比较容易处理和解决，但所处的环境问题就不是个人所能掌控的了。社区服刑人员如果不能有效地与环境互动并保持良性运转，有可能会再次走上犯罪道路。为此，从各个地区的社区矫正工作成功的经验中可以看到，司法工作人员和社会工作者都是通过多种多样的方式帮助服务对象解决生活保障问题、解决家庭矛盾和纠纷、处理邻里关系等，从而达到让服务对象重新融入社会的目的。

这些成功的经验告诉我们，社区矫正的工作不仅仅是改变服务对象个人的问题，更重要的是帮助他们重新融入社会，进行再社会化的工作。社区矫正工作不是简单地帮助服务对象去处理所遇到的问题，其关键在于协助服务对象通过自身的努力，可以自己面对问题，从而改变生活状态。社区矫正的实质是帮助社区服刑人员重新建立与家庭、与社会、与环境的良性关系，复合与社会的冲突（周湘斌，2006）。

（二）个案管理的内涵及特点

个案管理的内涵可以从社会工作服务的过程、服务的目标、服务的策略和方法三个方面来理解。个案管理强调服务的过程，认为社会工作服务的关键在于与服务对象的互动过程；个案管理注重服务目标的达成，以及服务对象的利益最大化；个案管理强调服务工作的策略和方法，与服务对象共同工作也是社会工作最基本的方法之一。笔者认为，个案管理就是通过评估服务对象的问题与需求，通过整合、协调社会资源，与由不同职业和机构的专业人员所组成的团队合作，为服务对象提供长期性、综合性、个别化的帮助，以保障对服务对象的服务质量，最终使服务对象的利益最大化。个案管理是采用社会福利服务援助技术的一种专业社会工作方法，它是在去机构化、社区服务的去集权化、多重居家服务需求的案主人数的增加、照顾服务的分散化、对社会支持的重要性和照顾者需求的认知增加，以及成本抑制需要的基础上发展而来的（仝利民，2005）。

个案管理强调两个重点：一是个案管理注重发展或强化一个社会资源网络。二是个案管理除了注重服务对象使用社会资源的技巧和态度外，更注重强化服务对象个人取得资源和运用资源网络的能力（周湘斌，2006）。个案管理作为社会工作服务模式的一种，有效地结合了社会工作服务的特点和优势，不但强调服务对象个人的成长和发展，而且注重社会资源的整合，同时还兼顾社会工作的价值理念，以及以服务对象为中心、尊重、案主自决等原则。

个案管理与其他社会工作的服务模式也有不同之处：一是个案管理注重社会网络的建立和链接；二是个案管理通过服务对象和社会资源的互动提供服务。与相关的社会工作的服务模式类似，个案管理也关注服务质量的提升，并注重在社会网络和资源的协调上为服务对象提供有效的服务，同时，重视服务的联系性和过程性，不是简单地关注服务对象自身的变化，而是同时注重服务对象在与环境的互动过程中是否有改进。

因此，很多个案管理为服务对象提供资源、信息等相关服务，并结合直接服务，对整体服务进行管理和评估，为服务对象提供最优质的服务。

（三）社区矫正个案管理服务的适用对象

个案管理在社会工作服务中的适用对象一般是面临多重问题且缺乏社会资源的服务对象。这些问题包括复杂的个人情况、社会环境与资源的匮乏、人与社会环境互动的缺失等。很多时候这些问题不是单一地出现，而是共同存在，并且服务对象自身缺乏利用资源的能力，以上种种困难导致了服务对象的无助感，让服务对象陷入一种困境之中。社会工作者需要做的就是帮助服务对象找到社会资源并加以利用，进而摆脱困境。

对于在社区进行矫正的服务对象而言，再一次回到社会中来，必然面临着诸多的问题，如原有社会支持网络的断裂、家庭成员的排斥、自身的角色认同缺失、社会上的歧视及社会限制等。对于他们来说，这些问题他们无力解决。而单一的某个政府部门的帮助或是救助也难以帮助他们摆脱困境。可见，单一资源并不能有效地回应服务对象的需要。这个时候就需要个案管理发挥应有的作用，发挥其综合性服务的优势。通过链接服务对象的工作、生活、家庭、社区等一系列社会资源，帮助他们掌握并利用这些资源来服务自己。这些帮助不仅仅是为了使服务对象自身发生转变，更是为了使服务对象实现社会的再适应，在家庭、社会的关心和照顾下，重新回归到正常的社会生活中。

二、个案管理在社区矫正服务过程中的工作流程

在社区矫正的过程中，运用个案管理的服务方法关键在于应持有社会工作的价值理念。一方面，我们现阶段对于社区矫正对象还

需要有法律层面的判罚；另一方面，社区矫正不同于传统的监狱矫正，其注重的是教育和感化，从而促使社区矫正对象顺利回归社会。由于社区矫正具有刑罚执行和教育矫正的双重性质，因而单一地从刑罚执行或矫正的角度思考社区矫正的理念都是片面的（陈妹宏，2014）。

社区服刑人员由于犯罪进而丧失了部分社会权利，因此也陷入了多重的困境，不仅要接受司法部门的监管，还要面对家庭、婚姻、生活、工作等多方面的压力。社区矫正是社会参与的处罚方式，不是服务对象一个人的参与，也不是司法部门的全面管理，而是服务对象及其家人、社区、社会力量共同参与的一种方式。因此，单独依靠服务对象自身是无法解决其所有问题的，更多的是需要依靠社会关系网络的修复与重建，获得支持和信任，才能有实际的矫正效果。

个案管理的基本服务模式就是：以服务对象为中心，关注服务对象自身的优势，协调社会资源，发掘服务对象的潜能，为实现服务对象利益的最大化而服务。这个过程包括关系的建立、初期评估、制订计划、计划的执行、监督与评估、结案。

（一）关系的建立

关系的建立是指服务对象和社会工作者建立起一种有效的工作关系。关系建立的基础在于服务对象与社会工作者之间是否相互了解、是否相互信任以及是否可以一起合作工作。建立良好的工作关系是提供优质服务的前提保障。对于一般人来说，关系的建立相对比较容易，但是对于社区矫正的服刑人员来说，建立关系是一个比较棘手的问题。由于很多社区服刑人员有着多年的监禁生活，让他们不敢再轻易信任他人，并表现出对他人的怀疑和谨慎，对监狱外面的生活感到陌生，对新鲜事物缺乏认同感。因此，和他们建立关系需要让他们明白社区矫正的初衷和目的，即帮助他们解决在现实生活中遇到的困难和问题，让他们重新回归社会，希望他们可以接受社会工作者的服务和诚意。同时，社会工作者需要注意给予他们更多的真诚和理解，不能对他们有“标签化”的认知，更不能排斥或是歧视他们。

（二）初期评估

在对服务对象的初期评估阶段需要确认三个问题：第一，服务对象需要解决的问题；第二，服务对象认为对解决问题可能有用的资源；第三，服务对象在使用这些资源时所面临的障碍（王玠、李开敏、陈雪真，1998）。首先，问题评估是了解服务对象自社区矫正以来所面临的问题（既包括服务对象提出来的显性问题，也包括服务对象没有表达出来的隐性问题），并共同列出问题清单；其次，资源评估是了解服务对象在当下所拥有的各种社会资源，包括自身潜能、家庭关系、邻里关系、社区资源等，找出可利用并切实可行的资源以为服务对象进行下一步的服务；最后，障碍评估是找到服务对象在利用自身及社会资源时所面临的障碍，一般是指服务对象从监禁的生活状态再次融入社会时运用资源链接的中断。

通过以上的评估，社会工作者基本可以列出一份与问题和资源相关的清单，初步了解到服务对象的基本困境及潜在的问题和资源。其重点在于找到服务对象在实际矫正过程中所面临的困境和障碍。分析服务对象的障碍主要从两个方面入手：内在障碍、外在障碍。内在障碍一般是指服务对象的个人价值、性格、受教育程度、工作技能等方面的障碍，主要表现为服务对象性格的变化和扭曲，对社会有消极的认识，自暴自弃，缺乏社会认同感。还有些服务对象由于自身受教育程度较低，同时缺乏工作技能，导致他们很难再次获得工作的机会，而缺乏基本的生活收入也很容易让他们再次走上歪路。外在障碍主要是指服务对象的生活环境方面的障碍，表现为家庭的破碎、社区的排斥、社会的歧视等。这些障碍可能导致服务对象难以再社会化，由于相关政府部门的工作人员及相关政策的歧视，导致服务对象将面临更加艰难的困境。因此，通过评估找到服务对象所面临的困境和障碍，有针对性地帮助协调资源和提供服务，有助于服务对象更好地融入社会。

(三) 服务计划的制订

个案管理的服务计划是一种“包裹式”的一揽子服务计划，是一套能够为服务对象提供完整服务的可行性计划，包括治疗计划、康复计划及服务照顾计划。根据服务对象的不同，服务计划也会有相应的变化。服务计划的制订应考虑三个因素：第一，充分掌握各种可用服务的品质和价格信息；第二，资源的取得应该富有弹性；第三，明确各部门间的财务责任配置与链接（黄源协，1999；全利民，2005）。

服务计划的制订是个案管理的重要一步，是服务对象需求转向实施的关键环节。为了把服务对象在评估过程中发现的抽象问题和资源转化为具体的可操作的行动，服务计划的制订应考虑以下三个重点：一是服务对象的参与，这是整个个案管理的核心内容，只有服务对象参与了，服务才能真正有效；二是资源的链接，社会工作者并不是全部问题的解决者，关键在于利用有效的资源，整合并协调资源来提供服务；三是信息的掌控，把握关于服务对象的有效信息有助于提供有效的服务。

(四) 服务计划的执行

服务计划的执行是一个服务输送的过程，也是一个协调、介入和干预的过程（全利民，2005）。服务计划的执行就是通过之前的方案为服务对象提供具体的服务，然后，在服务的过程中协调相关的资源并重建已经断裂的资源。社区矫正的服务重点还在于对服务对象自身能力的开发、社会资源的重建。例如，服务对象由于刚从监狱中回到社会，需要独立生活，但是没有收入，需要找到一份工作，这时社会工作者需要做的就是链接工作的资源或是找到职业培训的机会，促使服务对象自食其力。同时，服务计划的执行需要与政府部门、NGO、社区等相关机构和部门共同合作，发挥各自的优势，提供相应的服务。

（五）监督与评估

监督与评估对于服务至关重要。

1. 监督。计划执行的监督，需要与服务对象、社会工作者不断地接触，以协调服务对象与社会工作者之间的关系，强化服务契约，确保为服务对象提供适当、有效的服务。

2. 评估。一是服务结果的评估，包括是否满足了服务对象的需求、目标是否达成。二是服务质量的评估，包括服务对象对服务的结果、服务的品质和效果是否满意。三是跟进的评估。评估的结果若显示出服务对象的问题或需求并未获得解决或满足，则需要考虑回到预估和制订服务计划的阶段，同时也要探究一下前期服务计划的问题所在，以利于今后工作的开展（赵环、孙国权，2008）。

（六）结案

结案意味着服务对象已经可以有效地利用现有的社会资源独立生活，并暂时不存在生活和工作方面的困难，这个时候，服务对象就可以与社会工作者共同决定走入结案的阶段。例如，服务对象在回归社会之后，经过社会工作者的帮助和自己的努力，找到了一份新的工作，并且可以维持自己的生活，而不会再走歪路，这样的状态即可结束工作关系。

总之，对于社区矫正而言，个案管理是一种比较切实可行的社会工作服务模式，可以针对不同需要、不同类型的服务对象，通过灵活的工作方法，有效地为其提供优质的服务。

第二节　危机介入与干预

危机介入发展至今已经有数十年的历史了，早期以心理动力的自我心理学为基础；之后以人类行为发展的各种理论为基础，如弗洛伊德的心理分析理论、埃里克森的认同理论等。所以，有学者认为，危机介入不属于任何一种专业的方法（Golan，1986）。危机介入的基本概念是当人遇到危机时，其本身就有一股潜能去应对。危机介入的目标就是在有限的时间内，以密集式服务提供协助，使案主恢复以往的平衡状态（宋丽玉等，2002）。

1944 年，林德曼首先提出了“危机介入”一词，通过研究灾后幸存者的心理反应状态和调适行为，成为日后悲伤心理处遇过程理论化的经典（Robert，1991）。到了 1960 年以后，危机介入极其盛行，主要注重于预防崩溃的支持系统。经历了多种流派、方法的融会，危机介入在 1980 年之后成为整体身心健康服务方案中的主要方法。无论危机介入如何发展，目标始终是协助案主面对问题，帮助其在短时间内回复到危机前的状态，甚至成长起来（宋丽玉等，2002）。

危机一般可以理解为一个人无法解决的问题或是没有办法控制的事情发生（Carkhuff、Berenson，1977），或是个人的严重的情绪问题（Caplan，1964），或是认知归因的问题（Taplin，1971）。综上各种对危机的不同定义，可将危机状态定义为：个人实现人生重要目标受阻的情境，或是经历紧张性的事件、情境时，内在心理感觉到运用过去习惯性的处理方式不足以应付当前状况所产生的状态；或找不出解决对策，陷入无力感状态，引起情绪起伏波动激烈、不安、紧张及其他异常反应状况，无法单独去解决问题（宋丽玉等，2002）。

如何判定是否处于危机状态，有专家学者指出：一是影响个人的突发的事件或情境，使个人认为生活重要目标的实现受到严重阻碍；二是有明显严重的懊恼情绪；三是个人不能面对所遇到的问题；四是短时间内，个人一定要作出选择和设法取得平衡（许临高，1999）。

一、危机介入的理论假设与基本假设

最早影响危机理论的观点是心理学中有关人类自我实现与成长的论点，其着重研究的是人类行为的内驱力和动机方面的问题，探

讨的是何种因素会使人一直朝着某种结果发展。弗洛伊德认为，动机是想降低性冲动与攻击驱力所带来的紧张状态。但是，罗杰斯和马斯洛认为，人类倾向于在社会参与过程中形成自我实现。所以，当目标无法达成时，就会出现危机。而埃里克森认为，人类生活的每一个阶段都存在危机和挑战，每个人都必须克服每个阶段的危机才能成熟。

莫斯认为，危机介入理论受达尔文生物进化论的影响，指出人类会配合环境改变生存机能。在社会工作专业框架里，早期的危机介入主要是整合自我心理学和社会科学认知作为实践基础（廖荣利，1987），其认为急性心理懊恼是外在事件诱发的，而不是传统精神分析理论所认为的危机介入只是一种内在心理经验。在此之后的相关理论更是着眼于促发危机的外在事件的特质（Ell，1995）。

Golan（1986）、Gilliand（2001）和 Ell（1995）提出了危机介入直接服务的理论假设：

当个人无力处理内在压力或外在事件，而转变成危险事件时，将引发危机。

个人对危机情境之反应是反映出个人对面前压力之认知经验，而非个人病态。

危机是暂时性的，而且有特定的发展阶段，但持续时间因人而异。

危机提供个人成长和发展的机会，但结果却各不相同。

总之，当人遇到危机事件时，本身就存在一种潜能可以去应对。只是有些人心理比较脆弱，加之社会环境压力，在面对社会危机的时候往往不知道如何处理和解决。特别是那些社区矫正的服刑人员，他们心理脆弱，长时间的监狱生活使他们的性格变得孤僻，不愿意与人交往，甚至有交往障碍。

二、危机介入的目标及过程

危机介入理论认为，危险和机会是同时存在的，在具体的认知中，具有危险性的后果可能是身体上的或者是心理上的，如自杀、家庭暴力等。因此，危机介入的首要工作是对事件本身是否有致命性进行评估，并给当事人以保护。危机可能导致的结果是增进个人的成长或是适应。早期危机介入的处理目标有三个层面：一是增强个人处理问题能力，并可预防类似的危机发生；二是个人面对危险时，至少能达到以往的处理问题的能力；三是当个人在危机介入过程中，处理问题的能力比以往差，需要外界主动提供协助时，助人者应及时提供恰当帮助，使其本身所应具有的能力在有限的范围内尽可能地得到发挥（廖荣利，1987）。

以解决危机为内涵，危机处理应该是把危机整合到日常生活中，以便彻底解决，最终还是要和其他生活经验一起成为个人整体生活经验的一部分。

对于危机介入的工作模式，学界一直以来有着不同的理解，其在方法和技巧上也有所不同。Parad（1976）、Robert（1991）、James（2001）分别提出过“四个步骤”、“七阶段模式”、“六个步骤”。虽然具体表述有所不同，但最基本的步骤都是先稳定案主的情绪，然后处理问题，最后解决问题。笔者结合上述学者的分类，将危机介入分为六个步骤。

（一）建立良好的关系

在危机状态下，社会工作者更要注重与受助者尽快建立专业关系，表现出良好的素质。对服务对象而言，他们在监狱的生活可能导致他们对社会产生一定的憎恨情绪和陌生感，所以，更需要社会工作者给予耐心和细心地对待，以便服务对象可以表达自己的需求。

（二）评估需要

要评估服务对象的致命性和安全性需求，是否有自我伤害和伤害他人的倾向。情节严重的社区服刑人员，由于刚回到社区，难免会有生活上的不适应甚至一定的暴力倾向。适当的评估有助于社会工作者了解服务对象的基本情况，以便进一步开展工作。

（三）问题界定

很多服务对象都会面临多重问题，所以，了解服务对象前来求助的原因是很重要的。让服务对象把问题集中在自己身上，进一步找出引发危机的情境，并加以评估。要强调服务对象此时此刻求助的原因，包括事情本身的性质及范围、相关人员、产生的问题、影响的严重程度等。简单地说，要协助服务对象认清核心问题和是否为危机，包括服务对象对此事件的主观看法及扮演的角色。

社会工作者除了要关注服务对象的主要危机以外，还要知道服务对象求助的影响因素，以及事情的客观性危险；了解服务对象主观上对事情的理解和最初服务对象是如何处理的。社会工作者的工作焦点就是和服务对象共同探讨问题，并寻求解决问题的方式方法。

（四）处理感受和提供协助

危机介入的焦点在于服务对象的目前感受，以及危机对家人、朋友及个人生活规律、自我认知的影响。这个阶段的主要任务就是通过同理心进行积极的沟通和倾听。当一个服务对象有危机时，社会工作者需要对服务对象进行评估，了解服务对象是否有不稳定的情绪、是否紧张或者有无力感、是否可以正常地工作和生活等。同时，社会工作者还需要引导服务对象表达自己的感受，并注意服务对象的心理反应。在时机不成熟的时候，切记不要对质服务对象的错误，要恰当地运用问题询问、对质和澄清的方法。

（五）计划的制订与实施

危机介入的关键要素之一就是和服务对象共同选择最恰当的应对危机的方法，并作出计划予以实施。计划目标要符合服务对象的实际需要，要鼓励服务对象表现出正向行为，当服务对象同意计划时，社会工作者要支持执行。社区服刑人员之前有过一些失败的经历，社会工作者需要做的就是让他们逐渐适应新的环境和生活方式，并从失败的阴影中走出来，逐步克服困难。社会工作者在与当事人共同设定危机介入计划时，需要商定工作的时间、次数及方法，并保证具有一定的弹性。执行计划时，除了要完成具体的任务以外，还需要注意完善服务对象的职责和社会工作者的职责。

（六）结案

在危机介入工作中，结案非常重要。在结案阶段，社会工作者需要做一些引导，协助服务对象预期未来可能发生的危机，并有效地制定策略。最后，社会工作者应该表达持续的关心，及时关注服务对象的情况。

第三节　心理疏导与心理咨询

针对社区矫正对象心理问题的严重程度，可以提供基本的心理疏导、心理咨询与心理治疗。本节重点介绍心理疏导与心理咨询的内容。

一般来说，心理疏导是指通过解释、说明、同情、支持和理解，运用语言或非语言的沟通方式，改善或改变心理障碍者的认知、信念、情感、态度和行为等，以达到消除其不良心理状态的目的的行为。心理咨询是指运用心理学的方法，对心理适应方面出现问题并企求解决问题的求助者提供心理援助的过程。

社区矫正的相关研究发现，矫正对象往往具有固化的错误的自我认同，叙说的生命故事充满问题（李珊，2011）；存在不合理甚至是错误的认知与观念，伴随有不良情绪与行为（吴宗宪，2010）；家庭支持薄弱与家庭沟通不良或趋于病态（张昱，2012）。针对社区矫正对象存在的普遍问题，本节重点阐述叙事疗法、认知行为疗法、萨提亚家庭治疗模式三种常用的有针对性的心理介入方法的理论、技术与技巧等内容。

一、叙事疗法

（一）叙事疗法的概念与理论基础

叙事疗法（Narrative Therapy）兴起于20世纪80年代末，发端于澳大利亚与新西兰，由心理咨询师迈克·怀特与大卫·艾普森等人开创，是当前广受关注的后现代心理治疗模式。叙事疗法关注人类如何通过叙述人生故事而将各种散乱的个人经历组织起来并赋予其意义，以及如何在这个过程中建构自我。叙事疗法是社工运用适当的语言形式，与服务对象一起合作，帮助服务对象找出遗漏的具有积极意义的生活故事片段，并以此为契机为其重新建构生活意义，唤起服务对象内在力量的过程（施铁如，2006）。

叙事疗法的基本理念主要包括以下四个方面：第一，语言建构现实基础。服务对象在叙述个人经历时，不可能全面地反映出所有信息，而是以特定的方式表达有选择性或倾向性的信息。从这个角度来看，社工不能通过服务对象叙述的语言去了解他的真实世界，但可以通过叙事的方式与倾向性来了解他所建构的事实。第二，“问题”是一种叙事方式。叙事疗法认为“问题”只是人们在特定的历史文化条件下在人际互动中共同建构起来的一种叙事，并非一种存在于个体身上的客观实在。服务对象面临的问题很可能是由不恰当的叙事方式而产生的，调整叙事方式，问题就可能得到缓解。第三，个体叙事与主流叙事之间的冲突是心理问题产生的原因。一般来说，人们意识到的意义并不是自己真正想要实现的意义，而是由社会的主流叙事代表的“真理”所决定的。当个体叙事与社会的主流叙事之间发生冲突时，问题就产生了。叙事疗法的目的就是帮助服务对象解构受主流故事控制的旧故事，重新建构一个服务对象真正希望的具有个人力量的新故事（方必基、张樱樱、童辉杰，2009）。第四，社工与服务对象是互动主体关系。二者通过合作共同解构旧故事、建构新故事。所以，社工所能做的就是凭借自己的专业知识和技术从服务对象已经说出或没有说出的话中了解更多，与服务对象共同构建对生活意义的诠释（李明、杨广学，2005）。

（二）叙事疗法的程序与技术

叙事疗法没有一套固定的操作步骤，社工根据不同的服务对象和问题所采取的策略也不相同。根据个体治疗的情境，可以依照顺序勾勒出实际的治疗过程。

1. 叙事疗法的操作程序。

（1）叙说故事：揭示服务对象的生命故事。在安全、不受干扰的情境下，社工给予服务对象尊重与关注，请服务对象谈谈他担心的事情。通常服务对象会以充满挫折、沮丧、悲伤以及仅有一丝希望甚至是绝望的情绪来叙说故事，即“问题故事”。问题故事具有压迫效应，带给服务对象消极的自我体验和自我评价。问题故事包含服务对象生命中的“主线故事”，社工要认真倾听并接纳这些故事，同时要认识到这并不是其全部或唯一的故事。当服务对象的故事接近尾声时，社工需要会谈、询问、澄清并延伸和扩展其问题，从而获得丰富的素材作为专业介入的基础。

（2）为问题命名：提炼服务对象的心理问题。社工指导服务对象为自身存在的不同方面的问题分别取个特定的名字，如“抑郁”“婚姻压力”“难就业”等。这些名字就可以被服务对象用来做进一步的描述，除非以后有更适当的名字可供选择使用。为问题命名可以让问题更明确，让服务对象对问题更有控制力，并对问题外化有更清楚的定义。

（3）问题外化：解构服务对象的心理问题。叙事疗法通常用语言来体现隐含的假设，即问题对个人的影响，而非存在于个人本身。这种语言策略被称为“问题外化”。“问题外化”以“人不是问题，问题本身才是问题，人与问题的关系也是问题”的理念为前提，使用技巧性的问话把问题变成与服务对象分开的实体，这样就把原本被认为是人内在不易改变的性质变得容易改变。比如，社工会告诉服务对象“忧郁侵扰了你的生活”，而不是“你很忧郁”等。

（4）寻找例外：挖掘服务对象忽视的生命故事。问题外化为例外事件的出现奠定了基础，甚至在问题外化的过程中例外事件就已经出现了。服务对象在叙事中，提到他的某部分的经验否决、抵触或修正了充满问题的主流故事，这部分经验就是例外事件。此时，社工需引导服务对象详细陈述这些例外事件的细节、本质，通过对例外事件细节式的注意或描述，使这类描述变成强有力的叙述而不致轻易流失。

（5）重构故事：重塑服务对象的生命故事。叙事疗法的目标是通过寻找例外打开通往新故事的大门。社工与服务对象一起在例外事件的基础上重新构建并用更多的例外事件丰富一个新故事。这个新故事与原故事相比，具有较少的压迫性、更多的解放性，可为更积极的生命经验铺路（李珊，2011）。故事不是描述生活而是建构生活，服务对象叙说的故事就是他的生活的呈现。因此，建构一个积极的新故事对服务对象来说，意味着他的现实生活变得更积极。

2. 叙事疗法的操作技术。类似于社会建构论的“家族相似性”，叙事疗法也有一些共同的基本操作技术以区别于其他尤其是传统的心理治疗模式。下面主要介绍四种常用的技术。

（1）问题外化。问题外化是叙事疗法中最具特色的治疗技术。

（2）寻找例外。问题外化之后，服务对象与问题分离开来，为“例外事件”即“独特的结果”的出现奠定了基础，甚至在问题外化的过程中“例外事件”已经出现。麦克·怀特认为，可以从过去、现在、将来三个时间层面寻找“例外事件”（李珊，2011）。社工围绕这三个时间层面进行引导提问，服务对象在回答这些问题的过程中，可以渐渐发现自己其实可以有更美好的生活故事。

（3）善用文本。善用文本是叙事疗法中独特且有效的治疗工具。在介入过程中，社工会对介入过程尤其是服务对象的改变做出记录，然后分几次邮寄给服务对象，这是巩固服务对象所取得的成果的一种有效方法。文本可涉及厘清问题对服务对象的影响、寻找独特的结果、重构新故事等环节，根据目的进行有针对性的设计，有助于巩固强化新意义、修正既定的旧意义。

（4）重构故事。在该阶段，社工要认真倾听服务对象的故事，从中寻找对服务对象具有独特意义的事件或经历；把握介入的进程速度，循序渐进，给服务对象更多的思考与想象的时间。

（三）叙事疗法在社区矫正社会工作中的适用性

服务对象往往经历过一些心理创伤和生活挫折，很难通过主流叙事获得自我认同，他们的个人叙事常常是充满问题的故事，与主流叙事之间的冲突强烈。叙事疗法正是针对服务对象的问题故事，通过语言进行解构与建构，修正固有的问题故事，建构更积极正向的故事。

1. 叙事疗法符合服务对象的心理活动趋向。由于个人、家庭与社会等多重因素的影响，多数服务对象存在着诸如自我认同低、自我评价消极、焦虑、抑郁、敏感、烦躁等心理障碍。他们往往用单一的、线性的方式来叙说故事，用因果式的推论描述自己的不幸经历，这样的建构方式缺乏灵活性和变通性，建构的现实是充满问题的故事，这种叙事与主流叙事的冲突加剧了服务对象的自我怀疑与自我否定。帮助服务对象从问题叙事中解脱出来，重新诠释他们的生活故事是心理介入的重要目标。问题外化和寻找例外可以帮助服务对象拓展叙事空间，了解到问题产生的方式和根源，并探寻到阐释生活的新视角，在这个基础上，重构故事成为现实（岑颖颖，2007）。服务对象在这个过程中重新唤醒自我意识，发现积极的自我，获得发展的力量。

2. 叙事疗法可以缓解主流文化对服务对象的限制。服务对象的行为往往与主流文化的评价取向不能保持协调一致，从而诱发相应的心理与行为问题。社工利用叙事疗法可以帮助服务对象拓展叙事空间，开拓审视现实与自我的多元化视角，缓解主流文化对服务对象的限制与现实压力，为服务对象的矫正与发展提供更大的可能性。

3. 叙事疗法通过外化技巧缓解服务对象的压力。服务对象往往认为自己是充满问题的，缺乏自信，自我价值感低。叙事疗法中的外化技巧把问题置于一个可操作的层面上，强化服务对象的自我控制感，提升服务对象的自尊感、自我效能感，弱化服务对象与问题的对立产生的焦虑感，无形中缓解了服务对象的压力。社工为服务对象提供充足的空间让其认真关注自己并表述其问题故事，宣泄情绪，这样被压抑的情绪得以释放，叙事疗法的效果就产生了。

4. 叙事疗法通过叙事空间解构服务对象的问题。服务对象的故事单薄是由于主流的文化价值观所衍生的二元化的对立思维压缩了其叙事空间。建构丰富的故事使服务对象释放单薄的故事带来的压抑、无助感，通过解构问题，缓解由问题的原始解读带来的心理困境，同时为问题的淡化或解决创造可能性。

二、认知行为疗法

（一）认知行为疗法的概念与基本原理

认知行为疗法（Cognitive - Behavioral Therapy，CBT）是一组通过改变思维或信念和行为的方法来改变不良认知，从而消除不良情绪和行为的短程心理治疗方法。

认知行为疗法有多种类型，且各有侧重，但各个类型之间有许多相似的地方，可以概括出以下几个特点：

1. 服务对象和社工是合作关系。

2. 假设心理痛苦在很大程度上是认知过程发生机能障碍的结果。

3. 强调改变认知，从而产生情感与行为方面的改变。

4. 针对具体的结构性目标的短期和教育性的治疗介入。

所有认知行为疗法都强调家庭作业的重要性，赋予服务对象更多的责任，让他们承担积极主动的角色，同时注意吸收各种认知和行为策略来达到改变的目的（郭念锋、虞积生，2012）。认知行为理论认为，人类的各种心理过程都是在自我意识的参与下完成的，这些过程构成了对现实世界的认识与反应。对现实世界的判断、评价和理解，以及由此产生的观念决定着行为和情绪反应；同时，行为与情绪的改变也会产生反作用，补充或改变原有的认知观念。当知觉得不到充分的信息，或对感觉作出错误的评价与解释时，就会对知觉的准确性或范围产生影响，使知觉受到限制或歪曲，从而导致适应不良的情绪和行为。因此，要想改变不良的情绪和行为就必须对原来的认知过程以及由此产生的错误认知加以改变。这是认知行为治疗的核心所在。

在认知行为疗法中，比较有代表性的是阿尔波特·埃利斯（Albert Ellis）的合理情绪疗法（REBT）、阿伦·贝克（A. T. Beck）和雷米（V. C. Raimy）的认知疗法（CT）以及唐纳德·梅肯鲍姆（Donald Meichenbaum）的认知行为疗法（CBT）。其中，合理情绪疗法是认知行为疗法中产生最早、应用最广泛、简便易操作、疗程短但成效明显的方法，该疗法与社会工作实务结合密切，经常应用于社区矫正对象的心理矫治工作中（李艳，2012；吴宗宪，2010；张昱，2012；朱久伟、范海鹰，2012）。因此，本节选取合理情绪疗法作为认知行为疗法的代表性疗法进行阐释。

（二）认知行为疗法的代表性疗法——合理情绪疗法

1. 合理情绪疗法的基本原理。合理情绪疗法也称“理性情绪疗法”，由美国著名心理学家阿尔波特·埃利斯于20世纪50年代创立，其理论认为引起人们情绪困扰的并不是外界发生的事件，而是人们对事件的态度、看法、评价等认知内容，因此要改变情绪困扰不是致力于改变外界事件，而是应该改变认知，通过改变认知，进而改变情绪。他认为，外界事件为A（activating event），人们的认知为B（belief），情绪和行为反应为C（consequence），因此其核心理论又称为ABC理论。

2. 合理情绪疗法的操作过程。

（1）心理诊断阶段，明确服务对象的ABC。这一阶段的主要任务是根据 ABC 理论对服务对象的问题进行初步分析和诊断，找出其情绪困扰和行为不适的具体表现（C）以及与这些反应相对应的诱发性事件（A），并对两者之间的不合理信念（B）进行分析。其中，A、C 比较容易发现，而 B 则难以发现。服务对象的不合理信念的主要特征是绝对化的要求、过分概括化以及糟糕至极等(王登峰、谢东，1993)。绝对化的要求是指个体以自己的意愿为出发点，认为某一事件必定会发生或不会发生的信念。因此，当某些事物的发生与其对事物的绝对化要求相悖时，个体就会感到难以接受和适应，从而极易陷入情绪困扰之中。过分概括化是一种以偏概全的不合理的思维方式，其典型特征是以某一件或某几件事来评价自身或他人的整体价值。糟糕至极是一种把事物的可能后果想象、推论到非常糟糕，甚至是灾难性结果的非理性结果。社工可以根据上述特征，寻找、发现并准确把握服务对象的不合理信念。

（2）领悟阶段。这一阶段的主要任务是帮助服务对象领悟合理情绪疗法的原理，使服务对象真正理解并认识到：第一，引起其情绪困扰的不是外界发生的事件，而是他对事件的态度、看法、评价等认知内容，是信念引起了情绪及行为后果。第二，要改变情绪困扰不是致力于改变外界事件，而是应该改变认知，进而改变情绪。只有改变了不合理的信念，才能减轻或消除服务对象存在的各种症状。第三，服务对象可能认为情绪困扰的原因与自己无关，社工应该帮助服务对象领悟到引起情绪困扰的恰恰是服务对象自己的认知，服务对象应对自己的情绪和行为问题负有责任（郭念锋、虞积生，2012)。

抓住不合理信念的绝对化要求、过分概括化和糟糕至极的典型特征，把它们与服务对象的负性情绪和行为反应联系起来。

（3）修通阶段（最主要阶段)。应用各种方法与技术，修正、改变服务对象的不合理信念，代之以合理信念，使其症状得以减轻或消除。这是该疗法的核心内容。下面介绍几种常见的方法。

①与不合理信念辩论。这是合理情绪疗法中最常用、最具特色

的方法，它源于古希腊哲学家苏格拉底的辩证法，即“产婆术式”辩论。苏格拉底的辩证法是让对方说出自己的观点，然后依照对方的观点进一步推理，最后引出谬误，从而使对方认识到自己先前的思想中不合理的地方，并主动矫正。这种辩论的方法是从科学理性的角度对服务对象持有的关于自己、他人及周围世界的不合理信念和假设进行挑战、质疑，以动摇这些信念。该方法主要通过社工积极主动的提问进行，提问具有明显的挑战性和质疑性，提问内容围绕着服务对象信念的非理性特征。

②合理情绪想象技术。合理情绪想象技术就是帮助服务对象停止传播不合理信念，具体分为以下三步：首先，使服务对象在想象中进入产生不良情绪的情境中，体验情绪反应。其次，帮助服务对象改变不适当的情绪体验，并体验到适度的情绪反应。最后，停止想象。让服务对象讲述他是怎样想的，自己的情绪有哪些变化，是如何变化的，改变了哪些观念，学到了哪些观念。对服务对象情绪和观念的积极转变，社工应及时给予强化，以巩固他获得的新的情绪反应（钱铭怡，2002）。

③家庭作业。它是社工与服务对象之间的辩论在一次治疗结束后的延伸，即让服务对象与自己的不合理信念进行辩论，主要借助RET 自助表（RET Self - Help Form）和合理自我分析报告（Rational Self - Analysis，RSA）来进行。RET 自助表是先让服务对象写出事件 A 和结果 C；然后列出不合理信念 B；服务对象对 B 逐一进行分析，并找出可以代替 B 的合理信念，填入相应的栏目中；最后，服务对象填写出他所得到的新的情绪和行为体验。完成RET 自助表实际上就是服务对象自己进行“ABCDE 工作”的过程。合理自我分析报告（RSA）和 RET 自助表基本类似，也是要求服务对象以报告的形式写出 A、B、C、D、E 各项内容，只不过它不像 RET 自助表那样有严格规范的步骤，但报告的重点要以 D 即与不合理信念的辩论为主（郭念锋、虞积生，2012）。

除以上三种方法外，情绪方面常用的方法还包括对服务对象的尊重和接纳，承认并尊重他们作为一个人的存在；鼓励服务对象自我接受，即在接受自己好的方面的同时，也能接受自己不好的方面，并鼓励服务对象对自己不适应社会需求的方面作出积极调整。

（4）再教育阶段。这一阶段的主要任务是巩固前几个阶段的治疗所取得的效果，帮助服务对象进一步摆脱原有的不合理信念及思维方式，使新的信念得以强化，把学到的东西应用到以后的生活中，以能更好地适应现实生活。

（三）认知行为疗法在社区矫正社会工作中的适用性

1. 认知行为疗法是符合社区矫正对象实际情况的、具有针对性的心理介入方法。在社区矫正中，许多矫正对象往往在认罪服法教育、犯罪原因、自我认知等多个方面存在绝对化的要求、过分概括化以及糟糕至极等倾向，具有主观推断、选择性概括、过度概括、夸大和缩小、个性化、贴标签和错贴标签、极端思维等歪曲认知。当矫正对象的知觉得不到充分的信息，或对感觉作出错误的评价与解释时，就会对知觉的准确性或范围产生影响，使知觉受到限制或歪曲，从而导致适应不良的情绪和行为，影响着矫正对象的心理健康水平、社会生活与社区矫正效果（吴宗宪，2010）。认知行为疗法从发现并纠正错误观念及其赖以形成的认知过程、存在与作用方式的角度，帮助矫正对象树立正确的思维和认知、建立合适的认知方式、疏导情绪与行为，是对矫正对象的不良适应进行的标本兼治的介入，这更加适合社区矫正对象，而且介入效果更显著（张昱，2008）。

2. 合理情绪疗法在社区矫正应用中的相关注意事项。合理情绪疗法在社区矫正中被广泛应用，但是社区矫正对象这一群体具有独特性，在实际工作中需要注意以下几点：一是注重与服务对象建立良好的专业关系。在社区矫正领域中，服务对象的焦虑、多疑、敏感、自卑等情绪相对比较明显，要取得服务对象的信任、配合和积极参与，社工需要充分运用尊重、同理、热情、真诚、积极关注、案主自决等价值理念和操作技巧，与服务对象建立良好的专业关系，这是工作开展的基础。二是明确辨认服务对象的 ABC。与其他服务人群相比，社区矫正对象的问题更具复杂性，他们的问题可能不是简单地表现为一个 ABC，而是多个问题嵌套在一起，社工要分清主次，找出服务对象最希望解决的问题，然后在此基础上进行专业介入。三是与不合理信念的辩论是一个循环往复的复杂过程。社工可以通过提问、质疑、解释等方法，促使服务对象进行自我观察、体验、感受，使其逐步放弃不合理信念，这实际上是服务对象否定自己某些固有观念的过程，因而会出现阻抗、反复、退行等问题。因此，社工要给予服务对象充分的时间、空间、宽容和耐心，灵活运用辩论引导、家庭作业等技术，逐步引导服务对象建立并强化新信念，形成良性的思维模式。四是合理情绪疗法适用于领悟力强的矫正人群。该疗法着重于认知取向，对那些年纪轻、智力和文化水平较高、领悟力强的服务对象更有效，而对年老、拒绝改变自己信念或领悟困难的服务对象效果较差。五是合理情绪疗法的应用效果与社工本身有关。这是因为社工也会存在不合理信念，社工要做好自我觉察与反思，时刻注意自身存在的不合理信念或歪曲认知，并适时进行调整与修正。

三、萨提亚家庭治疗模式

（一）萨提亚家庭治疗模式概述

萨提亚家庭治疗模式是著名的“每个人的家庭治疗大师”维吉尼亚·萨提亚（Virginia Satir）所创立的一套心理治疗模式，在整个国际心理治疗领域具有广泛和深刻的影响，又被称为“联合家庭治疗模式”。这是一种注重家庭系统的体验式/人本主义治疗模式，不仅关注每一个单独的家庭成员，也注重整个家庭系统，通过一些独特的治疗方法和技术，使两者从一种功能不良和紊乱的状态蜕变为一种功能健全、良性运转、令人满意的内部关系的状态。在服务过程中，注重“所有家庭成员都能看到家庭中的每一位成员的应对方式”，社工会指导服务对象更多地了解自己，并教会其一些沟通技巧或者新行为，以使服务对象学会更好地帮助自己，了解自己的感受，并肯定自我的价值。用一句话来概括，萨提亚家庭治疗模式就是教会服务对象如何肯定自我并和他人进行良好的互动。

（二）萨提亚家庭治疗模式的理论基础

萨提亚拓展了自我价值、家庭系统等概念的内涵，形成了沟通姿态和转化历程等核心理念。自我价值、家庭系统、沟通姿态三者息息相关，自我价值和沟通姿态是构成家庭系统的重要元素，家庭系统又是影响个体发展自我价值和沟通姿态的核心来源，而转化历程是自我价值、家庭系统、沟通姿态得以改变的途径（王琪、杨帆，2008）。

1. 基本的世界观和人性观——“种子”模型和“威胁—奖赏”模型。“种子”模型和“威胁—奖赏”模型是萨提亚提出的两个对立的世界观和人性观，它们的区别主要在于对关系的定义、对个体的定义、对事件的解释、对改变的态度这四个方面。“种子”模型认为，每个人生来就具有独特的潜能，这种潜能在适宜的条件下是可以实现的。当我们接受每个人的差异性和独特性时，就会感到自身的整体性。“威胁—奖赏”模型认为，每个人要想成为有用的人就需要控制与被控制，人与人之间存在着等级关系，位高之人认为自己有责任去帮助别人学习正确的处事方法，并严格规定他们所期望的角色和行为，通过奖赏和赞扬的方式来表达对对方的爱（杨明娟，2008）。这样一来，每个人都被特定的行为规范所支配，达不到时就会感到内疚、恐惧或被拒绝，产生强烈的绝望感。萨提亚家庭治疗模式的目的是让服务对象认识和接纳自己，帮助服务对象认识自身的整体性，相信每个人都具有内在的驱动力和资源，能够使自己变得更加自信坚定、快乐平衡。

2. 影响个体发展的纵向影响因素——基本三角关系。在个人成长和发展的过程中，不断影响我们的想法、感受和行为的因素称为纵向因素。家庭是个体成长的基础，同时也影响我们以后生活的应对能力。每一个人从降生的那一刻起，就以孩子的身份与父亲、母亲一起构成了家庭的基本三角关系。在这个基本三角关系中，孩子是学习者、受教育者和接受者，他们所有需要学习的技能和生存之道全靠自身从外界获取。早期的基本三角关系中的经历是个体"自我"同一性的主要来源，孩子以父母为标榜，并会持续巩固和强化自身从父母那里获得的经验和感受，逐渐形成自己的一套沟通方式、应对机制等生存法则，基本三角关系中的习得经验决定了儿童如何适应周围环境，以及人际交往中对他人的信任度，并构建起自己的应急处理机制。许多功能不良的沟通就常常植根于童年早期（杨明娟，2008）。

3. 自我价值（Self - Esteem）。在萨提亚看来，自我价值无论是对于个体本身还是对于人际关系来说都是最重要的，它是个人力量的源泉（萨提亚，2006），是一种面对自我的能力，往往通过行为表现出来。自我价值高的人通常表现出真诚、勇敢、责任心强、能力出众、充满活力等品质；自我价值低的人往往自卑、懦弱、推卸责任，以消极的态度对待生活。萨提亚认为，所有人的自我价值都可以提高，因为自我价值是习得的，不是与生俱来的。提升自我价值是萨提亚家庭治疗模式的目标之一。

4. 家庭系统（Family System）。萨提亚把家庭看作一个系统。家庭是个体在生命历程中所参与的第一个系统，出生以后，个体就处于由母亲、父亲、自己所形成的基本三角关系中，个体与重要的他人之间的互动模式对自我价值的形成具有深远的影响。萨提亚把家庭系统分为封闭系统和开放系统两种形式。开放系统具有自我价值高、沟通平等和规则人性化的特征，封闭系统则恰好相反。对任何一种系统来说，都有持续存在的倾向，个体努力维持着系统平衡。

5. 沟通姿态（Communication Stances）。个体与他人的互动模式被称为沟通姿态。沟通姿态可以反映出人们如何传递信息，如何增进彼此的了解，以及如何作出内部和外部的反应（萨提亚、贝曼，2007）。萨提亚认为，沟通姿态是辨别内部和外部加工过程、识别掌控现实世界的方法，以及定义自身价值的关键。萨提亚把沟通姿态分为表里一致、讨好、指责、超理智、打岔五种类型，其中表里一致是健康的沟通方式，具有直接、清晰和坦诚的特点；其他四种沟通姿态是不健康的沟通方式，沟通间接而且不真实、不坦诚。讨好以牺牲自我价值为代价，曲意迎合他人；指责意味着藐视他人，把自己的责任推卸给他人；超理智者通常过分谨慎，保持非人性的客观，太讲原则，过于僵化；打岔是超理智的对立面，打岔者企图将别人的注意力从正在讨论的话题上引开，不断变换想法，不表示明确的立场，唯恐得罪他人（陈芳，2013）。萨提亚认为，不一致的沟通姿态源自人们儿时所习惯的家庭环境以及父母之间彼此的互动模式（即原始三角关系），是一种生存的方式，是在人们感觉生存受到威胁时自然会有的实时反应。

6. 学习和改变。要想成为更加完整的人，更完满地去生活，就要作出必要的改变，来获得进一步的成长。改变需要接触自己的生命力，承担改变所需的风险。萨提亚所使用的改变，主要是指通过转化历程（Transformation Process）来引起外部的变化。转化是以增加法则的方式，通过吸收新的、更适合的、具有建设性的行为模式来应对压力。学习和改变的过程可以带来认知、情感、梦想和意愿层面的新的认识，当这些认识整合起来时，就被所获得的新的体验所改变。该模式更加关注于此时此刻，而非个体的消极面和过去的经历。

（三）人性认同过程模型

萨提亚早期认为治疗的目标在于消除个体的心理障碍，而后期则认为治疗方向应是健康取向的，据此，她提出了人性认同过程模型。人性认同过程模型分为三个基本阶段，阶段与阶段之间没有清楚的界限，而是有所重叠。但是，三个阶段具有各自独有的特征。每次会谈中都会有所体现，整个治疗的过程也是以此为特征（杨明娟，2008）。

1. 建立关系，制定非正式的服务契约。这一阶段的主要任务是收集信息，并建立良好的专业关系。社工积极营造良好的专业氛围，向家庭成员传达其无所畏惧以及处理痛苦事件的能力，认真接纳每一个人，让他们感到被重视，增强家庭成员的自尊意识。通过家庭成员在当前情境中建立的联系，社工可以获得家庭成员相互交谈的方式、自我价值感高低、沟通类型、保护自尊的技巧或防御策略以及家庭系统所使用的规则等信息，评估家庭成员间的相互距离（杨明娟，2008）。这一阶段的另一个任务是在互信的基础上建立一个非正式的工作契约，让家庭成员了解，他们对承担多大风险有决定权，社工不会在家庭成员没有准备好的情况下推动他们跨越界限。

2. 混乱阶段。这一阶段的特征是普遍的困惑与混乱，社工帮助家庭成员放下防御与自我保护，表达自己隐藏的痛苦、脆弱，以及让他们感到羞耻的弱点。个体可以承受不确定性带来的模棱两可感，这是个体开始接近自己内心的第一步，能够允许自己进入脆弱的领域，预示着个体愿意作出根本性的改变。社工需要让服务对象将注意力集中在此时此刻，适应现实，重获对命运的控制感。社工要在强硬和共情之间取得平衡，能接受治疗过程中的不确定性，并可以承担一定的风险。

3. 重新整合阶段。这一阶段是情感的休憩阶段，标志着专业介入的暂时休整或结束。

以上三个阶段有时是相互重叠的，并不像描述的那样清晰，社工需要知道当前正处于哪个阶段。

（四）萨提亚家庭治疗模式的主要技术和方法

1. 家庭重塑（Family Reconstruction）。家庭重塑是萨提亚家庭治疗模式中最有特色和最有代表性的技术之一，并融入了许多其他流派的元素。在家庭重塑中，个体担当主角，重新建构自己过去生命中存在的迷惑，并寻找记忆中遗失的碎片，回到当时的场景，并从一个新的角度来理解当时的实际情况，与过去错误的知觉和理解相区别，在此过程中认识父母的人格，探寻自己人格的形成过程，并学会使用成人而不是儿童的眼光来看待问题，转变自己的生活模式。事前要收集有关家庭的资料，所要收集的资料包括影响轮、家庭图、家庭年表及出生幻想四部分（杨明娟，2008）。

（1）影响轮。在一张纸的中间画一个圆圈，写上自己的名字，由圆圈画出辐射状的线条，在线条的每一个尾端上写出自出生到18岁期间对自己有重大影响的人，并以简单的形容词、句子描述他们对自己的影响。

（2）家庭图。画出个体的家庭关系图及父亲和母亲的家庭关系图，列出其出生、死亡、结婚、离婚的日期，同时在每一个人的名字旁边写出对他们的看法。

（3）家庭年表。列出祖父母出生的那一年到现在，家中发生的事件、史实及发生日期，这些年表同时也要分成个体自己的家庭年表及父亲和母亲的家庭年表。

（4）出生幻想。分别想象父亲、母亲和自己出生当时的情景，并记录下来。

个体收集到这些资料后，社工与其进行会谈，从而了解个体希望在家庭重塑中达成的目标，个体在目前生活中的困难和苦恼，并寻找这些苦恼与个体过去经验的关联；发现个体的恐惧、担心，并减轻之；询问个体对社会工作介入的期望；处理个体对于将要面对过去经验所可能产生的抗拒。

2. 模拟家庭。让参与者扮演假想的家庭成员角色，他们平时已经习惯的沟通姿态就会显现出来。模拟家庭的体验，可以帮助个体理解家庭系统的力量和它的普遍意义。这种技术常以“金鱼缸”的形式被使用，让处于“金鱼缸”外的观众有机会分享他们对所观察到的事情的反应。也可以让家庭成员模拟彼此的行为，向对方展示在自己眼中对方是如何行动和反应的。

3. 绳索的使用。每个家庭成员找一根能够代表“自己”的短绳，并将其绕在自己的腰上，此外，每个家庭成员还会得到与家庭成员数目相等的绳索，这些绳索代表他和其他家庭成员的关系。要把它们系在代表“自己”的绳索上，把绳索的另一头系在相应的家庭成员的身上，每个家庭成员都被绳索所环绕，这些绳索代表他和其他家庭成员的关系。使用这一技术的目的在于向大家展示，要有足够的自由和空间来处理家庭关系，当人们逐渐学会放松彼此间的绳索，就会意识到正在发生的事情，并将这种学习延伸到现实情境中。

4. 关系剖析技术。关系剖析技术用于帮助婚姻双方认识到无意识的婚姻契约是如何影响到他们的夫妻关系和家庭生活的。这种契约包括了对理想关系的憧憬和幻想，以及双方带到婚姻中的深层需求。这种超现实的期望往往使他们无法在双方关系中达到平衡。因此，可以通过雕塑（利用姿态和躯体形象来表达彼此的沟通和关系模式）一些基本的姿态来展示婚姻契约可能的变式，可以要求个体首先雕塑与另一方真实的关系，然后再塑造出他想要的关系模式。

萨提亚家庭治疗模式有很多独具特色的治疗方法和技术，在实务工作中，要针对特定的需求和场景，以灵活、变通的态度来使用，这依赖于社工的个人素养和对整个治疗过程的把握，技术只是手段和工具。

（五）萨提亚家庭治疗模式对社区矫正的适用性分析

1. 萨提亚家庭治疗模式为充分发挥服务对象的潜能、完善家庭支持提供了可能。社区矫正是非监禁性服刑，服务对象的主要生活场所是家庭，而服务对象的家庭通常存在着家庭功能缺失、家庭关系疏离、沟通模式表里不一、服务对象被家庭排斥等问题，微弱的家庭支持直接削弱了社区矫正效果。萨提亚家庭治疗模式注重所有家庭成员了解彼此的问题应对方式、沟通方式，促使服务对象更全面深入地了解自己，肯定自我的价值，学会社会互动方法，促进家庭功能健全、良性运转，为服务对象提供强有力的家庭支持，激发服务对象的发展潜能。

2. 积极向上的成长模式可以增强服务对象的自尊意识。萨提亚家庭治疗模式认为，人类本身具有潜在的智慧，每个人都拥有他们成长发展必需的资源，人可以被教导成能够正确地表达自己的感受、想法和愿望的人，实现表里一致的沟通目标。这种人本主义视角，为服务对象提供了充分的接纳、支持、鼓励与尊重，提高其自我价值感对建立积极正向的自我有重要作用。

3. 生动实用的干预技术可以提高社区矫正的效果。萨提亚家庭治疗模式有丰富的治疗技巧，这些技巧中蕴含隐喻、戏剧、重构、幽默和触摸等元素，萨提亚将这些基本元素整合成一种对他人来说更有意义、易操作、便于发挥作用的形式。服务对象的心理问题具有复杂性、隐蔽性、多重性，萨提亚家庭治疗模式的干预技术能以具象化和行动化的方式，使服务对象深入觉察、感受自己的认知与情绪，增加新的观点与选择。

第四节　法制教育与行为矫正

一、法制教育

法制教育是预防社区服刑人员再犯罪的重要方式，因此如何开展好法制教育也是社区矫正社会工作的重要方面。我们要有针对性地开展法制教育活动，积极探索全方位、立体化的教育体系，以司法部门为主要推动力量，全面带动学校、家庭、企业、媒体、社会等各方力量的共同努力，对社区服刑人员进行及时有效的教育和疏导，从根本上预防和减少社区服刑人员再犯罪的发生。

（一）社区矫正前的集中法制教育

社区矫正前的集中法制教育以加强法律的严肃性为主。社区服刑人员分为被判处管制、被裁定假释、被宣告缓刑、被暂予监外执行四种类别，其中被判处管制、被宣告缓刑的社区服刑人员大多没有在监狱矫正过，没有经过正式的法制教育环节，他们对法律的严肃性缺乏畏惧，因此在社区矫正前进行为期一周或两周的集中法制教育相当重要。法制教育的内容以与社区矫正相关的法律法规为主，如社区矫正实施办法、刑法、刑事诉讼法等，这个阶段重点强调法律的严肃性，加强社区服刑人员对法律的畏惧感，并着重强调重新犯罪的惩罚措施，辅助以案例说明。集中法制教育期间，要防止他们互动过于频繁，以免发生“交叉感染”。

（二）日常的法制教育

日常的法制教育应由熟悉法律法规的社工进行，在这一阶段，社区服刑人员正式进入社区矫正阶段，可能面临着就业、看病、申请低保等诸多问题，这时候就需要针对每个社区服刑人员的需求进行有针对性、个别化的法制教育。社工在从事社区矫正工作的同时也积累了资源，工作时间长了，社工便掌握了关于社区矫正帮扶的法律法规，而且也积累了很多帮扶的资源，帮助社区服刑人员解决在就业、生活、法律等方面遇到的困难和问题，以利于他们顺利适应社会生活。

（三）建立司法、社会、家庭共同教育的新模式，增大法制教育合力

法制教育不仅仅是司法工作人员或者社区矫正社工的责任，应当积极鼓励社会和家庭的参与，放大法制教育的作用，促进社区服刑人员更好地回归社会。司法机关在密切联系各社会团体的基础上，以教育、感化、挽救为目的，构建社区矫正法制教育的新模式。进入社区矫正程序后，可邀请“志愿者协会”、“阳光矫正中心”等机构参加社区矫正“圆桌会议”，通过与社会企业、社区的联系、沟通，建立以社会工作者个案评估为前提，以司法行政机关监管为条件，以企业提供就业为基础，以公检法司、社区、家庭共同监督、帮扶为网络的新型社区矫正制度。家庭和周遭的社区是社区服刑人员矫正的有效场所，鉴于此，司法机关应突破以往以社区服刑人员为唯一教育对象的传统，积极促使家庭、社会及其他教育

界人士联合起来，让教育更加立体、系统，实现法律效果与社会效果的统一。社区服刑人员往往缺乏良好的社会关系，使他们很少与其他社会群体进行交流，从而变得更加孤僻，积极组织社区服刑人员参加公益劳动，不但体现了社区矫正的惩罚功能，还能在公益活动的过程中促使其与其他社会群体的交流。同时，社工还应当充分利用对社区服刑人员进行家访的机会，跟踪法制教育的效果，大力做好其家庭成员的思想工作，争取得到其家庭的理解、支持和配合，加大家庭监督、管理和帮教力度。

（四）积极采用媒体手段，扩大法制教育的广度

事实上，广大社区居民对社区矫正工作还不是十分了解，社区矫正工作的开展需依托社区进行，因此加强宣传很有必要，司法机关可以“社区矫正开放日”的形式，邀请社区居民到司法机关参观，通报社区矫正的案件情况及其严重性，使各类教育界人士充分意识到对未成年人进行法制教育的重要性和意义，使教育的社会效果得以实现。司法机关还应积极寻求与媒体的合作，借助媒体推动社区服刑人员法制教育活动，可以邀请报刊、电视、电台记者进行现场采访、报道，并制作社区服刑人员法制教育的宣传节目，多管齐下，以点带面，使法制教育活动的社会效果辐射到更多的居民群众，鼓励他们参与社区矫正，营造出良好的法制教育氛围。

（五）利用新科技手段，增强法制教育的效果

近年来，法制微电影成为普法宣传的重要工具，同时新科技手段尤其是新媒体对于社区服刑人员的法制教育也可以起到积极的促进作用。法制微电影那种寓教于乐的教育效果，微信平台的传递性和普及性，以及相关的社区矫正手机 APP 的使用，无论是对于法制教育还是社区矫正的其他方面都是很有意义的。

二、行为矫正

现代心理学的研究表明，人的大多数行为不是天生的，而是后

天学习的结果。人们通过良好的学习，学会了说话、认字等，获得了各种知识技能；形成了良好的品行，建立了良好的行为模式。但是也有人在不利条件下进行了不正当学习，形成了不良的行为方式。行为矫正技术的功能就是帮助这些人建立良好的行为模式，改变不良的行为方式。行为矫正技术主要是依据条件反射学说和社会学习理论来处理行为问题，从而引起行为改变的一种客观有效的方法。一般来说，行为的改变有两种情况：一种是从没有到有，指某些良好行为的建立或塑造；另一种是不良行为的矫正，即将个体的行为从不良改变为良好，社区矫正便是此种。行为矫正技术不仅可以矫正特殊个体的不正当行为，还可以用于正常个体的教育，一方面是帮助他们建立、巩固和发展良好行为，另一方面是帮助他们矫正或消除一些不良行为。行为矫正技术是20世纪50~60年代发展起来的一门技术，近几十年发展速度极快，内容不断扩大、方法不断更新、信息不断增加、方式趋向整合，已被广泛应用于解决各类社会问题。

（一）行为矫正的程序

从学习论的立场来看，行为矫正的过程其实是一种特别形式的学习过程，设计者相信在如此的矫正过程中，被试者的行为会发生改变。为此，行为矫正的实验过程一般由五个阶段组成。

1. 准备与沟通阶段。在这一阶段，行为矫正者与当事人开始接触，了解当事人的基本状况并就时间安排、矫正过程、具体要求等形成矫正契约。

2. 问题行为解析阶段。这一阶段是对问题行为作出诊断的阶段。具体工作包括：界定问题，查清当事人的个人发展情况，了解该行为是如何习得和被巩固的，确定矫正目标。

3. 制订矫正计划阶段。主要包括：根据矫正目标选择相应的矫正方法，矫正时间的安排，矫正过程中的记录与评定，矫正效果的评价。

4. 具体矫正阶段。根据矫正计划，具体实施对问题行为的矫正。

5. 效果评估阶段。根据记录到的数据与资料对矫正效果进行评估，安排进一步巩固效果的措施。

（二）消除不良行为

行为矫正的具体方法很多，这些方法中有些是为了发展良好行为的，有些则是为了消除不良行为的。这些方法都有其完整的程序。

面对个体存在的问题行为，行为矫正的一个主要目标就是对个体的一些不良行为进行干预，以减少这些行为的发生概率。在此种情况下，常见的行为矫正的方法有消退、暂停、反应代价、刺激控制等。

1. 消退。这种方法来源于经典条件反射理论。行为矫正专家认为，人类的不良行为都是不良的条件强化作用的结果，如果取消这些不良的强化，不良行为就会自然消退。例如，若孩子哭闹时，父母不予理睬，慢慢地，儿童的这种任性行为就会有所改变。

2. 暂停。这种方法就是使行为者在一段时间内得不到对目标行为的任何强化，从而使目标行为的发生率下降。消退是把能引起儿童不良行为的消极强化物除掉，而暂停则是对能引起儿童不良行为的消极强化物暂时扣除。例如，小学生上课捣乱，老师将他带入隔壁的空房间让他一个人坐 5 分钟，然后再让他回到教室，这时老师用的方法就是暂停。暂停强化通常有两种做法：一是在一段时间内对目标行为不予强化；二是要求行为者离开当前存在强化物的行为情境，到暂停区待一段时间。

3. 反应代价。反应代价就是剥夺或撤去作为偶联事件的正强化物，从而使特定行为得到抑制，使其发生率下降。剥夺对当事人来说显然是很不愉快的，因此，为了不被剥夺，当事人会抑制目标行为的发生。反应代价的优势在于它的后续效应很持久，而且通过它为我们用良好行为代替不良行为提供了一种手段。反应代价经常与代币制联合使用。

4. 刺激控制。个体的操作性行为总是发生在一定的情境中。对于操作行为而言，辨别刺激既是其发生的线索，又对其发生起着强化作用。刺激控制，就是对情境中的有关辨别刺激加以控制，从而使相关的不良行为少发生或不发生。刺激控制的技术主要有三种：一是排除，即把与不良行为相关联的辨别刺激从情境中全部消除，从而使不良行为受不到提示和强化，最终降低不良行为的发生。二是限制，即把与不良行为有关的辨别刺激只安排在情境中的某一个小的区域或某个时间范围内，从而使不良行为的发生只限定在一个小的范围之内。例如，儿童在做家庭作业时爱看电视，家长可以规定在每天的某一个时段内可以看电视，在其他时间则不行。三是代替。为了更好地消除不良行为，人们常常选择与之相对应的良好行为，用这个行为代替不良行为，也就是说，在不良行为出现时给予惩罚，如暂停、反应代价等，而在良好行为出现时则给予强化，这样一来，良好行为就会逐步代替不良行为。例如，对于小学生的攻击行为的矫正，当其出现攻击行为时，施以反应代价；当其出现助人行为时，则给予表扬。

5. 其他一些减少不良行为的技术。

（1）过矫正法。过矫正法由两部分组成：一是复原，即当不良行为发生之后，要求行为者必须消除不良行为所造成的后果，使不良行为对环境造成的破坏得以恢复；二是积极练习，即要求当事人反复练习与不良行为相反的良好行为。

（2）厌恶法。厌恶法就是让不良行为者进行过量的相关活动，或对不良行为者提供过量的负性强化物，从而使问题行为得到削弱或戒除。具体方法是把打算消除的行为和痛苦刺激如恶臭、药物等联系起来，直到行为得到抑制为止。

（3）系统脱敏疗法。系统脱敏疗法是由美国学者沃尔普创立的。这种方法是将当事人所描述的那些产生焦虑的刺激进行层次性的安排，即按照当事人的情绪困扰程度定出等级，然后由专业人员教给当事人放松的技巧，随后，专业人员会将引起最少焦虑的情境重述，由此当事人的感受一方面被增强了，另一方面则通过放松过程达到了脱敏的效果，直到最后所有的焦虑都消失为止。

第五节　社会关系整合重建

一、社会排斥

在提到社区服刑人员的社会关系整合时，我们不得不提到社区服刑人员所面临的社会排斥，只有深入地了解社区服刑人员所面临的社会排斥，才能有的放矢地促进社会关系整合。目前，学界对社会排斥的概念还没有一个统一的界定。英国政府“社会排斥办公室”指出：“社会排斥作为一个简洁的术语，指的是某些人们或地区受到的诸如失业、技能缺乏、收入低下、住房困难、罪案高发的环境、丧失健康以及家庭破裂等等交织在一起的综合性问题时所发生的现象。”我国社会政策研究专家唐钧认为：“社会排斥是游戏规则造成的。而社会政策研究的目标就是要修订游戏规则，使之尽可能地惠及每一个社会成员，从而趋于更合理、更公平。所有的游戏规则都是‘双刃剑’，在它使一部分人成为‘赢者’时，另一部分人就会成为‘输者’。”中华女子学院的石彤等认为，社会排斥是指某些个人、家庭或社群缺乏机会参与一些社会普遍认同的社会活动，被边缘化或隔离的系统性过程，这个过程具有多维的特点，并表现为被排斥者的经济、政治、社会、文化及心理诸方面的长期匮乏。综上所述，社会排斥体现的是一种边缘化和排斥化，这在社区服刑人员身上都有明显的体现。

我国学者陈树强将社会排斥划分为十个面向：经济面向、社会面向、政治面向、文化面向、关系面向、制度面向、空间面向、个人面向、群体面向、邻里面向。对于社区服刑人员来说，除了空间面向外，其他面向都存在社会排斥。这十个面向在不同的“场景”里的表现不尽相同，在就业市场、社会保障制度领域、社区生活邻里间的几个场景中，社区服刑人员就会面临社会排斥。

（一）就业的排斥

社区服刑人员在被判定社区矫正之后，可能面临着再次就业的问题，此时社区服刑人员面对的最主要的社会排斥就是就业的排斥。同时，因为犯罪类型的不同，社区服刑人员受到的社会排斥的程度也不同。从犯罪类型来看，暴力型犯罪的这些社区服刑人员因实施危害公共安全、妨害社会管理秩序等犯罪行为进行社区矫正，多数都有很强的暴力倾向，社区矫正后不能完全改掉恶习，在就业市场受到排斥的程度最为严重。而经济类犯罪以贪污、受贿为常见，这类社区服刑人员经济条件相对较好，大多有稳定的收入，并且有一技之长，因此，受到就业市场的排斥程度较低。财产型犯罪以侵犯他人财产为常见，此类社区服刑人员受就业市场的排挤也是常事。具体来看，社区服刑人员无论属于哪种犯罪类型，都不同程度地受到就业市场的排斥。

（二）社会保障的排斥

“社会保障”一词最早出自美国 1935 年颁布的《社会保障法》。在美国的《社会工作词典》和新《不列颠百科全书》中，社会保障的对象主要是指年老、生病、年幼或失业的人。社会保障制度的发展和完善是西方国家追求民族发展与社会进步的重要指标。我国在改革开放以后也吸纳了西方的社会保障理念，社会保障的理论研究和本土化研究逐渐丰富和成熟。在我国，社会保障是指国家和社会通过立法对国民收入进行分配与再分配，对社会成员特别是生活有特殊困难的人们的基本生活权利给予保障的社会安全制度。社会保障的本质是维护社会公平进而促进社会稳定发展。一般来说，社会保障是整合社会各方面力量，对社区服刑人员进行帮助的社会行为。

现实中，社区服刑人员在获得社会救助、领取失业保险、医疗保障等方面面临着社会排斥。例如，在领取失业保险方面，2005

年吉林省人民政府发布的《吉林省失业保险办法》规定，失业人员在领取失业保险金期间，有下列情形之一的，停止领取失业保险金，同时停止享受其他失业保险待遇：（1）重新就业的；（2）应征服兵役的；（3）移居境外的；（4）享受基本养老保险待遇的；（5）被判刑收监执行或被劳动教养的；（6）无正当理由，连续60日不领取失业保险金，也不向承办其失业保险登记的就业服务局如实说明本人求职情况的；（7）无正当理由，两次拒不接受公共就业服务机构介绍工作的；（8）按照国家或省的有关规定领取了一次性自谋职业安置费的；（9）法律、行政法规规定的其他情形。也就是说，按照规定，社区服刑人员在社区矫正期间是没有失业保险金的。在医疗保障方面，我国《罪犯保外就医执行办法》第13条第1款规定："罪犯保外就医期间的生活和医疗费用，由其负有扶养义务的亲属负担；个别确有困难的，经当地公安机关证明，监狱、劳改队、少管所可以酌情予以补助。"对于保外就医的社区服刑人员，其本身的病情就很重，如果没有医保和社保卡，由家属负担他们的医疗费就会给他们带来沉重的负担。

（三）公众的排斥

社区服刑人员主要是罪行较轻或者确有悔改表现、不致再危害社会的罪犯，而不是对社会造成严重危害，并且仍然对社会有危险的犯罪分子。社区矫正是借助社区的环境、动用和整合社会力量，既能达到惩罚的目的，又能使服务对象顺利回归社会。社会公众普遍与社区服刑人员拉开距离，不愿意与社区服刑人员进行社会交往，在客观支持和主观支持方面将社区服刑人员排斥在社会支持体系之外。社区服刑人员与社区的距离感更多地体现在心理方面。虽然社区居民因为客观生存环境与社区服刑人员最为接近，但内心的排斥感也很强烈。随着个人从"单位人"到"社区人"的过渡，社会支持网络发生变化，迫使人们的生活习惯也发生变化，人们在遇到各种生活问题时将越来越习惯于找市场、找社区，而不是找单位。

二、社会关系整合

（一）情感支持

作为犯罪人的社区服刑人员，在遭受社会排斥的过程中，不仅有有形的物质损失，无形的情感流失也与物质损失形影相随，并且即使在没有物质损失的情况下，情感受到伤害也在所难免，因此，情感的缺失体现在社区服刑人员遭受社会排斥的各个方面和整个过程中。给予社区服刑人员情感方面的支持，既是反社会排斥的体现，也是社会关系整合的需要。这直接决定着社区矫正制度的目标是否能够得到真正的实现。对社区服刑人员的情感支持应该体现在家庭、单位、社区等外界的各个方面。因此，不仅要对社区服刑人员本人给予情感支持，还要对其家庭成员或关心他们的人给予情感支持。社工可以采用社区社会工作的方法促进社区居民对社区矫正的了解，加大社区居民的社区矫正参与力度。

（二）物质帮助

在现实生活中，无论是从人道主义出发，还是为了实现社区矫正制度的目标，都有必要为社区服刑人员提供物质方面的帮助。例如，对家庭经济困难的社区服刑人员提供低保、临时补助、生活困难补助、廉租房、医疗救济等制度内的物质帮助，以及捐款、节日慰问金、针对社区服刑人员子女的爱心助学款等制度外的物质帮助。这些物质帮助对于社区服刑人员缓解生活上的压力、平息思想上的波动、逐步融进正常的社会生活、减弱乃至消除在社会中因遭受社会排斥而带来的负面效应都具有不可替代的巨大作用。社工在此可以扮演资源链接者和资源整合者的角色，一方面统筹整合社区内的各种资源，另一方面向有关部门积极地争取资源。

（三）技能培训

技能是一个人谋生的手段，尤其是随着科学技术的发展，社会分工越来越细，在复杂多变的社会中能够得以生存，一个人的技能是不可或缺的重要因素。其实从古至今，每个人随着社会的发展，都在无意识或有意识地提高着自身的技能，从而自食其力，更好地立足于社会。从某种意义上来说，这也是人类随着社会的进步不得已而为之，并且个人技能的高低，决定了其在社会中所从事的工作的性质与所处的社会阶层。因而可以说，一个人自身所具有的技能情况，决定和反映了其在社会中生存和发展的意义与空间。要使社区服刑人员在社会中寻得一块自食其力的方田，提高他们的技能是不能回避的现实。社会工作者可以在此过程中承担一个倡导者的角色，一方面鼓励和支持社区服刑人员去学习一技之长，另一方面积极争取资源给他们提供学习技能的机会。

（四）政策保障

社区服刑人员在遭受社会排斥的过程中，既有制度外的因素也有制度内的因素，制度内的因素产生的社会排斥具有一定的刚性。在针对社区服刑人员的反社会排斥中，对不合理的政策制度应该进行修改，对缺失的相关政策制度应该进行补充。只有形成完善的政策保障，强调以人为本的理念，才能使针对社区服刑人员的社会关系整合进行得更深入，得到国家的认可，从而上升到国家层面，使反社会排斥具有一定的强制性，也才能使其他反社会排斥方式具有一定的依据，在实践中具有可操作性（刘红英，2007）。社工在这一过程中可以作为政策制度的倡导者、建议者，积极地收集资料，并加以分析研究，为国家制定更合理的政策制度献言献策。

第六节　增能赋权

社区矫正对象的犯罪原因千差万别。对于他们，社会工作者不仅仅要通过法律的手段给予必要的惩戒，而且也应该积极地关注他们的困难和需求，给予必要的帮扶，积极引导他们重返社会并适应社会。

在社会工作领域，很多学者和专家强调社区矫正对象在社区矫正过程中面临的是各种权利及资源的丧失，因此，社工需要做的就是让社区矫正对象的权利回归。笔者认为，增权理论的运用可以实现这一目标，其关键在于如何落实服务对象的权利；如何使服务对象驾驭权利和运用权利；如何增强服务对象自身的能力去适应社会，接受社会的再造，恢复并提升自身的抗逆力，从而远离歧路，避免重新犯罪。

增能赋权是一个理论性和政策性都很强的社会问题。关于对“增能赋权”概念的理解，本书已经在第二章第五节做过一些阐述，在此不再赘述。本章只重点讨论社区矫正对象的“失权”表现，以及社区矫正工作者针对这一特殊群体的“增权”策略问题。

一、社区矫正对象的失权表现

“失权”是增权理论中的重要概念。有学者称之为“无权”或“去权”，其基本含义是指失权者缺乏能力和资源的客观状况和主观感受。有学者认为，如果没有充分的个人资源，一个人就不能对环境施加影响。资源不仅包括有形资源，如钱财、住所、衣服等，而且包括无形资源，如积极的自我概念、认知技巧、健康、身体能力、支持性社会网络等。失权不仅是缺乏能力和资源的状态，而且是一个内化过程。当一个人对影响他的社会系统感到无权的时候，往往会由于承认自己的情感、智力和思想形式妨碍其实现实际上存在的可能性而造成真正的失权，即由于对环境的无力感而导致实际的无权（陈树强，2003）。

概括起来分析，社区矫正对象的失权主要表现在以下几个方面：

（一）生活困难

社区矫正对象由于在犯下错误之后，受到社会不公正的待遇。对社区矫正对象的不公正待遇和歧视，使他们与主流群体之间缺少人际交往所必需的相互信任。同时，由于没有一技之长，缺乏谋生的合理手段，他们一般再一次进入社区时会表现出竞争能力低、抗风险能力弱的特点。而且，由于没有相应的政策，社区矫正对象因“角色”问题而带来的找工作难、申请低保难等问题也会导致生活困难。例如，社区矫正对象王某由于贪图小利犯下大错，虽然没有进监狱而是在社区服刑，由于有犯罪记录，好几个月都没有找到工作，心里十分苦闷。

（二）社会孤立

对于社区矫正对象来说，由于过去对于他人和社会造成的伤害，使这个群体受到更多的社会歧视和社会隔离。社区矫正对象回归社会后，将面临以劳动力市场的内部排斥为主要代表的经济排斥导致生存能力差、竞争能力低、抗风险能力弱，普遍缺乏可资利用以改变其困难处境的必要资源和手段的局面（傅琦、袁忠海，2008）。很多社区矫正对象在找工作时的屡屡碰壁正是这种孤立的真实写照。这一点突出表现在他们找工作的过程中。几乎所有工作单位都不接受“有前科”（指有过入狱经历）的人员应聘。对于尚在社区“服刑”的矫正对象，无论是一般企业还是国有单位都不愿接收，他们基本上被拒绝在了正规的劳务市场之外。

（三）主观失权感

由于少有代表社区矫正对象利益的声音，其利益也很少被关注，即使是关系自己群体利益的社会政策的制定，他们也无法参与；尽管在法律上拥有政治权利，但在实际中很难参加政党、工会和社区性组织等，更难以担当重要角色（傅琦、袁忠海，2008）。社区矫正对象属于被限制行为人，在政策层面他们没有发表意见的机会和权利，包括对社区矫正也没有发言权。在社区矫正过程中，他们的身份是“矫正对象”，无权选择社区矫正的方式和地点。但是，在那部分未被剥夺的权利方面，如关于接受矫正的知情权、关于获得最低社会保障的直接申请权、关于是否可以换一种劳动形式等，都还未引起有关部门的足够重视。社区矫正对象普遍存在自卑心理，不愿与外界交流，不愿让邻里或居委会的人到家里来，情绪低落甚至抑郁。失权不仅是缺乏能力和资源的状态，也是一个内化过程。当一个人对影响他的社会系统感到无权的时候，往往会由于承认自己的情感、智力和思想形式妨碍其实现实际上存在的可能性而造成真正的失权，即由于对环境的无力感而导致实际的无权（陈树强，2003）。社区矫正对象客观上的无权状况必然带来其主观上的无权感。无权感是个体或群体对自己无权、无能力的一种主观感受，是无权事实在心里的内化过程。对社区矫正对象来说，生活的困难、个人资源和社会资源的匮乏、被边缘化的客观事实，导致了他们对自我的消极评价。正是由于存在这种无权感，社区矫正对象时常指责和贬低自己，他们感到自己无能、缺少自信自尊，自我否定，更不相信自己有足够的力量去改变目前的生活状况，进而陷入无权的恶性循环。

二、社区矫正对象的增权策略

增权的视角强调个人的主观能动性和潜能，强调个人有能力、有机会为自己的生活作出决定，并采取行动。同时，增权的核心就是通过资源的提供、知识和能力的培养，个人能够从生活的被动的弱者变成主动的强者，这样他们控制自己生活的能力就会得到提高。增权的目的在于减少被耻辱烙印化群体的成员由于负面评价而造成的无权。具体而言，宏观层面上的增权取向强调增加集体政治权利，微观层面上的增权取向强调增加个人权利和对外界的控制力和影响力；中观层面的增权则试图把这两种取向调和起来，强调个人增权的同时如何为群体增权作出贡献，群体权利增加的同时如何提升个别成员的功能。针对社区矫正对象普遍存在的失权状态，增权策略可以从以下三个层面展开。

（一）个体心理层面的增权介入

所谓个体增权，是指个体获得控制自身的生活能力以及与所处环境的融合、影响能力。这两种能力又具体包括实际控制能力和心理控制能力两个方面（范斌，2004）。自我赋权强调个人对自己的生命有控制权和决定权。对社区矫正对象而言，他们往往因为以往的行为偏差而出现自我否定、自我矮化的心理。他们在很大程度上是社会环境的被动接受者，自身的增权能力比较弱，靠自身的力量很难适应社会生活和环境的变迁，更谈不上去控制自己所处的社会环境。“增权”在社会工作专业伦理价值的构建中侧重于强调人的主体观念和主观能动性。苏颂兴认为，“增权”理论的真正内涵是，要协助弱势群体或个人排除各种主观的和客观的障碍来感受本身的力量，通过其自身的正面经验来激发内在的动力，并且尽可能地在集体的参与中来改变或掌握自己的生活（苏颂兴，2005）。

在笔者采访社区矫正对象的过程中，可以强烈地感受到他们心理上的那种无能感，对过去的行为非常自责，同时又普遍存在不信任感。这种不信任一方面是对自己的不信任，不知道自己能否坚持完成矫正，面对生活更多的是采取躲避的方式；另一方面是对他人的不信任，担心被歧视与排斥，不敢和社区中的其他成员进行交往。

（二）人际关系层面的增权介入

对于社区矫正对象而言，离开了社会环境，脱离人与人之间的交际圈，这样就没有办法提升自身的权利。在社区矫正中，社区矫正对象的人际交往普遍存在缺陷，即社会地位缺失、缺少社会参与、缺乏支持等。具体有两个方面的表现：一是在同辈群体的交往方面，由于个人的原因，与身边的朋友渐渐地失去了联系，甚至停止了交往；二是在社区的交往方面，邻居也渐渐疏远他们。因此，社区矫正对象在人际交往中常常受到社会排斥，内心都比较苦闷和闭塞。在这种情形下，社区矫正对象要么重新和不良人群进行交往，要么自我封闭，最终不可避免地陷入孤独无助的情境中。

社区矫正对象作为一个弱势群体，他们需要通过与他人的互动形成一定的社会关系网络，以拥有一定的社会资源或社会资本。因此，改变他们的人际关系现状是增权介入的重要方面。通过增权，既能使社区矫正对象在互动过程中提升自我形象，改变外界对其的不利评价，提升对他人的影响力；又能帮助其自身改善生活或工作环境。

(三) 社会政策层面的增权介入

社区矫正对象的增权可以从个体层面、社会交往层面进行。但是，仅仅依靠社区矫正对象的自我增权实践，容易陷入“增权困境”(范斌，2004)。这是因为增权的能力与一个人或一个群体掌握和控制生活的知识水平、生活技能、抗风险能力密切相关，越是缺乏增权的能力，越容易陷入弱势；越是弱势，则越没有能力为自己主动增权，这是一个恶性循环的“增权困境”。即使社区矫正对象个体具备部分的增权能力，但由于制度、环境、政策的制约以及社会的排斥和歧视，也使大多数社区矫正对象的主动增权成为可望而不可即的事情。作为一个特殊的群体，社区矫正对象的权利并没有因社会排斥或挤压而完全失去，而是因为他们侵害他人权利或社会公共安全而受到法律的制裁失去了一般权利。但是，这并不意味着这个群体在完成监禁矫正执行后，在为他们给他人和社会造成了侵害付出代价后，仍不能拥有合法的其他社会权利。然而，目前我国尚未在制度上、法律上对这种权利实现充分的保障。因此，必须健全相关法律法规，将社区矫正对象视为具有法律规定的权利义务和责任的人而非被动消极地接受改造和矫正的客体，并尽可能少地限制社区矫正对象的人身自由，以利于社区矫正对象顺利回归社会。通过政策层面的增权，社区矫正对象可以获得自己发出的声音被聆听、发挥自己的想象力、和他人共事或帮助他人、为社区贡献自己的才能等机会，从而形成以健康发展和成功学习为特征的态度和能力。

总之，社区矫正对象的增权应当包括其主观感受的改善和应对社会发展变化的能力的提高等各方面，尤其是社区矫正对象在矫正过程中出现的卑微心理、恐惧心态，需要特别加以改善。社区矫正社会工作者要帮助社区矫正对象建立再造生活的信心，而不是任其自暴自弃。信心是社区矫正对象开始新生活的重要心理素质，也是他们提高应对环境能力、进行自我改善的前提。有了自信心和对未来生活的期待，社区矫正对象才会主动拒绝外在的种种诱惑，真正地融入社会生活。

主要参考文献

[1] 岑颖颖. 叙事心理治疗与社会工作. 社会工作，2007 (2).

[2] 陈芳. 萨提亚家庭治疗模式评述. 社会心理科学，2013 (2).

[3] 方必基，张樱樱，童辉杰. 叙事心理治疗述评. 神经疾病与精神卫生，2006 (6).

[4] 郭念锋，虞积生，等. 心理咨询师（二级）. 民族出版社，2012.

[5] [美] 杰拉德·科里. 心理咨询与治疗的理论及实践. 石林，等译. 中国轻工业出版社，2004.

[6] 李明，杨广学. 叙事心理治疗导论. 山东人民出版社，2005.

[7] 李珊. 提升劳教人员心理健康水平的操作方法：叙事疗法探讨. 陕西师范大学，2011.

[8] [澳] 麦克·怀特，[新西兰] 大卫·艾普斯顿. 故事、知识、权力——叙事治疗的力量. 廖世德，译. 上海华东理工大学出版社，2013.

[9] [美] 浦安迪. 中国叙事学. 陈珏，译. 北京大学出版社，1996.

[10] 钱铭怡. 心理治疗. 吉林教育出版社，2002.

[11] [美] 维吉尼亚·萨提亚. 新家庭如何塑造人. 易春丽，叶冬梅，译. 世界图书出版公司，2006.

[12] [美] 维吉尼亚·萨提亚，约翰·贝曼，等. 萨提亚家庭治疗模式. 聂晶，译. 世界图书出版公司，2007.

[13] [美] 维吉尼亚·萨提亚，米凯莱·鲍德温. 萨提亚治

疗实录．章晓云，聂晶，译．世界图书出版公司，2007.

[14] 施铁如．自我的社会建构观与叙事辅导．心理科学，2005，28（1）.

[15] 王登峰，谢东．心理治疗的理论与技术．时代文化出版公司，1993.

[16] 王琪，杨帆．萨提亚家庭治疗模式评析．医学与哲学（人文社会医学版），2008（8）.

[17] 吴宗宪．中国服刑人员心理矫治技术．北京师范大学出版社，2010.

[18] 杨明娟．萨提亚治疗模式简介．社会心理科学，2008（1）.

[19] 叶浩生．西方心理学研究新进展．人民教育出版社，2003.

[20] 张昱．矫正社会工作．高等教育出版社，2008.

[21] 赵君，李焰．叙事治疗述评．中国健康心理学杂志，2009（12）.

[22] 陈树强．增权——社会工作理论与实践的新视角．社会学研究，2003（5）.

[23] 周大鸣．现代都市人类学．中山大学出版社，1996.

[24] 范斌．弱势群体的增权及其模式选择．学术研究，2004（12）.

[25] 费梅苹．社区矫正中个案社会工作方法运用的经验实证研究．华东理工大学学报（社会科学版），2004（2）.

[26] 张凯，朱晓杰．优势视角的社会工作在社区矫正中的运用——以社区矫正对象G某为例．行政与法，2010（8）.

[27] 苏颂兴．青年“充权”理论与自我实现——2004年海外青年研究的一个热点问题．青年研究，2005（1）.

[28] 傅琦，袁忠海．充权视角下的社区矫正研究．世纪桥，2008（6）.

[29] 周湘斌．社会工作充权视角下的释犯社区矫正政策分析．北京科技大学学报（社会科学版），2005（4）．

[30] 陈姝宏．社区矫正对象再社会化研究．吉林大学，2014．

[31] 周湘斌．个案管理服务：适合于社区矫正的社会服务方式．北京政法职业学院学报，2006（3）．

[32] 赵环，孙国权．刍议个案管理模式在禁毒社会工作中的运用．社会工作下半月（理论），2008（8）．

第七章　社区矫正社会工作的创新点与社会效益

第一节　司法制度改革的新创举

在传统的重刑主义思想影响下，在经济发展相对滞后的现实情况下，监禁刑罚是惩罚与改造罪犯的重要手段。但随着经济社会发展、以人为本的思想观念更加深入人心，人们对刑罚执行运行趋势的认识日益深刻，社区矫正成为司法制度改革的焦点。

一、罪犯改造社会化

刑罚的主要目的是处罚惩戒、教育矫正、预防并减少犯罪。传统的监禁刑罚在教育矫正罪犯、实现对罪犯的再社会化、维护社会安全、降低犯罪率等方面发挥了重要作用。监禁刑罚也存在弊端，一是监禁罪犯的社会化迟滞，表现出“监狱化”特征。罪犯“社会化迟滞”是指由于罪犯入狱后被实行封闭管理，其适应社会的能力或社会化速度落后于正常社会成员。这样会导致行刑完毕后罪犯无法再度回归社会，而更加严重的后果是罪犯会出现“监狱化”特征。所谓“监狱化”，是美国社会学家唐纳德·克莱默提出的概念，是指罪犯对监狱社会或者犯人文化中的规范、价值观和非正式规则学习及内化的社会化过程，以及罪犯逐渐适应犯人社会的风俗习惯，形成罪犯机构化人格。因此，这是反社会的、加深犯罪的过程，是普通罪犯被异化的过程（吴宗宪，2004）。二是行刑的经济负担太重和不人道，因为拘禁可能超出了必要的程度。

罪犯改造社会化是动用社会资源、充分利用社会力量，帮助罪犯实现再社会化并顺利回归社会的过程。罪犯改造社会化是当今世界行刑制度发展的显著趋势，反映了由重趋缓的刑罚观念的价值取向，也是现代刑罚立法由严到宽的必然归结（杨开江、杨会友、王立国，2006），增加了罪犯与社会的联系和交流，为罪犯顺利回归社会创造了有利条件（过琳、常宁，2010）。

社区矫正是罪犯改造社会化的进一步延伸，它是对行刑社会化思想最为彻底的贯彻。社区矫正是与监禁矫正相对的行刑方式，是将罪犯置于社区内，整合社会资源和社会力量对罪犯进行教育改造，解决矫正对象的问题，恢复其社会功能，使其尽快顺利融入社会，从而降低犯罪率，促进社会长期稳定和谐发展的一种非监禁刑罚执行活动。社区矫正放宽了对服刑人员自由的限制，通过加强服刑人员和社会之间的联系、促使服刑人员掌握生活技能与相关社会知识等方式，塑造符合社会正常生活的信念和人格，最终促使服刑人员顺利回归社会。

一方面，社区矫正使罪犯改造工作由监狱独立完成向整合社会力量综合作用方面转变，社会力量被充分调动，社会组织广泛参与，增加服刑人员可利用的社会资源，扩大其活动半径，共同形成社会化的有效改造力量。这种改造力量分为两类：第一类是社区矫正工作的执行主体，即各级国家机关和组织；第二类是为社区矫正提供协助的各类社会组织、团体和个人，如为服刑人员提供专业服务的组织、社区志愿者和社会工作者等，只有依靠丰富的社会力量才能展开社区矫正的工作，然后也才有开放的社会化工作方式。另一方面，社区矫正有利于实现罪犯的再社会化。社区矫正中的教育疏导、支持鼓励、问题解决等专业介入，可以为社区矫正对象传授生活适应技能，教导并帮助其接受社会规范和价值标准，为其指明生活方向和目标，培养其适应社会的能力和回归社会的信心。

二、开放式行刑与社区参与

开放式行刑也称“开放式处遇”，是与监禁行刑相对的刑罚方式。社区矫正是以社区为平台，将服刑人员置于“推倒了高墙、拆除了瞭望塔”的社区，充分利用社会资源，对服刑人员进行教育改造，促进其再社会化的开放式行刑方式。社区矫正减少了对社区矫正对象自由的限制，增加了其与家庭、社会的联系，为社区矫正对象适应社会生活创造了各种有利条件。

社区参与是指社区居民自觉自愿地参加各种社会活动或事务的过程（蔡禾，2005）。社区矫正是一种利用社区资源教育改造罪犯的方法，其本质特征就是在社区中对社区服刑人员开展矫治和改造工作，充分利用社区内的各种资源，共同进行管理，促进社区服刑人员的改造。因此，社区居民积极参与社区矫正工作，是社区矫正工作本质特征的反映，也是增强社区的社会民主功能、促进社区发展的需要。

从社区参与的功能来看，社区居民积极参与社区矫正工作本身就是社区民主建设、民主管理的组成部分。社区矫正为社区居民提供了参与社会事务的综合性平台和机会，而社区居民通过参与，培养、增强了自身的社区意识，发挥了个人潜能，实现了个人价值。可以说，社区矫正对象是社区矫正的直接受益者。社区矫正对象在回归社会、再社会化的过程中，社区居民可以为其提供正式或非正式的帮助，促进其人格的转化。同时，社区矫正对象在社会关系和谐稳定的社区中接受矫治，能够在潜移默化中学习居民社区参与的方式与能力，协调和改善与社区之间的关系，建立社会支持网络，从而提高社会适应能力（张昱，2012）。

三、罪犯改造由重刑主义向人道主义的转化

重刑主义的根源在于刑罚的价值取向过分迷信和夸大了其在刑法功能中的威慑作用。重刑的适用固然在一定程度上有利于震慑罪

犯、警示他人，但也造成了诸多危害，如违背了罪刑相适应的基本原则，削弱了对刑法的认同感，不利于罪犯改过自新，增加了不必要的司法成本等（张昱，2012）。

人道主义是现代法治社会中的罪犯改造不可或缺的价值底蕴。罪犯改造由重刑主义向人道主义转化是刑罚发展的重要趋势。罪犯改造的人道化是刑罚轻刑化最根本的哲学基础，它坚持以尊重人性，维护人的价值、尊严、自由与权利为基础的行刑观念。其一方面强调对受刑人处遇条件的改善和保护；另一方面注重对受刑人的教育和改造，包括刑罚宽和、轻缓，具人性、讲道义等（段启俊、陈丽凤，2011）。

社区矫正是与监禁矫正相对的轻刑化行刑方式，是刑罚人道主义的具体体现。社区矫正把受刑人员的处遇条件从监禁转变为开放性、社会性的非监禁，切实改善了行刑条件。同时，利用社区矫正的相关项目、活动，可以矫正服刑人员的思想观念、行为方式，实现与社会的正常联结，促进服刑人员顺利融入社会，大大提高了教育改造的质量，从而促进社会治安秩序的良性循环，有利于合理配置行刑资源，培养公民对于法律的信仰，弘扬社会共同的法治精神。社区矫正是罪犯改造由重刑主义向人道主义转化的历史产物，是最彻底地贯彻人道主义的行刑方式。

第二节 社会工作的行业推进

从社会工作领域的行业推进来看，矫正社会工作尤其是社区矫正社会工作已经成为社会工作专业的一个重要研究和实务领域，从事社区矫正社会工作者队伍不断壮大，社会工作领域内的学者对社区矫正社会工作领域的研究和探索也越来越多，理论研究的深入和实践经验的积累相互促进，极大地推动了社区矫正社会工作的发展。从社会工作的行业发展与推动来看，社区矫正社会工作的发展主要表现在以下几个方面。

一、社会工作专业教育的角度

从社会工作专业教育的角度来看，开设社会工作专业的高校基本都设有矫正社会工作课程，教授矫正社会工作的相关理论和实务技能，在很多高校的矫正社会工作课程设计中，社区矫正社会工作占了相当大的比重，有些高校甚至开设社区矫正社会工作的课程，讲授社区矫正社会工作服务领域的理论和实务技能。很多高校的矫正社会工作课程设计中还设有专门的实践环节，培养社会工作专业的学生在社区矫正社会工作服务领域的实践能力，也为输出合格的社区矫正社会工作人才打下基础。

二、社会工作研究的角度

从社会工作研究的角度来看，很多社会工作领域的专家、学者，将社区矫正社会工作作为他们的首要研究领域，有些高校甚至在校内成立专门的社区矫正发展研究中心。例如，首都师范大学成立的“首都师范大学社区矫正与社区发展研究中心”，专门从事社区矫正相关理论和实务技能的探索研究，为促进社区矫正社会工作的发展作出了重要的贡献。

而就社区矫正社会工作领域的科研论文的发表情况来看，关于社区矫正社会工作领域的文章数量也比较客观。截至 2014 年 11 月 20 日，通过中国知网“学术文献网络出版总库”的搜索，得到如下数据：搜索“社会工作”并且包含“社区矫正”有 169 篇已发表的学术论文；搜索“社会工作”并且包含“矫正”有 190 篇文章；搜索“社工”并且包含“社区矫正”有 59 条结果；搜索“社工”并且包含“矫正”有 62 条结果；而直接搜索主题词“矫正社会工作”有 17 篇文章，直接搜索主题词“社区矫正社会工作”有 10 篇文章。通过以上搜索结果可以发现，在关于矫正社会工作的相关文献中，大部分文献都是关于社区矫正社会工作的，可见社区矫正社会工作已经成为矫正社会工作领域研究的重中之重。总体来看，虽然社区矫正社会工作领域的研究成果已经很丰富，但仍然存在很大的发展空间，这就需要广大社会工作领域的专家、学者、研究人员和一线社会工作者共同努力去总结经验、积累成果，从而为促进社区矫正社会工作理论研究的发展作出贡献。

除此之外，关于社区矫正社会工作的图书类出版物也越来越多，审批通过的不同级别的纵向、横向课题也越来越多地涉及社区矫正社会工作领域的相关研究，这些都有效地促进了社区矫正社会工作的理论研究和发展。

三、社区矫正社会工作实务发展方面

在各地的社区矫正实践中，社区矫正社会工作发挥出越来越多的作用，尤其是社区矫正社会工作开展较早的上海、北京、广州、深圳等地，大量的社区矫正社会工作者在社区矫正一线从事专业社区矫正社会工作。不同地区的具体做法略有差异，有的地区是通过政府购买服务的方式，如购买矫正项目服务、购买社区矫正社会工作岗位服务等，这种岗位服务与合作的方式也是最常见的社区矫正社会工作服务模式。而有的地区是由司法行政机关直接通过事业单位或者公务员招考的形式，招聘专业的社区矫正社会工作者参与到司法行政队伍中，从体制内开展社区矫正社会工作。

四、社区矫正社会工作的督导、培训和发展方面

随着社区矫正社会工作的逐步推进，对社区矫正社会工作的模式探索也越来越成熟，尤其是在一些社区矫正社会工作开展较早的地区，它们在推动社区矫正社会工作发展的过程中形成了相对成熟的模式，在这些模式中，专业的社区矫正社会工作督导是不可或缺的，而完备的督导队伍对推动社区矫正社会工作的发展具有重要的作用。督导不仅能够为社区矫正社会工作者提供专业上、情感上的多方面支持，而且是社区矫正社会工作走向成熟的一个标志。

由于社区矫正社会工作的独特性，在社区矫正社会工作者上岗

之前，往往需要接受系统的专业培训，通过这种培训能有效地提高社区矫正社会工作者的专业技能。近年来，关于社区矫正社会工作的质量提升和发展性质的培训越来越多，针对社区矫正社会工作发展和经验探讨的研讨会与论坛也逐步增多，这些培训、交流、研讨会和论坛等在一定意义上有效地促进了社区矫正社会工作的行业交流和发展。

五、法律、法规、制度层面

社区矫正社会工作自试点以来，“两高两部”多次发布社区矫正的相关制度文件，这些文件从不同程度、不同角度提到了社区矫正社会工作的定义、作用、地位、功能等内容，但是条文规定比较模糊，变动空间较大。希望在未来的立法与制度层面，能够对社区矫正社会工作者的角色、地位和身份进行更加清晰的规定。从社会工作行业发展来看，社会工作领域的相关从业人员要对此进行必要的倡导和呼吁，努力做到从法律层面对社区矫正社会工作者的定位进行确认。

六、社会接纳以及舆论宣传的角度

社区矫正社会工作的大力发展，增加了公众对社区矫正社会工作的接纳与认可程度，尤其是已经接受或需要专业矫正服务的矫正对象，他们对矫正社会工作提供的服务有更深刻的体会。但对一般社会大众而言，仍不了解社区矫正社会工作的作用、定位和模式等。近年来，媒体对矫正社会工作的关注和报道越来越多，这也能有效地增加社会大众对社区矫正社会工作的认可和接纳程度，促进社区矫正社会工作的发展。

虽然我国的社区矫正社会工作已经有了较大发展和进步，但与世界上社区矫正社会工作发展较成熟的国家和地区相比，仍存在很大差距，因此还需要大力加强宣传、倡导，如成立专门的社区矫正社会工作行业协会，通过协会来统一协调、争取相关的资源，促进社区矫正社会工作的发展。

第三节 矫正社会工作专业服务的实践探索

矫正社会工作作为社会工作的重要实务领域，自我国开展社区矫正试点工作以来，就开始将其纳入社区服刑人员矫治体系进行专业探索。矫正社会工作是专业人员或志愿人士运用专业理论、知识和技术、方法，为罪犯或具有犯罪危险性的人员及其家人，在审判、服刑、缓刑、刑释或其他社区处遇期间，提供思想教育、心理辅导、行为纠正、信息咨询、就业服务、生活照顾以及社会环境改善等，使罪犯消除犯罪心理结构、修正行为模式、适应社会生活的一种专业服务（张昱，2010）。目前，北京、上海、广州、深圳、昆明等地都开展了社区矫正社会工作的实践探索，并形成了不同的工作模式。

当前，我国的社区矫正社会工作主要以政府购买项目或者政府购买岗位的形式而存在。广州主要采用政府购买项目的形式，深圳、上海、东莞等地多采用政府购买岗位的形式。还有像北京等地区，矫正社会工作因为政府的过分管控，发展空间小，发展速度慢。为了便于区分，本节选取两个典型案例进行阐述。

一、项目购买模式与岗位购买模式的案例分析

（一）案例介绍

1. 项目购买模式下的社区矫正社会工作——以广州市清源服务中心为例。

广州市从 2009 年起试点实行政府购买服务项目的方式，该市几乎全部的社区矫正社会工作服务都是依托项目购买的形式。广州市清源服务中心是广东省内首家以项目购买模式运作的社区矫正服务机构。该机构组建于 2010 年，隶属于广州市社会工作协会，是广州市社会工作协会为了研究特殊领域的社会工作而专门设立的服

务中心，从2010年7月开始为广州市越秀区辖区范围内的社区矫正对象提供专业服务。司法部门为机构提供了独立的办公场所和工作空间，并与机构签订协议书，就服务对象、服务内容、服务方式、服务时间、服务要求商定了量化指标和非量化指标。广州市清源服务中心充分发挥社会工作者和志愿者的优势，利用专业知识和技术，提前进入监管场所和社区，为社区矫正对象提供心理矫治、行为矫治、职业培训、社会关系处理、就业推荐、临时安置、危险性评估等项目的服务，矫正其不良心理，增强其社会功能，使他们尽快融入社会。

明确了与政府的关系，确定了清晰的角色定位和职责界定。广州市清源服务中心作为独立的非营利组织，与司法部门是合作伙伴关系，合作的形式是“牵手”而非“撒手”。同时，该服务中心拥有强大的社会支持网络，以“政府+高校+社团+志愿者”模式运作。

矫正社会工作在社区矫正中主要进行以下内容的工作：一是进行风险评估。依据矫正对象的犯罪原因、生活经历、家庭状况等基本情况，为其建立档案。通过深入分析矫正对象的性格、爱好、特长、个性特征，制定出有针对性的矫正方案，并随时根据情况的变化修订矫正方案。二是开展走访活动。与矫正对象联系沟通，掌握其思想、学习、工作、生活等基本情况，以进行有针对性的管理帮教。三是重点组织矫正对象参与学习教育和公益劳动，并将学习劳动情况及时汇报司法部门。四是通过心理辅导、资源链接、就业技能培训等形式，帮助矫正对象解决心理、生活、就业等方面的问题，以解除后顾之忧，使其安心接受矫正。

通过专业服务的开展，取得了显著的工作成效与实践创新。矫正社会工作的无缝隙沟通加强了司法部门对矫正对象动态情况的掌握，促进了社区矫正工作的开展；多元化公益劳动加快了矫正对象融入社区的步伐；人性化关怀降低了矫正对象对社区矫正工作的抗拒程度；催生了本土化的专业社区矫正队伍。

2. 岗位购买模式下的社区矫正社会工作——以深圳市春雨社会工作服务社为例。

深圳、上海、东莞等地主要采用政府购买岗位的服务模式。深圳市春雨社会工作服务社成立于2007年12月27日，是在深圳市民政局的支持和培育下，由深圳市司法局主管的劳动教养学会发起成立的完全非营利性民间机构，主要面向社区服刑人员、刑满释放人员和解除劳动教养人员、社区戒毒人员、信访人员等服务对象开展专业服务，以服务使用者为本，提供优质多元服务，协助违法人员修整行为，重建自我，修复社会功能，通过各种预防工作，维护社群和谐。

机构社工为矫正对象提供康复矫正，进行补救性、发展性的介入，通过开展日常管理、教育学习、心理矫治、公益劳动、帮困解难等方面的工作，从个人层面，帮助矫正对象修复社会功能，重建自我形象，提升自信心与自尊感；从家庭层面，完善家庭关系，增强家庭功能，构建良性的家庭支持；从社会层面，确保矫正对象不再危害社会，重塑健康、快乐、有意义的生活方式，达到预防犯罪、维护社会稳定的目的。在实际工作中，矫正社工是开展社区矫正的专业化队伍，是基层社区矫正工作的协调人，协调处理矫正对象及其家属、警员、司法行政人员、社区工作站司法专干、社区志愿者之间的关系，社工注重整合可以利用的社会资源，密切与政府行政部门、社会其他组织、其他领域社工的联系，推动跨领域、跨专业合作。社会工作成为优化社区矫正工作体系的推动力，适用于非监禁刑罚的审前社会调查、对即将出狱的服刑人员的探访活动，进一步完善了社区矫正衔接体系。

通过多年的专业探索，司法矫正工作者已经基本能够针对社区矫正对象的特征制订个性化的服务计划，把社工元素渗透到矫正工作中，促进公益劳动多元化，并降低了非自愿矫正对象的抗拒程度，全面促进了矫正对象的康复，积累了建立良好的专业关系、开展有效的本土化社工服务的丰富经验。

（二）关于项目购买模式与岗位购买模式的分析与比较

从两种模式的运作情况来看，项目购买模式下的司法矫正社会工作与岗位购买模式相比，各有特点、各有利弊。

1. 从矫正社会工作的空间与弹性化、服务质量、专业发展与机构发展来说，在政府购买项目服务模式中，司法部门需要对购买的服务项目进行深入调查、分析、评估，将服务项目规范化、明晰化，并确定项目实施承担方，做好项目跟踪与评估，属于“管理与运行相分离”的方式，社工机构的自主性和独立性比较强，在人力资源管理、服务开展等方面有一定的弹性，可以尽最大可能整合资源，可以根据本机构社工的结构状况、服务项目的难易程度、服务时间的前后跨度等因素，本着高效益、高质量的原则设计服务方案，科学合理地使用人力资源，集中精力提供专业的服务，为提高专业服务质量、促进机构自身发展、增加专业竞争力和影响力提供了优越条件。相比之下，政府购买岗位模式受司法部门的管理约束更大，矫正社会工作内容中涉及了更多的日常管理类的行政工作，带有相对明显的行政化、管理型的特点。

2. 从司法矫正社会工作与政府的关系来说，政府购买服务项目是双方在相互信任、彼此平等的基础上建立的合作关系，属于牵手模式（范燕宁，2011）；政府购买服务岗位模式是在遵循社会服务市场化的原则上，由政府部门购买服务岗位，是市场化的产物，是一种矫正服务代管型的方式，属于放手模式（范燕宁，2011）。在这里，还需要提到的是攥手模式（范燕宁，2011），目前在北京等地明显存在，社区矫正工作更像刑罚执行的协助者，是政府管理的帮工，在这种模式中，政府的管理、控制严格，矫正社会工作发展空间有限，专业化程度低，过分理论化。

3. 从矫正社会工作的连续性、服务网络建设来说，政府购买项目模式中的社会工作以提供专业化服务的方式而存在为主，但是项目往往具有时限特点，存在着单线、单点服务的缺陷，缺乏系统性、连续性，不利于构建覆盖面广的司法矫正社会工作服务网络。

而政府购买岗位模式，更容易保证工作的联系性与系统性，也容易在短时间内迅速形成矫正社会工作服务网络。

4. 从行政管理资源与成本来说，项目购买模式与岗位购买模式都可以大大降低行政管理成本，节约行政管理资源。不管是矫正社会工作项目执行，还是矫正服务岗位，都不需要行政部门直接管理，节省了人力资源，同时引入了服务的竞争与考评机制，从而提高了服务的科学化、专业化水平。对于社会服务机构而言，可以利用政府购买服务的形式，增加与行政部门的沟通交流，有利于构建全方位、多元化的行政部门资源网络，为本土化的矫正社会工作服务提供便利条件。但是，还必须清醒地认识到，政府购买岗位模式可能会存在行政管理部门的多口管理、经费支持缺乏保障等现实问题。

二、对矫正社会工作服务定位的反思

综合分析当前中国大陆的社区矫正社会工作的实践与探索，始终困扰矫正社会工作发展的根本性问题还是社区矫正社会工作的服务定位问题。

矫正社会工作服务定位问题的关键点是矫正社会工作与社区矫正的关系。在具体实践中，第一种观点认为二者是相互矛盾的；第二种观点认为二者并不矛盾，刑罚执行是社区矫正的主要性质，社会工作仅是一种补充；第三种观点认为二者并不矛盾，只是在制度制定、工作流程设计和职责分工方面有所不同。由于对社区矫正社会工作的定位问题“没有处理好”，导致社区矫正社会工作专业性不强、发展空间不大（张昱，2010）。

社区矫正具有复合性质，是刑罚执行、专业矫正、社会福利的统一。刑罚执行是社区矫正的基础，这一点毋庸置疑。但是，矫正本身是一个系统，既有惩罚性的矫正，也有面向矫正对象心理、行为、社会交往、社会适应问题的具体矫正。惩罚性的矫正是一种外在管理，通过限制矫正对象的自由来实现；矫正对象心理、社会方面的矫正是一种内在管理，目的是让矫正对象成为遵纪守法的正常的社会成员。内在管理的功能要远远大于外在管理的功能。矫正社会工作在实际操作中，弥补了社区矫正刑罚执行作用的不足，表现在：以人为本的工作理念，弥补了社区矫正刑罚执行刚性化的不足；主动性的工作模式弥补了社区矫正刑罚执行虚化的不足；以人为本的工作理念弥补了社区矫正刑罚执行缺乏社会关怀的不足。矫正社会工作是恢复社区服刑人员社会功能、促进社区服刑人员早日回归社会的重要手段（张昱，2010）。

主要参考文献

[1] 蔡禾．社区概论．高等教育出版社，2005.

[2] 段启俊，陈丽凤．从社区矫正立法化看我国刑罚趋势．湖南师范大学社会科学学报，2011（3）.

[3] 过琳，常宁．监禁刑执行社会化的趋向及启示．中国人民公安大学学报（社会科学版），2010（5）.

[4] 吴宗宪．当代西方监狱学．法律出版社，2004.

[5] 吴宗宪．试论非监禁刑及其执行体制的改革．中国法学，2002（6）.

[6] 杨开江，杨会友，王立国．恢复性司法与行刑社会化研究．安徽警官职业学院学报，2006（1）.

[7] 张昱．矫正社会工作．高等教育出版社，2012.

第八章　社区矫正社会工作介入模式与相关案例

第一节　叙事疗法介入模式案例

一、案例简介

服务对象陈某，女，35 岁，初中文化程度，离异，无正式职业，育有一子，因邀请他人到家中吸毒，被判处有期徒刑一年零八个月，缓刑一年。陈某出生在农村，家境贫困，父亲无业、酗酒并有家暴行为；母亲性格温顺，与人相处和睦。陈某 10 岁时，其母亲病逝。陈某初中时辍学外出打工，后经人介绍认识前夫，前夫有家暴行为，夫妻交流少，婆媳关系紧张。婚后两年，前夫有外遇，二人最终离婚。离婚后，陈某与前夫的同事恋爱，后发现男友吸毒，自己也染上毒瘾。进行社区矫正以来，陈某觉得自己一无所有、一无是处，觉得离婚让自己失去了亲生儿子，失去了精神依靠。陈某无心工作，吃不下饭，觉得生活没什么希望，因缺乏稳定的社会支持，存在抑郁情绪，并伴有无助感、无力感。

二、问题界定

社区矫正工作者通过与服务对象的摄入性会谈环节发现，服务对象的情绪低落，存在抑郁、焦虑情绪，心理状态不佳；内心自卑，自我评价很低，认为自己无依无靠、生活悲苦、一无是处，沉浸在充满问题的主线故事中。这也是引发服务对象其他问题的重要原因。

服务对象的社会支持网络薄弱，正式与非正式的社会支持较少。

服务对象经济状况较为窘迫。

三、相关理论

叙事疗法关注人们如何通过叙述人生故事而将各种散乱的个人经历组织起来并赋予其意义，以及如何在这个过程中建构自我。叙事疗法是社工运用适当的语言形式，与服务对象一起合作，帮助其找出遗漏的具有积极意义的生活故事，并以此为契机重构生活意义，唤起服务对象内在力量的过程。通过访谈可以看出，服务对象陈某长期处于负面的自我评价之中，叙说的故事也是自我建构好的充满问题的主线故事，她认为自己是家暴的受害者，一直被人忽视，不值得被人关爱；面对生活心灰意冷。在其叙事过程中衍生出的是一个不幸、被动无力和低自尊的自我，对于她的生活经历她只有否定，她所提供的是一个僵化的叙事框架，她只意识到叙事框架内的消极故事，忽视了叙事框架外的积极故事以及积极故事之中所蕴含的建设性的自我力量。

四、服务方案

利用叙事疗法，帮助服务对象深化对自身问题故事的认识，把服务对象从固化且狭隘的主线故事中解脱出来，寻找、强化其积极的支线故事，重构故事，重新获得自我认同，看到生活的希望。

利用叙事疗法，缓解服务对象的焦虑、抑郁情绪，帮助其提升自尊心与自信心，树立乐观向上的生活态度，从而积极、从容地面对生活。

整合社区资源，帮助服务对象申请低保，缓解服务对象的经济压力。

五、采用叙事疗法提供服务的步骤与过程

第一阶段：建立工作关系，收集服务对象的资料。

通过倾听、同理等方式，与服务对象建立开放、互相尊重、互相信任的专业关系，并收集服务对象的各类资料（包括个人资料与环境资料）。同时，鼓励服务对象自如地表达自己。在该阶段，服务对象以充满挫折、沮丧和悲伤的情绪叙说了自己的生命故事，即充满问题的主线故事，衍生出一个不幸、被动无力和低自尊的自我，这与社会的主流价值标准相违背，造成了服务对象强烈的心理冲突。

第二阶段：分析服务对象的问题，确定工作模式。

社工将收集到的资料进行分析，认为服务对象在心理、经济、社会交往上存在着问题与困扰，服务对象的低自尊与强烈的负性自我评价限制着其其他方面的发展，这种僵化的充满问题的叙事框架，使服务对象只意识到叙事框架内的消极故事，忽视了叙事框架外的积极故事以及积极故事之中所蕴含的建设性的自我力量。因此，社工可尝试采用叙事疗法进行专业介入。

第三阶段：采用模式治疗，开展专业服务。

1. 问题命名技术。拓展服务对象的问题叙事空间，让服务对象为自己的问题取个特定的名字，使问题焦点化，以此增加服务对象对问题的控制力。服务对象把她所面临的问题分别命名为“家暴”、“被忽视、缺乏关爱”、“离婚”、“心灰意冷”。为问题命名，是对第一阶段的总结与深化，为“问题外化”作铺垫。

2. 问题外化技术。问题外化以“人不是问题，问题本身才是问题，人与问题的关系也是问题”为理念，使用技巧性的问话把问题变成与服务对象分开的实体，并使得原来被认为是人内在不易改变的性质变得容易改变。结合“家暴”这一命名，问题外化的具体提问方式可以是比较灵活而具有技巧的。例如，“家暴”是如何干扰你的生活的？“家暴”对你造成了什么影响？你如何看待

"家暴"对你造成的影响？等等。

3. 寻找例外技术。在该阶段，服务对象发现自己有能力应对家暴，面对父亲的无理指责，她愤然表示不满；丈夫对她拳脚相加，她毅然从家里搬出来；再到最后离婚的决定，将自己从家暴的阴影中解脱出来。在这个过程中，服务对象的叙事内容逐渐丰富，单一的叙事方式慢慢被瓦解，支线故事的积极效应被强化、放大，服务对象在这个过程中重新获得了自我认同，看到了生活的希望。

4. 重构故事，寻找力量。根据对服务对象的问题故事和例外事件的解析，将问题故事"我是家庭暴力的受害者，除了忍受，没有其他办法"，重构成"我是家庭暴力的受害者，但我可以通过反抗、安慰、回避、拒绝的方式来抵制家暴的伤害"。

第四阶段：结束叙事治疗，开展专业评估。

1. 社工和服务对象一起总结服务过程和收获，展望未来。社工对服务对象的总结与自我规划给予充分肯定，处理结束情绪，结束个案服务。

2. 评估叙事治疗的效果。通过心理测量、服务对象自评、社工评估等，发现服务对象的心理状况有明显的改善，焦虑、抑郁的情绪淡化，自我评价与期望调整到较合适的状态；社会功能得到了恢复和增强，主动寻求社会支持，愿意接受社工、管辖民警等相关人员的帮助。

六、专业反思

社工采用叙事疗法，针对服务对象充满问题的主线故事，帮助其拓展叙事空间，寻找具有积极意义的支线故事，重构故事，缓解其焦虑、抑郁情绪，重燃生活的希望。社工全面搜集服务对象的相关资料，深入分析，选择具有针对性的工作技巧，是开展专业介入的前提。

通过叙事治疗，服务对象的心理问题得到很大程度的缓解，但仍存在许多现实问题，如经济压力、工作问题、社会支持网络薄弱等。叙事疗法可以帮助服务对象改变叙事方式，重建积极的自我。但是，如果服务对象的经济问题与社会支持薄弱的问题得不到有效解决，服务对象负面的自我评价与问题叙事又会被重新唤起，甚至趋于严重。因此，开展叙事疗法的同时，配合资源链接，为服务对象创造就业机会，以提升其就业能力和社会交往意识、促进其社会参与等，把叙事疗法与其他专业介入方式整合运用，则会达到更显著的治疗效果。

第二节　合理情绪疗法介入模式案例

一、案例简介

服务对象王某，23 岁，初中文化程度，独生子，未婚，性格偏内向，为人善良，但是脾气暴躁，有时难以控制情绪。王某曾在某私企工作，因与同事争吵，失手把同事打伤，被判处有期徒刑两年，缓刑一年，参加社区矫正。在社区矫正期间，王某找到新工作，并与一女同事恋爱。两个月后，女方知道了王某的身份，提出分手。分手后的一个月以来，王某仍难以接受分手的事实，心情烦躁、情绪低落，食欲不振，睡眠质量不高；认为被判刑是很丢人的事，自己很失败，不愿主动参与社区矫正。

二、问题界定

通过调查发现，服务对象难以接受分手的事实，导致情绪低落，烦躁、焦虑，心理状态不佳；睡眠质量有所下降，入睡困难；食欲不振。

服务对象存在错误的认知，认为自己对别人好，别人也应该对自己好；分手代表着失败；被判刑，意味着自己一无是处，前途一片黯淡。

服务对象对被判刑的事实存在抵触心理，认为判刑太严、太重，不愿主动参与社区矫正。

服务对象朋友较少，缺乏有效的社会支持。

三、相关理论

合理情绪疗法认为，引起人们难过和痛苦的，不是诱发事件本身，而是人们所持有的不合理观点和信念，这就是ABC理论。A表示诱发事件，B表示人们所持有的态度、观点、信念，C表示可能的结果。一般情况下会认为是A直接导致了C的发生，实际上A只是诱发事件，真正决定C的是B，而不是A。社工要做的就是通过各种方法，找出隐藏在服务对象心底的不合理信念，通过纯理性分析和逻辑思辨，消除这些不合理信念，并代之以合理的信念，从而改变不良的C，以此帮助服务对象解决情绪和行为上的问题，维持心理健康。

服务对象的心理问题表面上看是由失恋、被判刑引发的，而根本原因是服务对象对失恋、被判刑的不合理的认知和评价，如存在"我爱她，她也必须像我爱她一样地爱我"的绝对化信念、"失恋意味着失败，我一无是处"的过分概括化信念、"被判刑，就再也没有未来了"的糟糕至极的信念等。因此，社工运用合理情绪疗法，对服务对象的非理性观念进行校正，运用与不合理信念进行辩论等方法技术，指出其观念的非理性，帮助服务对象用合理的信念代替不合理的信念，减少或消除其负面情绪。

四、服务方案

利用合理情绪疗法，探讨服务对象对失恋、被判刑的认知和解释，找出其可能存在的不合理信念并加以引导和改变；缓解服务对象的焦虑情绪，改善其情绪状态；完善服务对象的个性，使其树立正确的爱情观和服刑观念，促进服务对象心理健康发展，增强其社会适应能力。

本案例中，服务过程大体分为三个阶段。第一阶段是收集资料和诊断阶段，建立咨询关系，收集资料，确定咨询目标；第二阶段是服务实施阶段，帮助服务对象分析和解决问题，改变其不合理的认知及不良的情绪，引导其积极参与社区矫正；第三阶段是巩固、结束与评估阶段，使服务对象把在接受专业服务中学到的知识运用到今后的生活中，不断完善人格，提高心理健康水平和社会适应能力。

五、采用合理情绪疗法提供服务的步骤与过程

第一阶段：收集资料和诊断阶段。

通过尊重、共情、积极关注等方法，与服务对象建立良好的专业关系；开展摄入性会谈，了解服务对象的基本情况，收集相关的基础资料；确定服务对象的主要问题，探寻其改变意愿；向服务对象介绍合理情绪疗法的原理、ABC 理论，与服务对象协商制定咨询目标与咨询方案，确定采用合理情绪疗法开展工作。

第二阶段：服务实施阶段。

帮助服务对象寻找和确认其不合理信念，理清自身问题与不合理信念的关系。通过引导、分析，让服务对象详谈失恋、被判刑的事实，自己又是怎么看待这两件事的，总结出服务对象的不合理信念有以下几点特征：

1. 绝对化，“我爱她，她也必须像我爱她一样地爱我”；

2. 过分概括化，“失恋意味着失败，我一无是处”，“被判刑就是犯人，我一点价值都没有”；

3. 糟糕至极，“我是罪犯，未来一片黯淡，再也看不到未来了”。

通过和服务对象的探讨，服务对象认同了自己所持有的这些不合理信念是导致目前这种不良状态的重要原因。

针对以上不合理信念，社工运用产婆术式辩论技术与服务对象进行辩论，帮助服务对象认识到自己的信念的不合理性，从而放弃不合理信念，建立合理信念，减轻或消除负面情绪。

让服务对象完成合理自我分析报告（RSA），寻找生活中其认为会引起负面情绪的事件。

第三阶段：巩固、结束与评估阶段。

1. 引导服务对象回顾专业服务开展的整个过程，侧重于认知辩论、改变的部分。同时，肯定、鼓励服务对象在认知、行为方面做出的改变，引导其将学到的知识运用到实际生活中，处理结束情绪，结束个案服务。

2. 评估服务效果。通过心理测量、服务对象自评、社工评估等，发现服务对象对自己的一些不合理观念能够分析到位，基本上可以使用合理信念看待自己失恋、被判刑的事实；焦虑、烦躁情绪大幅缓解，心理状况明显改善，睡眠质量提高，食欲恢复正常；能积极主动地参与社区矫正，社会功能得到恢复并增强。

六、专业反思

合理情绪疗法属于一种指导性的服务方法。在服务过程中，社工要扮演问题的提出者、理论的解释者、错误观念的澄清者等角色，处于主导地位；而服务对象要不断认识并放弃自己的不合理信念，从而达到改善情绪、矫正行为、主动思考的目的。服务对象认知的改变是专业介入的目的，也是手段，着眼点是消除其不合理的信念。

在服务过程中，最重要也是最不易掌握的有两个环节：一是根据 ABC 理论，寻找不合理信念 B。必须注意的是，要找到服务对象对某种事物所持的信念而非表面想法。只有找到了 B，才能进行辩论。二是针对不合理信念进行辩论。社工可以通过连续提问、质疑、解释等方法促使服务对象主动思考，让其自己去观察、体验、感受，通过事实使其认知自己已发生某种改变，并逐步放弃不合理的信念。这一过程其实是使服务对象否定自己某些观念的过程，因而有时阻力很大，只有使其经过更多的主动思考，对其的触动才会越深，同时还要依赖于良好的专业关系和社工较强的辩论技能。

第三节　萨提亚家庭治疗模式案例

一、案例简介

服务对象张某，男，22岁，高中文化程度，未婚，在某快递公司工作。其因犯交通肇事罪，被判处有期徒刑一年，缓刑一年。刑罚判定后的一个半月以来，张某情绪低落，待在家里几天都不说话，一想到与家人（特别是父母）的关系就特别烦躁和忧虑，因为他是家中的大儿子，父母对他的期望很高，犯交通肇事罪后，父母十分痛心、失望，其他家人对他也有些排斥。张某家庭贫困，在家中排行老二，上有一个姐姐，下有两个弟弟，父母均为农民。

二、问题界定

通过调查发现，服务对象的家人对服务对象的期望很高，但服务对象犯交通肇事罪后，其父母难以接受，痛心、失望，使家庭关系更加紧张，兄弟姐妹对服务对象产生一定程度的排斥心理。

家庭关系紧张与刑罚处罚的事实，导致服务对象情绪低落，烦躁、焦虑，心理状态不佳。

服务对象的正式与非正式的社会支持薄弱。

三、相关理论

萨提亚家庭治疗模式是一种注重家庭系统的体验与人本主义的治疗模式，不仅关注每一个单独的家庭成员，也关注整个家庭系统，通过一些独特的治疗方法和技术，使二者从一种功能不良和紊乱的状态蜕变为一种功能健全、良性运转、令人满意的状态。在治疗过程中，社工会指导服务对象更多地了解自己，并教授其一些沟通技巧或者新行为，以使服务对象更好地帮助自己，了解自己的感受，并肯定自我价值。用一句话来概括，萨提亚家庭治疗模式就是教会服务对象如何肯定自我并和他人进行良好的互动。

四、服务方案

利用萨提亚家庭治疗模式，帮助服务对象了解其家庭关系与互动模式，明确家庭系统、家庭关系对个人成长、发展与实现自我价值的作用，找到问题的症结。

利用萨提亚家庭治疗模式，帮助服务对象明确其沟通姿态，关注并释放长期被忽视、被压抑和不被接纳的真实感受，缓解紧张、焦虑与抑郁的情绪，学会正视自我、接纳自我、肯定自我，推动学习与改变，实现心灵成长。

利用萨提亚家庭治疗模式，帮助服务对象学习家庭互动与社会交往方式，改善家庭关系，积极参与社区矫正，促进社会适应、社会融入。

五、采用萨提亚家庭治疗模式提供服务的步骤与过程

第一阶段：建立工作关系，收集服务对象的资料。

通过倾听、同理、积极关注等方式，与服务对象建立良好的专业关系，并收集服务对象的个人资料、环境资料以及个人与环境的互动资料，针对服务对象的个人情况、服务对象与环境的交互作用状况以及环境资源情况进行了解、分析。

第二阶段：分析服务对象的问题，确定工作模式。

社工将第一阶段收集到的资料进行整理与分析后，认为服务对象在心理、家庭关系、社会交往等方面存在问题与困扰，因此，社工尝试采用萨提亚家庭治疗模式进行专业介入。

第三阶段：采用模式治疗，开展专业服务。

社工向服务对象介绍萨提亚家庭治疗模式的一些相关原理、方法和注意事项，服务对象初步了解了治疗方法的相关情况，对专业介入更加积极配合。

1. 绘制家庭关系图谱，掌握服务对象的家庭关系。家庭治疗

中使用的家庭关系图谱（Genogram）是指用遗传学理论描绘家谱图的方式，以遗传树的形式来表示家庭关系系统的一种图示，一般要包括三代家庭关系。家谱图通过展示那些卷入主角早期生活中的人，来帮助了解自己家庭内部和外部的现实。服务对象绘制出家谱图，呈现了其家庭的客观现实和家庭关系，为社工开展后续服务工作奠定了基础。

2. 采用冥想技术，放松身心，把握服务对象的服务期望。社工根据家谱图中显示的信息，编制冥想词，附带背景音乐，带领服务对象进行冥想体验，放松身心，观察服务对象冥想时的反应。冥想后，引导服务对象发现其服务期望。冥想不仅能够使服务对象身心得到放松，而且有助于安稳心灵，为以后的转变打下基础。

3. 家庭关系重塑，明确沟通姿态，注重内心体验。确认了服务对象的服务期望后，社工让他以图画的形式表达出现在他与父母关系的姿态。画完后，服务对象心情低落，充满愧疚感，他认为是自己让辛勤劳累的父母受到了折磨。社工鼓励他慢慢地体会内心的真实感受，聆听内心的声音。经过社工的引导，服务对象表达出委屈和愤怒的感受，社工鼓励其正视这些感受。

经过专业介入，社工发现服务对象是以一种超理智的生存姿态来应对各种事情。这种类型的人特别注重理性，往往忽视内心的感受。而萨提亚家庭治疗模式强调当事人的当前体验，注重其内心的真实感受，鼓励服务对象释放被压抑的情感，只有内心上发生转变才能确保服务效果，所以社工尤其应注意把服务对象引导到其内心感受上来。

4. 帮助服务对象关注并释放真实感受，学会正视自我、肯定自我，促进学习与改变。围绕服务对象的固有观念进行回顾、分析，旨在让服务对象了解其家庭运行方式、存在的问题。服务对象认识到自己的一些超理智观念影响着家庭互动关系与行为模式。社工并不去质疑服务对象的理性想法，而是在不颠覆其对父母的维护和肯定的基础上，增加其可能发生改变的视角，令其正视和表达内心的真实感受。社工要做的就是鼓励服务对象接纳自我、肯定自我，促进服务对象学习与改变。

第四阶段：结束专业服务，开展专业评估。

1. 回顾、总结服务过程，分享体验、收获，肯定服务对象的成长，处理结束情绪，结束个案服务。

2. 通过心理测量、服务对象自评、社工评估等方式，评估服务效果，发现服务对象的心理状况得到明显改善，焦虑、抑郁情绪有所缓解，能够正视自我，自我价值感显著增强；与父母的关系变得亲近，家庭关系全面改善，社会功能得到恢复并增强。

六、专业反思

萨提亚家庭治疗模式又称人性验证过程模型，是一种以经验人本主义为取向的健康治疗模式。该模式认为心理治疗的主要目标在于提升当事人的自我价值感，整合其内外资源，帮助其作出选择；提高对自己行为的责任感，实现表里一致的沟通，从家庭规则和父母的限制中培养个性化以及学习管理情绪，最终达到身心整合、内外一致。

萨提亚认为，在众多由我们每个人参与构成的体系中，基本三角关系（父亲、母亲和孩子）既是最先接纳我们的，也是最具有影响力的。很多时候，个人表现出来的很多问题都是家庭当中存在的问题，所以本咨询个案是从分析家谱图入手的。

萨提亚家庭治疗模式的操作技术主要有角色舞会、家庭重塑和互动技术等，在实际操作中，可以根据服务对象的具体情况综合运用。

之前，萨提亚家庭治疗模式主要用于家庭治疗，个体治疗相对较少，随着模式的完善与发展，现在不仅可以用于家庭治疗，而且可以用于个案服务与团体辅导。

第四节　增能赋权介入模式案例

一、案例简介

服务对象李某，25岁，高中文化程度，家住北京市某区，因犯抢劫罪被判处有期徒刑两年，缓刑两年，成为社区矫正对象。李某从小在农村长大，后来随父母来到北京生活，一家人挤在一间十几平方米的房子里面，由于不适应，自卑感强，总觉得自己不如别人。李某的父母一直对他严格要求，希望他可以好好学习，以后可以出人头地，但是，李某的学习成绩一直不好，父母因此经常打骂，在这样的教育方式下，李某渐渐地失去了学习的兴趣，失学走上了一条歪路，和一些不良少年混在一起。最后因为抢劫财物构成犯罪。

二、问题界定

1. 家庭沟通障碍。李某从小在农村长大，后来随父母出来打工，由于缺乏交流和沟通，父母在外面工作也没有时间照顾李某，对他缺少关爱，这样让李某感觉到在家没有温馨感，父母的打骂也让李某对家里产生了厌倦感。

2. 同辈群体影响。青少年阶段，同辈群体对一个人的影响大于家庭的影响，在李某的生活世界里面，觉得和那些朋友在一起可以找到人生的归属感，但是，这些朋友在不好的方面影响到李某的人生，也许李某起初并不是一个像他们那样的人，但是，正是一些发生在同辈群体中的事情对李某产生了负面影响，导致其最后走上了犯罪道路。

3. 没有经济收入。李某由于不好好学习，然后又辍学，没有工作，也没有收入，这样在城市里很难生活下去，最终走上了犯罪道路。

三、相关理论

增权是一个多层面的概念，且因人而异。在学术上，增权被用来对人们在社会中的有权与无权的关系进行理论化的探讨。增权理论始于所罗门（Soloman）的开创性研究。在社会工作赋权领域最具有影响力的早期发展，是来自美国的社会工作著作和实践，例如，美国黑人增权与公民权利运动中的所罗门的作品最具典范。所罗门关于增权运作过程的概念化和模型化十分清楚、明晰并且具有活力。所罗门将增权定义为：以改变或消除个体因作为被污名化的团体成员而陷入的无权状态为目的的、旨在减少基于污名群体的成员的负面评价而形成的无力感的一系列活动。增权要找出导致此问题的直接权利阻碍和间接权利阻碍，进而实现消除无权的目的。所罗门认为，无权是一种权利的缺失而不是权利故障；增权这个概念适用于“正遭受系统性、制度性歧视无所不在的差别待遇限制”的任何人、团体和社区的社会干预。

四、服务方案

1. 服务目标。协助服务对象调整心态、树立信心、发挥潜能，找到一份可以胜任的工作，最终可以再次融入社会。

2. 具体服务计划。与服务对象的父母进行沟通，建立良好的家庭关系；通过心理疏导，安抚服务对象的情绪；协调相关资源，帮助服务对象实现就业；丰富社区参与的活动内容，使服务对象尽快融入社区。

五、采用增能赋权介入模式提供服务的步骤与过程

第一阶段：发现服务对象的优势。

1. 社工与服务对象的父亲的会谈。在和服务对象见面之前，社工决定先和服务对象的父亲见一次面，因为服务对象和父亲的关系比较紧张，父亲对儿子是恨铁不成钢，儿子对父亲也不能理解，

所以，他们之间的矛盾越来越深。社工先和服务对象的父亲进行了简单的交流，说明了来意，父亲表示愿意配合社工的工作。服务对象的父亲也是想让自己的孩子可以好好地生活，自己多年的积蓄有一半都给儿子花了，但是，他还是不争气，做出违法的事情，觉得很丢人。社工对此表示非常理解，同时也希望服务对象的父亲不要放手不管，毕竟孩子还年轻，以后还有很长的路要走。社工说，虽然服务对象已经是成年人了，但是，在很多方面还是不够成熟的。社工告诉服务对象的父亲，孩子现在需要的是支持和关心，而不是责备。父亲也觉得自己做得有些失职，表示以后会多关心孩子。

2. 社工与案主的会谈。在了解了案主的基本情况之后，社工决定和案主见面，达到以下几个目的：第一，取得案主的信任；第二，发现案主的优势；第三，缓和案主与其父亲的关系。

社工：李某，你好高，很阳光！这么热的天，你去哪里了？

李某：去朋友那里了，不想待在家里。

社工：为什么？

李某：因为父亲在家。我想自己找份工作，不想花家里的钱。

社工：你以前找过吗？

李某：找过，但是时间不长就不干了。

社工：你之前是怎么找的呢？

李某：在报纸上看的招聘信息，然后，打电话问要不要人。

社工：那是做什么的？

李某：保安。

社工：也不错啊，是公司不可或缺的位置。

李某：我不喜欢做，我喜欢一些和电脑相关的工作。

社工：好的，我帮你留意下，然后告诉你。

李某：谢谢，我很需要。

社工：你之前一直与家里人关系不好吗？

李某：自从妈妈不在了以后，父亲的脾气就一直不好，也不管我，经常骂我，所以，我不喜欢在家里待着。

社工：你不想和你父亲好好谈谈吗？其实他也很着急，也是希望你好的。

李某：我知道，我现在就他一个亲人了。

社工：所以，回去好好和父亲沟通一下，不要再生他气了。

社工通过和李某的交谈对李某有了基本的认识，发现李某有很多优势，个子高，积极，有一定的计算机软件操作技能，同时，他也具备一定的抵抗压力的能力。

第二阶段：为服务对象找工作。

社工积极协调相关资源为服务对象寻找工作，最后服务对象成功地找到了一份服务生的工作，在后续的服务过程中，服务对象反映现在这个工作不错，他很满意，也很感谢社工的帮助。

第三阶段：让服务对象尽快融入社会。

社区矫正的目标就是让服务对象融入社会，因此，社工不仅要关注服务对象的生活和经济情况，还要关注服务对象如何才能再去适应社会并重新融入社会。通过定期的访谈发现，服务对象已渐渐适应了现在的生活。社区矫正的最终目的就是促使服务对象顺利回归社会，而不是成为社会的污点。

六、专业反思

对于本案例，首先是通过增权的理论去评估服务对象的优势，这是我们开展服务的基础。社会工作一直以来都是强调“问题视角”，即从服务对象的问题出发，然后进行诊断和治疗。近期，社会工作的实务取向出现了转变，即从问题向优势的转变，这样一来，我们需要关注的不仅仅是服务对象的问题，还包括服务对象生活中的优势，从而发现其内在的抗逆力。

此案例还有很多不足之处需要进一步改善。例如，在评估的环节做得不够，需要进一步加强，评估需要有多元化的视角，不应仅仅只包括服务对象自身的描述，还需要包括家人、朋友等不同方面的声音。此外，此案例对于增权理论的应用和反思也有一定的局限性，绝大部分都只是涉及关于个体赋权的理论，对于通过集体赋权解决不公平问题的理论则关注较少。

第五节　危机介入模式案例

一、案例介绍

服务对象张某，30 岁，高中文化程度，因犯偷税罪被判处有期徒刑两年，缓刑两年，转入社区矫正。张某对法院的判决不服，有抵触情绪。张某之前做点小生意，收入也不错；现在失业在家，没有事做，没有经济收入，情绪比较低落，而且家里之前一直都是依靠张某的收入维持生活。同时，张某是一个讲朋友义气的人，觉得现在自己很没有面子，在朋友面前抬不起头来，感到压力很大，经常待在家里，和社会的交往越来越少。

二、问题界定

1. 服务对象对社区矫正不认同，有抵触的情绪，法律意识淡薄。张某对法院的判决不服，同时认为社区矫正没有用，有种不适应的心理。

2. 服务对象没有经济收入，不能维持正常的生活。

3. 服务对象的社会支持网络中断。之前张某是个重情重义的人，现在由于发生了这样的事情，自己心里接受不了，碍于面子，不愿和之前的朋友继续联系，内心有着极大的压力。

三、相关理论

最早影响危机理论的观点是心理学中有关人类自我实现与成长的论点，其着重研究的是人类行为的内驱力和动机方面的问题，探讨的是何种因素会使人一直朝着某种结果发展。弗洛伊德认为，动机是想降低性冲动与攻击驱力所带来的紧张状态。但是，罗杰斯和马斯洛认为，人类倾向于在社会参与的过程中形成自我实现。所以，当目标无法达成时，就会出现危机。埃里克森认为，人类生活的每一个阶段都存在危机和挑战，每个人都必须克服每个阶段的危机才能走向成熟。莫斯认为，危机介入理论受达尔文生物进化论的影响，指出人类会配合环境改变生存机能。在社会工作专业框架里，早期的危机介入主要是整合自我心理学和社会科学认知作为实践基础，认为急性心理懊恼是外在事件诱发的，而不是传统精神分析学说认为的那样：危机介入只是一种内在心理经验。在此之后的相关理论更是着眼于促发危机的外在事件的特质。

四、服务方案

1. 服务目标。协助服务对象调整心态，适应当前的生活，重建家庭关系、社会关系，走出家庭、走向社会，逐渐融入社会。

2. 具体服务计划。

（1）通过心理疏导，安抚服务对象的情绪。

（2）与服务对象的妻子进行沟通，帮助服务对象建立良好的家庭关系，使其获得家庭的温馨感。

（3）协调相关资源，协助服务对象找到合适的工作，保证其基本的经济来源。

（4）帮助服务对象重建社会关系，使其逐渐走出心理阴影。

五、采用危机介入模式提供服务的步骤与过程

第一阶段：心理疏导。

先和服务对象进行谈话，加强其法律意识，使其正确认识社区矫正的意义。然后，针对服务对象认为法院的判罚有问题，对社区矫正具有排斥的心理，有非理性情绪的存在，进一步帮助服务对象加强对社区矫正的认知和信任，帮助其树立正确的就业观，并为其推荐工作。

社工：你还是心理不平衡?

张某：是的，我不服。

社工：为什么呢？

张某：我觉得判罚不合理。

社工：你觉得应该是什么样的？

张某：我觉得我没有犯罪。

社工：偷税这样的行为本来就是不合法的。你知道吗？

张某：我不清楚。

社工：这样的行为是不对的，是违法的。

张某：我确实不是很了解法律。

社工：我们需要转变认识了。

张某：我是需要学习了。

社工：现在是人生开始的又一个阶段。

张某：我不知道从哪里开始。

社工：现在需要先摆正心态，然后，对法律有清楚的认识。

张某：是的，以前都不懂。

社工：还有，试着找一份工作。

第二阶段：家庭支持。

与张某的妻子进行沟通和联系，了解张某在家里的情况，并让其妻子多支持、多鼓励张某，使张某在家庭生活中获得归属感。

第三阶段：寻找工作。

社工结合服务对象的实际情况，帮助服务对象寻找相关工作的资源，最后服务对象进入一家物业公司工作，摆脱了整日无所事事的状态，服务对象对自己现在的状态比较满意。

第四阶段：融入社会。

通过一年多的社区矫正，服务对象有了一定的改变，情绪稳定，遵守法律，主动接受志愿者的帮助，并加强了家庭责任感。针对以前的行为，服务对象进行了反思，并慢慢开始建立自己的朋友圈，重建社会支持网络。

六、专业反思

本案例的矫正是依据危机介入的理念进行的，对于服务对象初期的强烈抵触情绪，社工要及时给予关注，这也是本案例的重点之处。同时，服务对象的生活环境、家庭关系等相关因素也是影响服务对象情绪不稳定的重要原因。所以，早期的危机介入是关注服务对象的心理问题，而后期的危机介入则是关注服务对象的社会生活环境对其的影响。

在危机介入过程中，个人和家庭是密不可分的，个人的问题也是家庭的问题，自己的问题也可能通过其朋友有所体现，因此，对于个人的危机介入不仅仅是一个人的介入，更是一个系统的介入，个人的问题产生于社会环境，那么问题也应该还原到社会环境当中去解决，社会结构的改变才可以促进个人的改变。

第六节　社会关系整合模式案例

一、案例介绍

服务对象朱某某，男，汉族，1964 年 2 月 29 日出生，小学文化程度，无业，已婚。朱某某的父亲和母亲都是退休工人，妻子在家无业，女儿在校读书。朱某某性格内向，不爱说话，表达能力差，依赖性强，交往能力差，经司法鉴定证实，为限制刑事责任能力人，一直与父母一起居住，和家人关系密切，感情较深。1999 年因工厂拆迁，朱某某买断工龄回家待业，因没有技术特长，找不到正当职业，平时靠卖菜赚钱以维持生活，又因不会算账，经常亏本，后来回家待业。

朱某某因其母亲与同院居住的石某发生争执，持菜刀将石某砍伤，经法医鉴定为轻微伤。2003 年 6 月 19 日，朱某某因犯故意伤害罪被判处拘役 6 个月，缓刑 6 个月。

二、问题界定

朱某某在接受社区矫正之初，对社区矫正制度不了解，心理压力大，情绪紧张，害怕周围群众歧视或者受到处罚，经常自己待在家中不愿出门，更不愿意与周围的邻居交往。

朱某某与被害人石某居住在同一个院子里，石某在院子里比较有威望，拉动邻居不要与朱某某家来往。另外，朱某某动不动就拿刀砍人，邻居怀疑他患有精神疾病，大家都很害怕他，尽量避免和朱某某接触。

朱某某的母亲也被对方打伤，她认为判决不公平，不配合朱某某的社区矫正工作。而且朱某某的母亲爱骂街，周围的邻居都很讨厌她。朱某某的母亲还时常在朱某某的面前说邻居的坏话，对朱某某的社会融入造成了障碍。

三、相关理论

社会排斥是指某些个人、家庭或社群缺乏机会参与一些社会普遍认同的社会活动，被边缘化或隔离的系统性过程。这个过程具有多维性的特点，并表现为被排斥者的经济、政治、社会、文化及心理诸方面资源的长期匮乏。朱某某一家一直受到同院邻居的社会排斥，并且在一些事情上（如晾衣架的安置、道路设置等）利益受损，由此造成了朱某某一家无论是在心理方面还是在享受社区资源方面都存在着问题。

通过与朱某某及其母亲的谈话可以看出，他们一家人也想融入社区，融入同院的大家庭。但是，他们一方面顾及面子，另一方面的确受到了欺辱，存在社区资源分配不平等的情况，所以社会融入情况迟迟没有得到改观。

我们深刻地认识到社区矫正的成败与服务对象的社会融入程度有很大的关系。社区矫正的基本目的是通过各方努力、多方配合，使服务对象能够顺利回归社会。

四、服务方案

此案例适合运用个案管理的方法开展社区矫正社会工作。社区服刑人员的社会融入不仅要求对社区服刑人员做工作，而且要求对社区服刑人员的家庭、受害者及其家庭、邻里乃至整个社区做工作。

首先，解决社区服刑人员的心理问题，给予其宣泄的空间，使其释放自身的情感，然后慢慢地加以引导。

其次，解决社区服刑人员家庭内部的问题，提高其家庭的社会融入意识。

最后，通过环境的改变达成社会融入的目的。

五、采用社会关系整合模式提供服务的步骤与过程

1. 情感支持。作为犯罪人的社区服刑人员，在遭受社会排斥的过程中，他们不但存在有形的物质损失，也存在无形的情感流失。社工不仅要对社区服刑人员本人给予情感支持，还要对他们的家庭及关心他们的人给予情感支持，可以采用社区社会工作的方法促进社区居民对社区矫正制度的了解，加大社区居民的社区矫正参与力度。对于本案例，可以积极地在社区宣传社区矫正制度，充分发挥楼门院长的作用，打破服务对象朱某某家和其他群众冷战的坚冰；通过派出所、居委会等多方面的合力，促使服务对象朱某某和被害人达成和解，营造和谐的社区氛围。

2. 物质帮助。社区服刑人员在遭受社会排斥的过程中，基本的物质短缺是社区矫正社会工作者首先需要考虑的问题。在现实生活中，无论是从人道主义出发，还是为了实现社区矫正制度的目标，都需要将从各种渠道寻求的物质帮助渗透到社区服刑人员矫治的各个方面。这些物质帮助对于社区服刑人员缓解生活上的压力、平息思想上的波动、逐步融入正常的社会生活、减弱乃至消除社区服刑人员在社会中因遭受社会排斥而带来的负面效应都具有不可替

代的巨大作用。社工在此可以扮演资源链接者和资源整合者的角色，一方面统筹和整合社区内的各种资源，另一方面向有关部门积极地争取资源，切实地帮助服务对象朱某某解决实际困难，以缓解其经济压力。

3. 技能培训。社工可以在此过程中承担一个倡导者的角色，一方面鼓励和支持社区服刑人员去学习一技之长，另一方面积极争取资源给他们提供学习技能的机会。建议社区服刑人员学习一些实用性强的技能，而且是学习周期短、见效快的技能，如美容、美发等。在社区服刑人员愿意承担一定学费的情况下，社工可以帮助其联系学习汽车维修、烹饪等技能。

六、专业反思

矫正和帮教是社区矫正社会工作的一体两面，如何既解决社区服刑人员的实际困难，又能让社区服刑人员发挥自身潜能，是社区矫正社会工作的技巧。如果把社区服刑人员的困难都给解决了，那么就会造成社区服刑人员的依赖。如果不帮助他们解决基本的生活问题，那么他们就会情绪不稳定，很容易重新犯罪。

如何应对社会排斥、促进社会整合，是社会工作中的难点。这就需要社工对社区资源有足够的了解，善于利用社区资源促进社会对社区服刑人员社会排斥状态的改变；需要社工在社区树立一定的威信和威望，从而起到扭转社会舆论的作用。

在面对这种难点时，要善于借助司法所、派出所等国家正式机关的力量，同时还需要推动社区服刑人员自身的转变，一方面赋权增能，另一方面帮助其解决现实中存在的实际问题。

第七节 行为矫正模式案例

一、案例简介

服务对象李某某，男，1973 年 5 月出生，初中文化程度，汉族，已婚，家住某区某镇某村。妻子刘某某，28 岁，在村务农。女儿李某，上学。李某某是个体户，在某区某服装市场经商。李某某的家庭关系和睦，经济条件较好，家人对其极为关怀和爱护。李某某初中毕业后，就在社会上经商，缺少正常的法制、道德教育，对情绪控制能力比较薄弱，再加上受到不良宣传导向的影响，更使得李某某形成“拳头大就有理”的暴力心理。李某某与被害人的矛盾关系由来已久，一些“好朋友”对此不是予以正确的劝导，而是言语相激，在客观上对其实施犯罪行为起到了推波助澜的作用。李某某因犯故意伤害罪被某区人民法院判处有期徒刑 3 年，缓刑 3 年。

二、问题界定

李某某的心理测量量表反映出李某某存在一定的心理问题，这种心理问题影响了他的行为。结合李某某的人生成长经历发现，李某某的问题主要反映在由于其个人社会化过程受阻，性格偏执，导致心理上自我显示欲望强烈，凡事以自我为中心，任何事都不能吃亏，随之形成了“拳头大就有理”的暴力心理，使得其行为上具有粗暴野蛮、手段残忍、自控能力差、做事不计后果等特征。

三、相关理论

行为矫正技术的功能就是帮助社区服刑人员建立良好的行为模式，改变不良的行为方式。行为矫正技术主要是依据条件反射学说和社会学习理论来处理行为问题，从而引起行为改变的一种客观有效的方法。一般来说，行为的改变有两种情况：一种是从没有到有，即某些良好行为的建立或塑造；另一种是不良行为的矫正，即将个体的行为从不良改变为良好，社区矫正便可以达到此种效果。

针对李某某来说，行为矫正的目的主要是矫正其粗暴野蛮、自控能力差、做事不计后果的行为。面对李某某存在的问题行为，行为矫正的一个主要目标就是对李某某的一些不良行为进行干预，以减少这些行为的发生概率。在此种情况下，常见的行为矫正的方法有消退、暂停、反应代价、过矫正和厌恶法等。

四、服务方案

通过心理测量量表和摄入性谈话，从深处挖掘服务对象实施暴力行为的根源。

利用理性情绪疗法，使服务对象认识到导致他实施暴力行为的根源不在于诱发事件本身，而在于他对这一事件错误的不理性的看法。

利用行为矫正技术，帮助服务对象逐渐减少实施暴力行为的次数。

充分利用李某某家庭结构稳定能给予其帮助的优势，利用家庭的力量对李某某进行感化。

整合资源，必要时借助管辖民警的力量，对服务对象造成心理震慑。

五、采用行为矫正模式提供服务的步骤与过程

第一阶段：准备与沟通和预估阶段。

在这一阶段，社工与服务对象李某某开始接触，了解其基本状况并就时间安排、矫正过程、具体要求等拟出矫正契约。同时，利用心理测量量表和可供收集的资料，对服务对象的心理和行为状态有一个基本的预估。从谈话的过程中可以看出，李某某谈话时没有耐心，说话时喜欢大吵大嚷，属于比较冲动型的人格。

第二阶段：问题行为解析阶段。

这一阶段是对问题行为作出诊断的阶段。具体工作包括：界定问题；查清当事人的个人发展情况，了解该行为是如何习得和被巩固的；确定矫正目标。李某某存在心理不健康和行为冲动的双重问题，这些行为的习得与其小时候的生活环境有很大关系，李某某上初中期间经常欺压同学，喜欢用拳头解决问题。矫正目标是帮助李某某克制冲动行为。

第三阶段：制订矫正计划阶段。

矫正计划的内容主要包括：根据矫正目标选择相应的矫正方法；矫正期间各过程的安排；矫正过程中的记录与评定；矫正效果的评价。社工根据李某某的情况，安排每两周进行一次会谈，并做好相关记录。

第四阶段：具体矫正阶段。

根据矫正计划，具体实施对问题行为的矫正。具体方法如下：

1. 坚持动之以情，尊重服务对象的人格，争取得到他的信任，并以此为切入点，实行教育改造，净化其心灵。

2. 坚持晓之以理，用事实引导服务对象换位思考，引导其站在他人尤其是被害人的角度去看待问题，进一步帮助其深挖犯罪根源、分析犯罪原因与危害，从而激发其罪恶感。

3. 坚持导之以行，进行个别谈话，将心理咨询师引入矫正队伍，采用具体的行为治疗方法，渗透到服务对象的内心深处。

4. 坚持戒之以规，通过社区矫正日常管理制度使服务对象树立行为规范意识，磨炼其性格，培养其耐性，促使其逐步形成良好的自我控制能力。

第五阶段：效果评估阶段。

根据记录到的数据与资料对矫正效果进行评估，采取措施进一步巩固矫正效果。通过一段时间的社区矫正，服务对象李某某变得讲文明、有礼貌，能与人和睦相处，还曾有见义勇为的行为。

六、专业反思

行为矫正是社工面对暴力型罪犯时常用的方法。这种方法一定要建立在对服务对象精确地进行评估的基础上，真正了解服务对象的问题所在，从而采用不同的行为矫正方法。

李某某属于暴力型罪犯。社区矫正社会工作者在进行行为矫正的过程中一定要注意进度和力度，防止突发性暴力事件的发生。社工还要有意识地启发服务对象自己去发现自己的问题，建立信心，从各方面增加自我控制的能力，想办法自己解决问题。

针对同种类型的服务对象，可以适当地采用小组的工作方法，通过小组所产生的动力，更快地促进服务对象的转变。

要进一步营造良好的有利于李某某行为矫正的外部条件。李某某的家庭和社会交往对其行为有着十分重要的影响。一方面，加大对其亲属的工作力度；另一方面，运用社区矫正的限制力，限制其与不良人员的接触。

第八节　循证矫正方法介入模式案例

一、案例简介

服务对象杨某，女，汉族，1954 年出生，小学文化程度，家住北京市某区。因犯故意伤害罪被判处有期徒刑七年，假释一年。社区服刑期为 2014 年 4 月 24 日至 2015 年 4 月 23 日。

家庭情况：丈夫，1953 年出生，在本村干小工。家庭月收入 2000 元左右，生活来源比较稳定。杨某与丈夫结婚 26 年，关系较好，生育两女，长女在一家小商店做临时工，次女正在读高中。

二、问题界定

（一）犯罪原因分析

杨某犯罪前经常与婆婆发生矛盾，并以孩子小时候婆婆未给予照料为理由，对老人不尽赡养义务。2008 年 4 月 24 日，因杨某的两个女儿出言不逊，妯娌朱某打了两个孩子，引发杨某与朱某发生扭打，杨某操起随身携带的水果刀划向朱某，致使朱某的面部受伤、左眼球破裂，被法医诊断为重伤。杨某犯罪的主要原因为心胸狭隘、性格暴躁、文化水平低、缺乏法律意识。

（二）影响服务对象的主要因素

1. 被害人干扰。杨某被假释后，由于附带的民事赔偿金一直没有付清，朱某经常寻机闹事，杨某的长女也经常与朱某发生矛盾，导致杨某心神不定，不能安心生活，曾产生远走他乡的想法。

2. 邻里关系紧张。假释后因邻里关系紧张，一段时间里杨某有家不能归，一直住在邻村的娘家。

3. 监狱人格。因杨某在监狱服刑时间较长，形成了比较稳定的监狱人格，回归社会后不适应新的环境，疑心重，易冲动，戒备心强，缺乏自信心。

三、相关理论

20 世纪中早期随着现代循证实践理念在临床医学领域的引进，循证实践理念逐渐向精神病学、教育学、管理学等与医学临近学科及人文社会科学领域渗透和深化。20 世纪末，在犯罪矫正领域，美国、加拿大等国形成了以证据为本（Evidence Based - corrections）的理念，并很快得到中国学者、法律工作者的关注。

（一）循证矫正的定义

我国学者宋行、朱洪祥、刘好千指出：“循证矫正是矫正工作者遵循实证实践原理，运用相应专业知识与技能，针对矫正对象的具体情况、个别化犯因和矫正意愿，寻找、筛选并基于有效的实施和最佳的证据，整合矫正资源和技术手段实施的消除现实危险和再犯罪或再违法的可能因素的矫正活动。它既是具体、可操作的矫正实践框架与模式，又是个别化矫正实践的方法；既体现循证实践的基本原理和理念精神，又体现切合中国传统矫正文化的本位基础和矫正实践的特点与发展趋向。"①

（二）循证矫正的构成因素②

1. 研究证据。研究证据即研究者为操作者提供的研究结果。这种结果可以是研究得出的数据、结论，也可以是研究者的意见或经验。

2. 操作者及实践活动。操作者根据研究证据，针对需要解决的具体问题，结合自己的经验与知识采取解决问题的实践决策和实践行为的过程。

3. 实践对象。在实践中，要注重考虑实践对象的内在与外在的主客观要素，以及与实践对象的互动与互融。

4. 统筹与协调机制。循证矫正方法强调矫正管理者、行动者之间的相互统筹及协调机制。

（三）循证矫正的内涵及目标③

1. 循证矫正的参与主体是矫正管理者、矫正研究者、矫正工作者和矫正对象。其中，矫正工作者处于主导地位。

2. 循证矫正针对的客体是矫正对象存在的现实危险因素与再犯罪的可能因素。

3. 循证矫正的基本理念是遵循基于证据进行矫正的循证实践

① 宋行，朱洪祥．循证矫正理论与实践．化学工业出版社，2013：15.

② 宋行，朱洪祥．循证矫正理论与实践．化学工业出版社，2013：9.

③ 宋行，朱洪祥．循证矫正理论与实践．化学工业出版社，2013：15－16.

原理。

4. 循证矫正的基本模式，即整合了矫正研究者的智力成果、专业知识，矫正对象的特征、文化、偏好特点与价值需求，矫正管理者的管理、协调、经验，以及社会参与者的互动方式等多方面因素的一种综合性的矫正操作模式。

5. 循证矫正的基本要求是在证据最佳基础上的效益最大化。

6. 循证矫正的关键环节是风险评估。

7. 循证矫正的人文精神是对主体意愿与能动性的充分重视与尊重。

8. 循证矫正的最终目标是消除矫正对象的现实危险因素。

四、服务方案

通过对杨某的外在表现下的内在需求动机进行分析，提出问题，并从生理、心理、社会环境等方面进行深度挖掘和剖析。在得出充分证据的同时，对合理性需求予以结构性引导，对不合理性需求进行结构性控制和调整，同时培养良性需求并予以替代，从而实现矫正对象认知行为改变的矫正目标。

五、采用循证矫正方法介入模式提供服务的步骤与过程

司法社会工作者根据所掌握的杨某的各种证据材料，制定了循证矫正社会工作的个案矫正模式。

（一）结构化面谈证据

社区矫正工作者运用循证矫正方法每周或每两周与杨某谈话一次，分别对杨某的个人基本情况、个人成长史、犯罪服刑历史、心理性格特征、家庭成员关系、社会环境情况、服刑期间的表现、正常回归社会的可能、回归社会的难点等问题进行了调查和分析，获得了第一手材料（见表 8－1）。

表 8－1　杨某典型问题事件分析表

时间	事件经过	潜在需求分析	处理方式	后效评估
2008 年 4 月 24 日	杨某的两个女儿出言不逊，被妯娌朱某殴打，引发杨某与朱某发生扭打，杨某用水果刀划伤朱某的面部，导致朱某的左眼球破裂，被法医诊断为重伤	人际关系需求	禁闭	禁闭后当月存在违规行为，对监禁处罚不满
2008 年 4 月 24 日至 2015 年 4 月 23 日	杨某因犯故意伤害罪被判处有期徒刑 7 年。其情绪极为沮丧、低落	自由自主需求	禁闭	经监狱干警开导，消沉情绪有所缓解
2008 年 4 月 24 日至 2014 年 4 月 23 日	在监狱中，同室犯人曾对自己不尊重，曾经与其他犯人发生口角冲突	自尊需求	高危监控	日常表现及情绪有所好转
2014 年 4 月 24 日至 2015 年 4 月 23 日	获得假释后，在社区服刑一年。由于附带的民事赔偿金一直没有付清，朱某经常寻机闹事，杨某的长女也经常与朱某发生矛盾，导致杨某总是心神不定，不能安心生活，曾产生远走他乡的想法	安全需求	高危监控	服刑态度好转，焦虑程度上升，睡眠质量降低

（二）其他证据

1. 每周电话报到记录表。杨某自 2014 年 4 月 24 日社区服刑以来，能按照有关要求进行每周一次或每两周一次的电话报到，周、月报到记录表数据齐全。

2. 月考核排名表（见表 8－2）。

表8－2　月考核排名表（总数：119人）

月份	1	2	3	4	5	6	7	8	9	10	11	12
排名	98	102	113	89	98	115	93	93	101	86	83	81

月考核排名表显示杨某参加社区矫正的月考核指标名次逐渐有所上升，表明杨某对社区矫正的正面态度在提升。

（三）心理诊断证据

1. SCL90评估证据表（见表8－3）。

表8－3　SCL90评估证据表

躯体化	强迫	人际关系	抑郁	焦虑	敌对	恐怖	偏执	精神病性	其他
3.75	3.50	3.78	3.38	2.80	2.3	2.29	2.67	3.8	2.57

总分212分。使用SCL90评估证据表进行前测，结果显示服务对象杨某有强迫症状，人际关系敏感，抑郁、焦虑、躯干不适、怀疑性现象明显，经常认为别人和自己过不去。

2. XRX评估证据表（见表8－4）。

表8－4　XRX评估证据表

情绪易变性QYB	焦虑JL	抑郁倾向YY	精神异常倾向JS	适应证SY	偏执情况PZ	同情心TQ	诚实CS
1.52	2.06	1.95	0.55	1.19	－0.24	1.28	－1.9
罪责感ZZG	宽容心KR	荣辱观RR	义利观YL	人生观RS	法律理解FL	法律态度FTD	守法素养SF
0.3	1.55	0.71	1.26	2.16	0.87	0.34	2.31
自主性ZZX	自知心ZZX	社会适应力SHS	暴力倾向BL	非法性FFX	自杀倾向ZSX		
－0.84	－0.79	1.79	1.27	－0.66	－1.26		

表8－4显示，服务对象杨某心理健康程度较低，特征为：心理方面表现为情绪极不稳定，焦虑、抑郁症状明显；认知方面表现为缺乏同情心，做事不计后果，罪恶感较差，对判决不服；荣辱观、义利观、人生观模糊；缺乏法律常识，对法律认同感不强，守法意识差；行为方面暴力倾向、攻击行为倾向明显。

（四）矫正步骤

1. 心理疏导。针对上述证据材料揭示的问题，采取脱敏疗法，引导服务对象杨某逐渐认识和减轻自己的不良心理倾向。

2. 强化奖惩。矫正工作者注意采取随时表扬鼓励及批评教育或惩罚的方式，控制、调整服务对象杨某的个人需求，逐步改正其不合理的行为方式。

3. 调解关系。针对服务对象杨某所处的居住环境复杂、家庭成员关系紧张的情况，矫正工作者深入杨、朱两家和邻里家中，积极进行调解疏导工作，使两家人最终达成互不干扰协议。

4. 排忧解难。为使服务对象杨某的现状得到改善，司法所与街道办事处共同努力，积极协商，帮助杨某在某繁华地带承租了一个小食品摊位，缓解了杨某及其家庭经济困难的现状。

六、矫正效果

随着社区矫正工作的不断细化和各项措施的实施，通过一年的社区矫正工作，杨某在思想上、行动上有了明显的变化，改善了其与家庭成员、亲友、邻里的关系，为顺利结束社区矫正、回归社会奠定了基础。目前，杨某情绪稳定、无违纪现象，周围群众也对杨某的表现给予了肯定。

（一）矫正效果评价方式

1. 本人评价。其内容为：通过一年的矫正深刻认识到之前存在的错误，增强了法律意识，改变了一些不良行为。目前人际关系比较和谐，没有违纪现象，焦虑程度下降了，睡眠质量提高了。多次获得表扬鼓励，感觉充满了希望。

2. 司法助理员评价。其内容为：杨某近一年表现良好，无重大违纪现象，能够参与到生产、卫生及社区公益劳动等各项活动中，服刑态度有较好的转变，人际关系得到明显改善。

（二）矫正效果测试证据

1. SCL90 评估证据表。

总分 124 分。使用 SCL90 评估证据表进行后测，结果显示服务对象杨某抑郁、焦虑、敌对因子分别下降至 1. 30、1. 30、1. 10，属于正常范围。

2. XRX 评估证据表。使用 XRX 评估证据表进行后测，结果如表 8 – 5 所示。

表 8 – 5　XRX 评估证据表后测结果

情绪易变性 QYB	焦虑 JL	抑郁倾向 YY	精神异常倾向 JS	适应证 SY	偏执情况 PZ	同情心 TQ	诚实 CS
1. 09	1. 02	0. 82	0. 48	0. 41	– 0. 24	1. 07	– 1. 9
罪责感 ZZG	宽容心 KR	荣辱观 RR	义利观 YL	人生观 RS	法律理解 FL	法律态度 FTD	守法素养 SF
0. 3	– 0. 01	0. 26	0. 67	0. 13	0. 3	0. 67	0. 61
自主性 ZZX	自知心 ZZX	社会适应力 SHS	暴力倾向 BL	非法性 FFX	自杀倾向 ZSX		
– 0. 84	– 0. 71	0. 56	0. 12	– 0. 66	– 1. 26		

经对比，前后两次 XRX 测量显示服务对象杨某在情绪易变性、焦虑、适应证、宽容心、人生观、守法素养、暴力倾向等纬度因子方面均有明显改变。

上述多方面证据显示，司法工作者和社会工作者采用循证矫正方法，对杨某开展的各项社区矫正工作都收到了明显的矫正效果。

七、专业反思

通过上述循证矫正案例可以看出，循证矫正方法的基本操作流程如下：

1. 确定问题，了解服务对象的基本信息。

2. 认真收集、检索有关社区服刑人员接受社区矫正初始化状态的各类证据。

3. 分析、筛选证据。

4. 制定个别化的个案矫正方案。运用社会工作理念方法认真开展个案矫正。

5. 采取多种方法对矫正效果进行评估，尤其注意使用相关量表对服刑人员接受社区矫正以来的数据指标进行前后测量的分析对比，在此基础上证明矫正效果。

6. 进行个案矫正总结。在阶段性评估和矫正期结束后的综合性评估中，矫正工作者要总结和反思矫正过程中所采取的各种方法和步骤，针对具体问题的解决过程进行认真总结，为进一步开展循证矫正积累经验、奠定基础。

正如宋行、朱洪祥、刘好千等学者所言，循证矫正模式下的监狱矫正和社区矫正目前所面临的关键问题是可供借鉴的证据太少，可量化、可标准化、可流程化的相关文献太少，大多数的文献仅仅提供了社区矫正的理论指导和政策建议，缺少实际矫正过程及后效评估等内容，这给矫正工作者在实际操作中选择矫正证据和方案增加了难度。总体来讲，循证矫正工作方法在我国方兴未艾，还有很多问题需要研究，还需要司法工作者、社会工作者共同努力，不断积累经验。

第九节　法律教育模式案例

一、案例简介

服务对象闫某，男，1970 年 7 月 8 日出生，汉族，小学文化程度，已婚，无业。2004 年某日，闫某与朋友在朋友家喝酒，喝酒的间隙偷拿了朋友 2000 元钱，朋友发现丢钱后报警，闫某被捉拿归案。2004 年 3 月 5 日，闫某因犯盗窃罪被判处拘役 3 个月，缓刑 6 个月，并处罚金 1000 元。

闫某有一个稳定的小家庭，妻子来自黑龙江农村，1993 年投靠其表姐来京打工，1996 年经人介绍与闫某结婚，家中有一 7 岁儿子，上小学一年级。闫某自非典之后在家待业，主要依靠妻子做钟点工来维持日常生活，现正办理最低生活保障金。闫某住房困难，与弟弟同住在一间 14 平方米的平房里，用一布帘隔开居住。

闫某从小和奶奶生活在一起，7 岁时回到父母身边，1988 年在某学院的食堂上班，因工资低而辞职，后到处做临时工。

闫某的父母在北京大兴居住，关系较好。弟弟在某汽车公司开车，未婚。由于居住条件差，常因日常生活琐事和家庭问题与弟弟产生矛盾纠纷，多次经人调解。

二、问题界定

通过对服务对象闫某的日常观察、个案访谈和环境调查发现，闫某性格内向，不善言表，处事固执、教条、死板；思想保守，社会适应能力差。

服务对象闫某的法律意识不强，对自己的违法行为存在模糊认识，认为自己是生活所迫，偷拿事主的钱也不算多，况且事主是自己的朋友，出事前一天晚上还在一起喝酒，把钱还了就解决了，没想到会被判刑。

服务对象闫某文化程度较低，生活在城市底层。庭审法官介绍说："服务对象闫某经济状况非常困难，犯罪时即将进入冬季，面临买煤和买烟筒的钱没有着落，就想到了用非法手段来解自己的燃眉之急。"服务对象闫某没有基本的法律常识，法律意识淡薄。

三、相关理论

开展法制教育是提高社区服刑人员法律意识的重要途径。社区服刑人员本身属于守法意识比较淡薄的群体，因此更应该对他们进行法制教育。社区矫正的主管机关——司法行政机关是法制教育的主要部门，主要任务是组织社区服刑人员学习相关法律法规，其中刑法和刑事诉讼法是学习的重点。对于家庭困难的社区服刑人员来说，有关社会保障的法律法规也是需要学习的。

当然，开展法制教育活动还需要非正式的支持，充分调动社区服刑人员亲属、邻里的积极性，让他们参与到对社区服刑人员的法制教育和帮扶中来。

法制教育可以采用课堂讲授的方式，也可以采用其他灵活多样、社区服刑人员易于接受的形式。例如，针对文化水平低的社区服刑人员，可以让他们通过看法制微电影获得法律知识。

四、服务方案

从访谈中可以看出，一方面，服务对象闫某的文化水平较低导致他的法律意识不强，不能很好地认罪服法。这就需要采用通俗易懂的法制教育的方式提高他的遵法守法意识。另一方面，服务对象闫某的经济状况的确困难，自身又没有能力寻找到经济来源；进入冬季，服务对象闫某的取暖问题也没有着落。可以在帮助他解决问题的同时，让其加强对有关社会保障的法律法规的学习。

五、采用法制教育模式提供服务的步骤与过程

服务对象闫某的问题主要是法律意识淡薄，如何加强法制教育，

让遵纪守法深入到服务对象闫某的心中是社区矫正社会工作开展的难点和重点。社会工作者应和司法所工作人员配合，利用社会工作的“柔”和刑罚执行的“刚”，刚柔并济促进服务对象思想的转变。

1. 以集中教育为突破口，解决服务对象闫某的认罪服法问题。服务对象闫某对法律存在一定程度的淡漠和漠视，此次犯罪他内心存在着一定的不认罪服法的问题。社区服刑人员的认罪服法问题是社区矫正工作需要首先面对的，在集中教育中加大法制教育的力度很有必要。司法所工作人员针对服务对象闫某的犯罪事实，结合《刑法》、《刑事诉讼法》、《北京市社区矫正实施细则》等有关条款规定，对闫某进行了耐心细致的讲解，使其对法律有了大体的认识。社会工作者则利用以案说法，向闫某播放法制微电影的形式，使其对所犯罪行有了更深层次的认识。

2. 挖掘资源，链接资源，努力营造一个较好的法制教育环境。通过掌握的资料显示，服务对象生活困难，与周围环境的关系不融洽，似乎周围的环境与他的法制教育没有什么关系。事实上，服务对象闫某所在的社区有很多的法制教育的资源可供挖掘和使用。首先，积极发挥社区矫正工作小组的作用，矫正小组可以通过社区民警、社区调解主任形成有效的管控网络，并利用这个管控网络进行法制教育。其次，每个社区都有公益律师定期来社区答疑解惑，可以将律师纳入到对闫某进行法制教育的队伍中来。

3. 发挥家庭的非正式支持功能。充分利用监护制度，做好服务对象闫某的家人的普法工作，使其履行监护人义务，积极配合司法所工作。社工和司法所工作人员利用有关服刑人员因自己违法犯罪，使家庭破碎、使亲人深受痛苦等案例，结合法律法规进行引导教育，并就社区矫正的目的、意义和监护制度进行耐心细致的讲解，使服务对象闫某的妻子和亲属意识到社区矫正的重要性，加强对服务对象闫某的监护。

4. 在帮助服务对象解决实际困难中进行法制教育。服务对象闫某由于对社会保障制度不了解，一直没有办理低保，社工和司法所同街道民政部门积极协调为其办理了低保，解决了生活困难，也使闫某对社会保障制度有了新的认识。此外，闫某一直没有正式工作，一直没有缴纳养老保险和医疗保险，社工认真耐心地讲解了有关社会保险的法律法规，使其意识到稳定就业的重要性。同时，社工积极通过各种途径为其寻找工作。

5. 定期评估和必要时危机介入相结合。对于法制教育的效果定期进行评估，鉴于闫某文化水平较低，一般采用读题的方式让他回答，评估结果显示闫某作为社区服刑人员的身份意识和法制观念得到了很大的提高和加强，已经具备了基本的法律常识。

有一天，闫某突然打来电话称其妻子和其弟弟发生了冲突，妻子被打伤，应该怎么办？社工立即赶赴现场，通过合法渠道进行了处理，最终其弟弟赔礼道歉。此事说明闫某已经不会像以前那样那么容易冲动了，在发生类似事件时，懂得寻求支持，用法律解决问题。

六、专业反思

法制教育是一项专业性较强的工作，社区矫正社会工作者对法律条文的理解和认识以及对社区服刑人员的讲解都将会影响到社区服刑人员的行为，因此，社区矫正社会工作者只有深刻地理解相关法律法规，才能在法制教育过程中取得良好的效果。

在法制教育过程中难免会遇到一些不识字或者文化水平较低的社区服刑人员，社工可采用角色扮演、播放法制微电影等通俗易懂的形式开展法制教育工作。受到闫某对有关社会保障和就业的法律法规认识不足的启发，社工专门制作了由街道相关部门讲解有关社会保障和就业的法律法规的光盘，向社区服刑人员播放，收到了很好的法制教育的效果。

社工最重要的还是应当帮助闫某“助人自助”。社工不仅仅要在闫某遇到困难的时候帮助他，还应该促使他积极参加技能培训，运用赋权增能理论，发掘他自身的潜能，使其能够独立面对今后的生活。

第九章 研究结论

第一节 对当前中国社区矫正社会工作特点的分析

改革开放以来，原有单位体制逐步瓦解，社会主体与经济成分多元化发展，政府角色、社会角色也呈现出多元化趋势。单一的监狱制刑罚手段在犯罪类型多样化、犯罪人群多样化的特征面前，想要达到成功矫正犯罪分子，帮助其顺利回归社会的目的已黔驴技穷。与此同时，国际人权运动与社区矫正制度的推广，刑罚轻刑化、行刑社会化、监禁人道化趋势不仅给中国带来不得不施行社区矫正的压力，也为中国带来了矫正犯罪人群的新思路。

一、实施社区矫正的轻刑化刑罚背景

经济的快速发展促使物质欲望的滋生、人口的流动和家庭的重新组合，从而动摇了传统生活方式和生活观念，不可避免地带来一些不确定的破坏因素。例如，在日益激烈的市场竞争中，父母更关注子女的职业选择和未来发展，忽略了对他们的监护和教育、对婚姻家庭的经营，青少年越轨行为增多、离婚率上升，家庭问题越来越凸显。犯罪事件增多，犯罪分子的数量也在逐年上升；监狱的罪犯人数增加，刑罚矫正成本也在不断增加。人们逐渐意识到，惩罚式的集中监管效果欠佳且耗费较大，国际社区矫正的实施带来的刑罚轻刑化趋势让国家看到矫正服刑人员的另一种可能，即对罪行较轻、主观恶性较小、社会危害性不大的罪犯或者经过监管改造、确

有悔改表现、不致再危害社会的罪犯在社区中进行有针对性的管理、教育和改造，从而减少社会再融入和再社会化的阻碍，提高矫正效果，使服刑人员顺利回归社会。因此，2003 年 7 月 10 日，“两高两部”发布了《关于开展社区矫正试点工作的通知》，该通知确定了北京、天津、上海、江苏、浙江、山东等六个省市为全国社区矫正的首批试点省市，中国的社区矫正试点工作由此正式开始。随后，在六省市的成功试点的基础上，2005 年 1 月 20 日，“两高两部”又发布了《关于扩大社区矫正试点范围的通知》，将社区矫正试点省份扩大到湖南、广东等 18 个省市。2009 年 9 月 2 日，在社区矫正试点工作取得明显成效并达到预期目标的情况下，为了推动社区矫正工作的持续深入发展，“两高两部”联合发布了《关于在全国试行社区矫正工作的意见》，标志着社区矫正试点在全国范围内开展。社区矫正制度的借鉴与引入，一方面是为了减轻国家越来越重的经济负担，另一方面是为了创新矫正手段和强化服刑人员的矫正效果。

自 2003 年我国开展社区矫正试点工作以来，截至 2011 年 9 月底，全国 31 个省（区、市）和新疆生产建设兵团已开展社区矫正工作，试点地区累计接收社区服刑人员 78.9 万人，解除矫正 43.2 万人，现有社区服刑人员 35.7 万人（司法部社区矫正管理局，2011）。目前，社区服刑人员的数量还在不断增加，社区矫正的任务越来越艰巨，社区矫正社会工作越来越受到关注。

二、社会工作在社区矫正中肩负的责任

社区矫正社会工作是社会工作的重要内容之一。社区矫正制度的实施扩展了社会工作理论、实务，增强了社会工作的影响力，促使了社区矫正社会工作者队伍的建立。社区矫正社会工作者队伍是参与社区矫正的主要力量之一。自 2003 年开展社区矫正试点工作以来，参与社区矫正的社会工作者数量不断增加。司法部提供的数据显示，截至 2011 年 3 月底，全国从事社区矫正工作的社会工作

者达到57623人（吴宗宪，2011）。他们为我国社区矫正事业的发展作出了卓越的贡献。与社区矫正专职工作者不同，社区矫正社会工作者是社区矫正的重要辅助人员，是根据一定条件选择并经培训后对社区服刑人员开展相关社会工作的专业人员。

2012年3月1日正式实施的《社区矫正实施办法》指出，经过多年的实践与探索，社区矫正在我国取得了巨大进展，形成了各具特色的地方工作模式。在各地的模式中，都不同程度地将社会工作看作社区矫正的重要力量，并探索其介入社区矫正的工作机制。此外，《社区矫正实施办法》第3条第1～2款规定，县级司法行政机关社区矫正机构对社区矫正人员进行监督管理和教育帮助。司法所承担社区矫正日常工作。社会工作者和志愿者在社区矫正机构的组织指导下参与社区矫正工作。《社区矫正实施办法》确定了目前社区矫正执行机构是司法行政机关，指出了社会工作者是其中重要的参与力量。

三、我国社区矫正社会工作特征分析

社区矫正社会工作就是把社会工作的理念、理论和实践模式运用到社区矫正工作中进而产生的一种特殊的社区矫正模式。这种模式强调在保护社区公共安全和受害人利益的前提下，尽量将社区服刑人员以正常的社会人对待，根据其人格状况、人际关系、家庭和社会环境的调查评估，制订出对其有针对性的专业干预方案，发掘其潜能并促使其积极参加到矫正活动中来，帮助社区服刑人员恢复身心健康，使其重新融入社会（郭伟和，2008）。

根据调研和文献梳理的结果发现，目前我国的社区矫正社会工作呈现出以下特征：

（一）混合性

社区矫正社会工作的混合性既包括学科的混合性，也包括方法的多样性。第一，社区矫正社会工作是由社区矫正和社会工作两种专业相互交叉而产生的新专业。社区矫正社会工作不但要有社区矫正相关法律法规作指导和予以规范，而且需要具备社会工作价值观、理论、专业技能的社区矫正社会工作者来开展实际的社区矫正工作。社区矫正社会工作既是交叉学科又是新兴学科，仅仅依靠社区矫正的知识内容或者制度规定已经难以满足社区矫正工作及社区服刑人员矫正的需要，对社区矫正的长远发展也是不利的。因此，在发展社区矫正社会工作的同时，要不断深入和扩大其价值观体系、知识体系和专业技能体系。第二，社区矫正社会工作需要根据社区服刑人员的犯罪性质、个体特征，采取不同属性的社区矫正手段。由于社区服刑人员的心理以及成长过程的复杂性，社区矫正社会工作往往需要运用两种乃至三种以上的辅导或治疗模式。例如，对一成年的缓刑社区服刑人员进行矫正，可能会涉及家庭治疗、心理治疗、社会资源链接等辅导或治疗模式，而涉及的理论包括心理学、家庭社会学、社会工作等。

（二）整体性

经过十余年的推行，社区矫正已经逐步实现了从注重社区服刑人员管理和监控的“单向度控管观”向注重社区服刑人员社会、身心等全面矫正发展、以人为本的“多向度矫正观”的转变，从社区服刑人员的位置监控向帮助其社区融合的转变。不管是管理手段上的转变还是地域控制上的转变，这些变化与发展都体现出社区矫正对社区服刑人员真正意义上的整体性发展的追求，即社区服刑人员是一个整体，同时，社区服刑人员又是社会这个整体的一部分。应以“常人”来看待社区服刑人员并站在他们的角度看待他们的需求，他们是整个社区矫正系统乃至社区、社会系统的一部分。因此，在进行社区矫正工作时要有整体性的观念。

（三）价值导向性

一方面因为社区矫正社会工作本身是一项以人为本的服务性专业，具有较强的价值导向性；另一方面由于社区服刑人员都是曾经违反法律，人生观、价值观出现一定偏差的人，需要社区矫正工作者、社区矫正社会工作者帮助其再社会化，重新端正价值观、人生观和世界观，因此，对社区矫正工作者、社区矫正社会工作者和社区服刑人员来说，社区矫正社会工作是一项具有明显价值导向性的专业。它需要严格遵循社会主流价值观和国家法律法规并以此为工作的指导。社区矫正的实施者和接受者都需要澄清、内化社会的主流价值观。社区矫正要帮助社区服刑人员顺利回归社会，既需要培养出高素质的社区矫正社会工作人才，又需要教授社区服刑人员如何修正自我、成长自我，拥有健康的身心、能力和信心重新走进社会，迎接挑战。因此，社区矫正的价值取向应“以人为本”，消除对社区服刑人员的歧视，突出对社区服刑人员生存技能、社会意识、社会观念和能力习惯的教育培养，提高矫正效果，降低重新犯罪的概率。

（四）实用性

社区矫正社会工作应关注社区服刑人员的日常生活，其与社区服刑人员家庭内外及社区、单位的生活联系起来是实现社区矫正可持续发展的关键。因此，注重社区矫正的实用性，使社区矫正社会工作相关的法律规范、理论知识、专业技巧与社区服刑人员的兴趣爱好、多样化需求及生活中的实际运用相结合，是实现社区服刑人员成功矫正、顺利回归社会的重要保障。目前，社区矫正社会工作在实用性方面存在欠缺，社区服刑人员的管理教育带有很强的管制性，社区矫正社会工作带有很强的行政性，忽略了社区服刑人员的实际需求以及政策、理论及技能的实用性。

（五）本土化

社区矫正社会工作是在实施社区矫正的过程中产生的。目前，我国的社区矫正社会工作一边在借鉴国际经验，一边在想方设法地将其本土化，增强其适用度和效果。此外，我国地域辽阔，各省市的实际情况差异较大，农村与城市的差异也较大，社区矫正发展呈现出不平衡、不一致的现象。这一客观事实为社区矫正可持续发展提出了新的课题，进一步增加了社区矫正社会工作本土化的难度，但同时也提出了社区矫正社会工作本土化的迫切要求。各省市要结合本地实际情况，开展模式各异的社区矫正社会工作，让社区矫正社会工作呈多元化发展，体现出各地区的民族和地方文化特色，为社区矫正的有效实施打下坚实的基础。

（六）行政化

从机构与国家的关系这一角度来看，当前的社区矫正机构分为官办型、准官办型及民办型三种。官办型与准官办型社区矫正机构的资源都是自上而下、从政府获取；由于社会资源匮乏且社会公众的原重刑主义传统对社区矫正的支持力度缺乏，民办型社区矫正机构在资金、职能、管理、人员配置等方面都严重依赖政府，导致社区矫正社会工作的行政色彩浓于人道服务。社区矫正机构与政府的这种较强的依赖关系不但让社区矫正社会工作组织管理行政化，而且使社区矫正社会工作的日常工作内容也日趋行政化。社区矫正机构需要强化自身的独立性，政府也需要进一步放权，让社区矫正社会工作逐渐去行政化，以提高服务职能和矫正效果。

第二节 对当前中国社区矫正社会工作存在的问题的分析

一、社区矫正社会工作的权责不明

经过十余年的实践与探索，社区矫正在我国取得了巨大进展，社区矫正的法规政策在试点工作中不断成熟，并形成了北京、上海、江苏等各具特色的地方社区矫正模式。虽然目前不管是在现存的法规政策体系中还是在各地社区矫正模式中，社区矫正社会工作者及机构都被不同程度地看作社区矫正的重要力量，社区矫正社会工作理论及技巧都被视为社区矫正的主要指导知识之一，各地也都在探索其介入社区矫正的工作机制，但是在现存的法规政策体系中没有专门为社区矫正社会工作者及机构制定的文件，涉及社区矫正社会工作者及机构的权威性法规政策数量也不多，主要存在于各试点省市社区矫正工作相关行政文件中。社区矫正社会工作在社区矫正中所处的地位、所承担的责任和所拥有的权利都缺乏明确的规定。因此，“无法可依”的现状对于社区矫正社会工作的推进与发展形成巨大阻力。

此外，由于社区矫正社会工作权责不明，参与社区矫正的社区矫正社会工作者虽然是目前社区矫正规章制度中规定的辅助力量，但在实际工作中却是主力军的角色。许多社区矫正行政性、执法性的工作由于社区矫正工作者人手缺乏或工作懈怠推诿的问题而交由社区矫正社会工作者来承担，造成社区矫正社会工作者没有时间实施专业矫正活动，且执行社区矫正工作时缺乏相应的经费保障、人身安全保障。

二、社区矫正社会工作专业化水平不高

目前，开设社会工作专业的高校基本都设有矫正社会工作课程，教授矫正社会工作相关理论和实务技能。在这些高校的课程设计中，社区矫正社会工作占了相当大的比重，有些高校甚至开设社区矫正社会工作的课程，讲授社区矫正社会工作服务领域的理论和实务技能。与此同时，有些高校还设有专门的社区矫正社会工作实践环节，在教学环节中注重培养社会工作专业的学生在社区矫正社会工作服务领域的理论和实践能力，努力为社区矫正工作积累专业的社区矫正社会工作人才。但是由于我国社区矫正起步较晚，对国内外社区矫正的研究也处于初步发展阶段，因此，社区矫正社会工作课程缺乏专业度高、可操作性强的社区矫正社会工作理论教材。就社区矫正社会工作领域的书籍和科研论文的发表情况来看，对于社区矫正本土化的理论和实务研究十分稀少，无法满足社区矫正社会工作价值观、理论、技能和人才多重专业化的要求。

在社区矫正社会工作专业化的实践进程中，完备的培训制度和

督导队伍对推动社区矫正社会工作专业化的建立与发展具有重要的作用。专业的培训和督导能够为社区矫正社会工作者提供专业上、情感上的多方面支持，同时，培训制度的制定和督导队伍的建立也是社区矫正社会工作走向成熟的一个标志。但是由于目前社区矫正发展不平衡，大部分省市没有建立社区矫正社会工作者岗前培训、业务培训等专业培训制度和社区矫正社会工作专业督导队伍。

三、社区矫正社会工作本土化困境

社区矫正制度是从国外移植而来的制度，社区矫正社会工作伴随社区矫正的产生而产生，在实施过程中与社区矫正一样，有时会发生与现存制度环境、人文环境不完全适应乃至冲突的情况，陷入社区矫正社会工作的本土化困境。

我国自古以来有“善恶有报”、“一报还一报”的思想，而社区矫正社会工作则是强调尽量保护社区服刑人员的隐私权，让社区服刑人员以“常人”的身份回到社会，并根据其个性特征、现实需求，帮助其恢复社会适应能力，顺利回归社会。这种观念上的差别，让社区矫正在实施时遇到一定的困难：一方面，社区矫正社会工作者不能随意表明自己的身份，社区服刑人员不愿向公司、单位透露自己的身份；社区矫正活动时间需要尽量与社区服刑人员可以安排的时间一致。另一方面，如果要帮助社区服刑人员重建社会关系，就需要开展社区服刑人员的社会融合活动，但一旦开展此类活动，社区服刑人员就有可能被贴上“标签”。因此，社区矫正工作常常会陷入“两难”的境地。与此同时，我国正处于“单位制”向“社区制”的转变阶段，单位的责任在消减、熟人社会慢慢瓦解，城市社区邻里间越来越冷漠，针对社区服刑人员建立日常生活监管网络体系存在实际困难。

此外，社区矫正社会工作的本土化实施缺乏可以承载的主体。目前，社区矫正社会工作专业机构一方面是对政府的资金依赖，另一方面是对高校、港台地区专业力量的依赖。现存的社区矫正社会工作专业机构基本上都是准官办型。这种类型的特征在于政府不会划拨编制给社区矫正社会工作专业机构，通过购买社区矫正社会工作专业机构服务的方式实现政府社区矫正工作的需求，一般有整体项目打包购买和岗位购买两种形式，由社区矫正社会工作专业机构来指导和管理服务于社区矫正的社会工作者，政府对该机构提供的社区矫正管理、教育服务工作实施监督、评估。社区矫正社会工作专业机构的运行基本上全部依赖于政府购买服务的方式。此外，社区矫正社会工作专业机构对专业力量的过分依赖，也限制了机构的建立和发展。目前的社区矫正社会工作专业机构往往依托国内设有社会工作专业的高校力量。一般在有这类高校的省市都可以看到社区矫正社会工作专业机构。我国香港、台湾等地区的社会工作、社区矫正发展较为完善，临近香港、台湾的沿海城市可以借助这些社区矫正社会工作专业发展较好的地区的人力资源来建立自己的社区矫正社会工作专业机构。

四、社区矫正社会工作者队伍不稳定

在各地的社区矫正实践中，大量的社区矫正社会工作者参与到社区矫正的一线工作中，发挥出越来越重要的作用。这些社区矫正社会工作者有的是通过政府购买服务的方式，如购买矫正项目服务、购买社区矫正社会工作岗位服务等；有的是司法行政机构直接通过事业单位或者公务员招考的形式，进入社区并参与社区矫正社会工作的。但社区矫正社会工作者队伍并不稳定，主要有以下几种原因：

一是准入标准低，工资水平低，难以招纳专业人才。各省市在招聘社区矫正社会工作者时，对社区矫正社会工作者的专业要求、教育要求、年龄要求都比较宽松。这种准入标准低、工资水平低的现象，一方面反映了顶层政策设计者对社区矫正社会工作力量和功能的忽视以及定位低下；另一方面，准入标准低挤占了专业社会工作者进入的名额，低工资水平注定了无法吸纳和留住专业社会工作

者提供专业化服务。因此，从招聘之初就组建一支具有专业水准的社区矫正社会工作人才队伍的难度可见一斑。

二是社区矫正社会工作者管理政策法规效力不足且杂乱不一，社区矫正社会工作者难以承受。目前的社区矫正政策法规中虽然对社会工作者的来源作了规定，但对于社区矫正社会工作者属于什么性质、适用哪种管理条例等相关问题，社区矫正政策法规没有统一且明确的规定。因此，社区矫正社会工作者队伍的建设陷入困境。以上海市为例，一方面，由上海市自强社会服务总社下设的社团招募社会工作者，同时总社每年对各个区的社工站及社工点和社工个人进行业务指导、培训和检查；另一方面，社区矫正社会工作者在具体工作时又归属于每个区的司法局。此外，社区矫正社会工作者的工资及奖金都出自各个区的政法委，这就决定了他们每月、每季度乃至每年的考核都由政法委决定，受政法委的领导。在社区矫正工作中，这种“管钱”与“管人”不一致的管理现象导致社区矫正工作中出现了“多人指示，两头受气；任务繁杂，分身乏术；目标多样，成效难显”的局面。

三是社区矫正社会工作者经费保障制度缺乏，影响社区矫正社会工作者的生存。社区矫正社会工作者服务购买的形式不一，工资和活动经费的保障程度和发放渠道也是各不相同。有些省市采用政府自行设置岗位、招聘社区矫正社会工作者的形式，其经费由政府财政统一支出，这部分社区矫正社会工作者的工资和活动经费可以得到保障；有些省市采用岗位购买的形式，经费从分配的社区矫正经费中支出，这笔经费每年根据社区服刑人员的多少而有所变动，社区矫正社会工作者的工资和活动经费就不能固定；还有些省市根据自身社区矫正工作需要向专业机构购买服务，所给的经费也会随着需求或财政收入的变化而变化。可见，社区矫正社会工作者的工资和活动经费在来源上缺乏保障。

第三节　对中国社区矫正社会工作未来发展的几点建议

针对目前我国社区矫正社会工作存在的权责不明、专业化水平不高、本土化困境和专业人才队伍不稳定的问题，建议从社区矫正社会工作法律法规建设、社区矫正社会工作的专业化建设、社区矫正社会工作专业人才队伍建设三个方面入手，推动社区矫正社会工作的发展。

一、社区矫正社会工作法律法规建设

目前，虽然中央和各省市都十分重视社会工作介入社区矫正的途径和机制，但是并没有关注到社区矫正社会工作政策法规的建立。一方面是因为社区矫正试点时间较短，社区矫正没有专门的法律；另一方面是因为社区矫正社会工作的实务开展占据了主要关注领域，相关政策法规的建立工作被忽略了。但依据社区矫正社会工作不断发展的实际情况和要求以及恰逢社区矫正立法的契机，笔者认为适时讨论社区矫正社会工作政策法规的建立是十分必要的。

首先，要与“实”俱进，建立社区矫正社会工作政策法规。社会工作逐渐成为社区矫正工作的主体已是不争的事实。政府、学界和社会机构在商讨建立社区矫正社会工作政策法规的同时应关注到社区矫正社会工作的重要性。在社区矫正政策法规中明确社区矫正的执法主体和工作主体，明确各主体的职责、权利，让社区矫正社会工作者有“法”可依、有“法”必依。

其次，建立社区矫正社会工作特有的具有针对性的政策法规。由于社区矫正社会工作者面对的服务对象具有一定的危险性，社区矫正政策法规制定时应建立社区矫正社会工作开展的保护政策。“助人自助”是社会工作的宗旨，同时也是社区矫正社会工作目标的体现。因此，除了建立社区矫正社会工作者职业发展政策法规

外，建立社区矫正社会工作服务对象维权政策法规和关于社区矫正社会工作服务机构业务的政策法规也同样重要。

最后，社区矫正是一项刑罚执行活动，具有强制性和严肃性。社区矫正社会工作者应有相关政策法规证明其工作的正当性和合法性，以保障其社区矫正工作的开展。因此，要建立关于社区矫正社会工作者的政策法规，明确身份，统一管理。社区矫正社会工作者在开展社区矫正工作和进行社区服刑人员走访时，常因身份问题遭到社区服刑人员、社区居民的拒绝甚至谩骂。深究其原因，主要在于社区矫正社会工作者缺乏政策法规的支持与保障。国家应建立类似于《中华人民共和国公务员法》的政策法规，明确社区矫正社会工作者从事社区矫正工作的正当性和合法性，让公众对其身份和活动予以接纳和认可，从而较好地配合社区矫正社会工作者的工作。此外，建立统一的社区矫正社会工作者的政策法规，有利于规范对社区矫正社会工作者的管理，改变管理混乱无序的局面；有利于保障社区矫正社会工作者的合法权益，稳定社区矫正社会工作者队伍。

社区矫正工作的发展和效果的提升，依赖于经过严格筛选、由社区矫正社会工作者政策法规管理和监督的具备专业知识及专业操守的社区矫正社会工作者队伍。他们是发挥社区矫正教育功能、塑造功能、治疗功能和感化功能，发展社区矫正，实现社区矫正社会工作目标的有力保障。

作为社区矫正的后发国家，结合中国的现实基础，总结中国社区矫正社会工作的实践经验，批判性地吸取其他国家在社区矫正社会工作中法律上、理论上和实务模式上的经验和教训，充分利用中国的后发优势，建立中国特色的社区矫正社会工作政策法规体系是社区矫正的发展需要，也是时代发展的必然要求。

二、社区矫正社会工作的专业化建设

一方面，政府、学校要高度重视社区矫正社会工作专业人才的

培养。政府要加大对学校开办社区矫正社会工作专业的扶持力度，鼓励更多的学者、实践者参与到社区矫正社会工作的专业研究中；加大对社区矫正司法工作者的专业知识、技能和服务理念培训力度；加强对社区矫正机构专业化建设的监督。另一方面，学校要加大引进社区矫正社会工作专业教学师资力度和对课程教材引进和研究的力度，加强社区矫正社会工作专业的宣传力度、招生力度和专业培养力度，为开展社区矫正社会工作输送和储备人才。

三、社区矫正社会工作专业人才队伍建设

专业的人才是任何一个部门取得优秀业绩的前提条件。提高社区矫正社会工作人才队伍的准入标准，完善人才队伍的管理、培训、晋升等相关制度，建立专业化、职业化的社区矫正社会工作人才队伍是促进社区服刑人员顺利回归、融入社会的保障之一。笔者认为，可以从社区矫正社会工作专业人才队伍自身建设、机构建设、政策保障三个层面来建构“三位一体”的社区矫正社会工作专业人才培养体系。

（一）自身建设

社区服刑人员的需求是变动的，社区矫正社会工作者不能满足于现有的工作知识储备，要不断学习和巩固专业知识、技能，完善自我、提升自我，以满足社区服刑人员的动态需求，形成去碎片化的、系统的服务模式。此外，在从事社区矫正工作时，社区矫正社会工作者要时刻以社会工作价值观指导自身的服务工作，逐渐消除被动式的服务观念。社区服刑人员虽然被判刑，但要改造的是他/她的行为。社区矫正社会工作者要遵守价值中立的原则、秉持接纳的理念，从而更好地为社区服刑人员提供服务。

（二）机构建设

社区矫正社会工作机构要加强专业自主性，摆脱政府的“一言堂”控制。在经费方面，机构要努力开拓资金来源渠道，缓解

对政府的经费依赖；在技术方面，机构要建立人才培养体系和人才引进计划，增强机构自身的专业力量；在管理培训方面，机构可以尝试机构内部员工管理、外部专业管理人才引进等形式，找到适合本机构的管理培训方式。与此同时，机构间要加强相互支持，突破省市地域障碍。专业机构的发展离不开机构间的相互监督、相互支持。老资历的社区矫正社会工作专业机构对新兴机构的帮扶，可以避免“走弯路”、“走绝路”的现象。机构间的相互分享，可以增加社会工作专业人才流动率，提高人才利用率；有利于吸引新的社区矫正社会工作专业人才，建立新的或下属的社区矫正社会工作专业机构。

（三）政策保障

政府部门要建立社区矫正社会工作者统一的聘用、监督、培训、晋升等政策法规。统一的、强有力的社区矫正社会工作者聘用、监督、培训、晋升政策法规是建立专业化、职业化、规范化社区矫正社会工作者队伍的基础，是社区矫正“软”实力的蓄水阀。目前，由于缺乏开展社区矫正工作的社会工作者资格的社区矫正政策法规，各地聘用的社会工作者大部分不是社会工作专业毕业，且不具有社会工作者执业证书。社区矫正是一项严肃的、专业性较强的工作，因此，需要制定统一的社区矫正社会工作者聘用政策法规，以规范各省市的社区矫正队伍建设。只有在源头上把好社区矫正社会工作者的“进出关”，通过相关的监督、培训和晋升政策法规不断“锻造”社区矫正社会工作者队伍，使其不断得到“修炼”，社区矫正事业才能持续健康发展。

此外，建立社区矫正社会工作政策法规时要充分考虑社区矫正社会工作的现状和发展趋势。社区矫正社会工作具有严肃性，需要具有法律专业知识的社区矫正工作者和具有专业性、服务性知识结构的社会工作者共同推动其发展。社区矫正社会工作者不仅需要有较强的社会工作专业技能、专业理念和职业操守，还必须具有较扎实的法律知识基础和较强的法律意识。在规定社区矫正社会工作者的聘用、选拔和培训机制时，不但要考虑社区矫正社会工作者是否具有专业的社会工作知识技能和服务意识，而且要考虑他们是否具有专业的法律学习和法律意识。只有知“法”、懂“法”、会用“法”的社区矫正社会工作者才能更好地保障和促进社区矫正工作有序、有质地开展。

从 2003 年开展试点工作至今，社区矫正在中国已有 10 多年的发展历程。通过 10 多年的实践，社区矫正社会工作已经融入社区矫正并成为社区矫正不可分割的一部分。目前，北京、上海等地区在社区矫正和社区矫正社会工作领域中积累了不少的宝贵经验，但对于推动社区矫正社会工作向专业化的方向发展依然任重道远。社区矫正社会工作在推动和参与社区矫正发展，弥补社区矫正的“过于硬化”的刑罚效力不足的同时，还要积极遵循社区矫正的刑罚本质，铸造社区矫正的威慑力。只有“软件”、“硬件”齐头并进，社区矫正工作才能获得更好的发展。

主要参考文献

［1］郭伟和．社区为本的矫正社会工作理论与实践．社会工作，2008（3）．

［2］吴宗宪．社区矫正导论．中国人民大学出版社，2011．

［3］司法部社区矫正管理局．社区矫正工作简报，2011（33）．

附件一　社区矫正社会工作相关法律政策

一、中华人民共和国刑法（摘录）

第一编　总　　则

第三章　刑　罚

第一节　刑罚的种类

第三十二条　刑罚分为主刑和附加刑。

第三十三条　主刑的种类如下：

（一）管制；

（二）拘役；

（三）有期徒刑；

（四）无期徒刑；

（五）死刑。

第三十四条　附加刑的种类如下：

（一）罚金；

（二）剥夺政治权利；

（三）没收财产。

附加刑也可以独立适用。

第三十五条 对于犯罪的外国人，可以独立适用或者附加适用驱逐出境。

第三十六条 由于犯罪行为而使被害人遭受经济损失的，对犯罪分子除依法给予刑事处罚外，并应根据情况判处赔偿经济损失。

承担民事赔偿责任的犯罪分子，同时被判处罚金，其财产不足以全部支付的，或者被判处没收财产的，应当先承担对被害人的民事赔偿责任。

第三十七条 对于犯罪情节轻微不需要判处刑罚的，可以免予刑事处罚，但是可以根据案件的不同情况，予以训诫或者责令具结悔过、赔礼道歉、赔偿损失，或者由主管部门予以行政处罚或者行政处分。

第二节 管 制

第三十八条 管制的期限，为三个月以上二年以下。

判处管制，可以根据犯罪情况，同时禁止犯罪分子在执行期间从事特定活动，进入特定区域、场所，接触特定的人。

对判处管制的犯罪分子，依法实行社区矫正。

违反第二款规定的禁止令的，由公安机关依照《中华人民共和国治安管理处罚法》的规定处罚。

第三十九条 被判处管制的犯罪分子，在执行期间，应当遵守下列规定：

（一）遵守法律、行政法规，服从监督；

（二）未经执行机关批准，不得行使言论、出版、集会、结社、游行、示威自由的权利；

（三）按照执行机关规定报告自己的活动情况；

（四）遵守执行机关关于会客的规定；

（五）离开所居住的市、县或者迁居，应当报经执行机关批准。

对于被判处管制的犯罪分子，在劳动中应当同工同酬。

第四十条　被判处管制的犯罪分子，管制期满，执行机关应即向本人和其所在单位或者居住地的群众宣布解除管制。

第四十一条　管制的刑期，从判决执行之日起计算；判决执行以前先行羁押的，羁押一日折抵刑期二日。

第三节　拘　　役

第四十二条　拘役的期限，为一个月以上六个月以下。

第四十三条　被判处拘役的犯罪分子，由公安机关就近执行。

在执行期间，被判处拘役的犯罪分子每月可以回家一天至两天；参加劳动的，可以酌量发给报酬。

第四十四条　拘役的刑期，从判决执行之日起计算；判决执行以前先行羁押的，羁押一日折抵刑期一日。

第四章　刑罚的具体运用

第五节　缓　　刑

第七十二条　对于被判处拘役、三年以下有期徒刑的犯罪分子，同时符合下列条件的，可以宣告缓刑，对其中不满十八周岁的人、怀孕的妇女和已满七十五周岁的人，应当宣告缓刑：

（一）犯罪情节较轻；

（二）有悔罪表现；

（三）没有再犯罪的危险；

（四）宣告缓刑对所居住社区没有重大不良影响。

宣告缓刑，可以根据犯罪情况，同时禁止犯罪分子在缓刑考验期限内从事特定活动，进入特定区域、场所，接触特定的人。

被宣告缓刑的犯罪分子，如果被判处附加刑，附加刑仍须执行。

第七十三条　拘役的缓刑考验期限为原判刑期以上一年以下，但是不能少于二个月。

有期徒刑的缓刑考验期限为原判刑期以上五年以下，但是不能少于一年。

缓刑考验期限，从判决确定之日起计算。

第七十四条 对于累犯和犯罪集团的首要分子，不适用缓刑。

第七十五条 被宣告缓刑的犯罪分子，应当遵守下列规定：

（一）遵守法律、行政法规，服从监督；

（二）按照考察机关的规定报告自己的活动情况；

（三）遵守考察机关关于会客的规定；

（四）离开所居住的市、县或者迁居，应当报经考察机关批准。

第七十六条 被宣告缓刑的犯罪分子，在缓刑考验期限内，依法实行社区矫正，如果没有本法第七十七条规定的情形，缓刑考验期满，原判的刑罚就不再执行，并公开予以宣告。

第七十七条 被宣告缓刑的犯罪分子，在缓刑考验期限内犯新罪或者发现判决宣告以前还有其他罪没有判决的，应当撤销缓刑，对新犯的罪或者新发现的罪作出判决，把前罪和后罪所判处的刑罚，依照本法第六十九条的规定，决定执行的刑罚。

被宣告缓刑的犯罪分子，在缓刑考验期限内，违反法律、行政法规或者国务院公安部门关于缓刑的监督管理规定，或者违反人民法院判决中的禁止令，情节严重的，应当撤销缓刑，执行原判刑罚。

第六节 减　　刑

第七十八条 被判处管制、拘役、有期徒刑、无期徒刑的犯罪分子，在执行期间，如果认真遵守监规，接受教育改造，确有悔改表现的，或者有立功表现的，可以减刑；有下列重大立功表现之一的，应当减刑：

（一）阻止他人重大犯罪活动的；

（二）检举监狱内外重大犯罪活动，经查证属实的；

（三）有发明创造或者重大技术革新的；

（四）在日常生产、生活中舍己救人的；

（五）在抗御自然灾害或者排除重大事故中，有突出表现的；

（六）对国家和社会有其他重大贡献的。

减刑以后实际执行的刑期不能少于下列期限：

（一）判处管制、拘役、有期徒刑的，不能少于原判刑期的二分之一；

（二）判处无期徒刑的，不能少于十三年；

（三）人民法院依照本法第五十条第二款规定限制减刑的死刑缓期执行的犯罪分子，缓期执行期满后依法减为无期徒刑的，不能少于二十五年，缓期执行期满后依法减为二十五年有期徒刑的，不能少于二十年。

第七十九条　对于犯罪分子的减刑，由执行机关向中级以上人民法院提出减刑建议书。人民法院应当组成合议庭进行审理，对确有悔改或者立功事实的，裁定予以减刑。非经法定程序不得减刑。

第八十条　无期徒刑减为有期徒刑的刑期，从裁定减刑之日起计算。

第七节　假　　释

第八十三条　有期徒刑的假释考验期限，为没有执行完毕的刑期；无期徒刑的假释考验期限为十年。

假释考验期限，从假释之日起计算。

第八十四条　被宣告假释的犯罪分子，应当遵守下列规定：

（一）遵守法律、行政法规，服从监督；

（二）按照监督机关的规定报告自己的活动情况；

（三）遵守监督机关关于会客的规定；

（四）离开所居住的市、县或者迁居，应当报经监督机关批准。

第八十五条　被假释的犯罪分子，在假释考验期限内，依法实行社区矫正，如果没有本法第八十六条规定的情形，假释考验期满，就认为原判刑罚已经执行完毕，并公开予以宣告。

第八十六条 被假释的犯罪分子，在假释考验期限内犯新罪，应当撤销假释，依照本法第七十一条的规定实行数罪并罚。

在假释考验期限内，发现被假释的犯罪分子在判决宣告以前还有其他罪没有判决的，应当撤销假释，依照本法第七十条的规定实行数罪并罚。

被假释的犯罪分子，在假释考验期限内，有违反法律、行政法规或者国务院有关部门关于假释的监督管理规定的行为，尚未构成新的犯罪的，应当依照法定程序撤销假释，收监执行未执行完毕的刑罚。

第五章 其他规定

第九十三条 本法所称国家工作人员，是指国家机关中从事公务的人员。

国有公司、企业、事业单位、人民团体中从事公务的人员和国家机关、国有公司、企业、事业单位委派到非国有公司、企业、事业单位、社会团体从事公务的人员，以及其他依照法律从事公务的人员，以国家工作人员论。

第九十四条 本法所称司法工作人员，是指有侦查、检察、审判、监管职责的工作人员。

第九十五条 本法所称重伤，是指有下列情形之一的伤害：

（一）使人肢体残废或者毁人容貌的；

（二）使人丧失听觉、视觉或者其他器官机能的；

（三）其他对于人身健康有重大伤害的。

第二编　分　则

第九章　渎职罪

第三百九十七条　国家机关工作人员滥用职权或者玩忽职守，致使公共财产、国家和人民利益遭受重大损失的，处三年以下有期徒刑或者拘役；情节特别严重的，处三年以上七年以下有期徒刑。本法另有规定的，依照规定。

国家机关工作人员徇私舞弊，犯前款罪的，处五年以下有期徒刑或者拘役；情节特别严重的，处五年以上十年以下有期徒刑。本法另有规定的，依照规定。

第三百九十八条　国家机关工作人员违反保守国家秘密法的规定，故意或者过失泄露国家秘密，情节严重的，处三年以下有期徒刑或者拘役；情节特别严重的，处三年以上七年以下有期徒刑。

非国家机关工作人员犯前款罪的，依照前款的规定酌情处罚。

第三百九十九条　司法工作人员徇私枉法、徇情枉法，对明知是无罪的人而使他受追诉、对明知是有罪的人而故意包庇不使他受追诉，或者在刑事审判活动中故意违背事实和法律作枉法裁判的，处五年以下有期徒刑或者拘役；情节严重的，处五年以上十年以下有期徒刑；情节特别严重的，处十年以上有期徒刑。

在民事、行政审判活动中故意违背事实和法律作枉法裁判，情节严重的，处五年以下有期徒刑或者拘役；情节特别严重的，处五年以上十年以下有期徒刑。

在执行判决、裁定活动中，严重不负责任或者滥用职权，不依法采取诉讼保全措施、不履行法定执行职责，或者违法采取诉讼保全措施、强制执行措施，致使当事人或者其他人的利益遭受重大损失的，处五年以下有期徒刑或者拘役；致使当事人或者其他人的利益遭受特别重大损失的，处五年以上十年以下有期徒刑。

司法工作人员收受贿赂，有前三款行为的，同时又构成本法第三百八十五条规定之罪的，依照处罚较重的规定定罪处罚。

第四百条 司法工作人员私放在押的犯罪嫌疑人、被告人或者罪犯的，处五年以下有期徒刑或者拘役；情节严重的，处五年以上十年以下有期徒刑；情节特别严重的，处十年以上有期徒刑。

司法工作人员由于严重不负责任，致使在押的犯罪嫌疑人、被告人或者罪犯脱逃，造成严重后果的，处三年以下有期徒刑或者拘役；造成特别严重后果的，处三年以上十年以下有期徒刑。

第四百零一条 司法工作人员徇私舞弊，对不符合减刑、假释、暂予监外执行条件的罪犯，予以减刑、假释或者暂予监外执行的，处三年以下有期徒刑或者拘役；情节严重的，处三年以上七年以下有期徒刑。

二、中华人民共和国刑事诉讼法（摘录）

第四编　执　　行

第二百四十八条 判决和裁定在发生法律效力后执行。

下列判决和裁定是发生法律效力的判决和裁定：

（一）已过法定期限没有上诉、抗诉的判决和裁定；

（二）终审的判决和裁定；

（三）最高人民法院核准的死刑的判决和高级人民法院核准的死刑缓期二年执行的判决。

第二百四十九条 第一审人民法院判决被告人无罪、免除刑事处罚的，如果被告人在押，在宣判后应当立即释放。

第二百五十条 最高人民法院判处和核准的死刑立即执行的判决，应当由最高人民法院院长签发执行死刑的命令。

被判处死刑缓期二年执行的罪犯，在死刑缓期执行期间，如果没有故意犯罪，死刑缓期执行期满，应当予以减刑，由执行机关提出书面意见，报请高级人民法院裁定；如果故意犯罪，查证属实，应当执行死刑，由高级人民法院报请最高人民法院核准。

第二百五十一条　下级人民法院接到最高人民法院执行死刑的命令后，应当在七日以内交付执行。但是发现有下列情形之一的，应当停止执行，并且立即报告最高人民法院，由最高人民法院作出裁定：

（一）在执行前发现判决可能有错误的；

（二）在执行前罪犯揭发重大犯罪事实或者有其他重大立功表现，可能需要改判的；

（三）罪犯正在怀孕。

前款第一项、第二项停止执行的原因消失后，必须报请最高人民法院院长再签发执行死刑的命令才能执行；由于前款第三项原因停止执行的，应当报请最高人民法院依法改判。

第二百五十二条　人民法院在交付执行死刑前，应当通知同级人民检察院派员临场监督。

死刑采用枪决或者注射等方法执行。

死刑可以在刑场或者指定的羁押场所内执行。

指挥执行的审判人员，对罪犯应当验明正身，讯问有无遗言、信札，然后交付执行人员执行死刑。在执行前，如果发现可能有错误，应当暂停执行，报请最高人民法院裁定。

执行死刑应当公布，不应示众。

执行死刑后，在场书记员应当写成笔录。交付执行的人民法院应当将执行死刑情况报告最高人民法院。

执行死刑后，交付执行的人民法院应当通知罪犯家属。

第二百五十三条　罪犯被交付执行刑罚的时候，应当由交付执行的人民法院在判决生效后十日以内将有关的法律文书送达公安机关、监狱或者其他执行机关。

对被判处死刑缓期二年执行、无期徒刑、有期徒刑的罪犯，由公安机关依法将该罪犯送交监狱执行刑罚。对被判处有期徒刑的罪犯，在被交付执行刑罚前，剩余刑期在三个月以下的，由看守所代为执行。对被判处拘役的罪犯，由公安机关执行。

对未成年犯应当在未成年犯管教所执行刑罚。

执行机关应当将罪犯及时收押，并且通知罪犯家属。

判处有期徒刑、拘役的罪犯，执行期满，应当由执行机关发给释放证明书。

第二百五十四条 对被判处有期徒刑或者拘役的罪犯，有下列情形之一的，可以暂予监外执行：

（一）有严重疾病需要保外就医的；

（二）怀孕或者正在哺乳自己婴儿的妇女；

（三）生活不能自理，适用暂予监外执行不致危害社会的。

对被判处无期徒刑的罪犯，有前款第二项规定情形的，可以暂予监外执行。

对适用保外就医可能有社会危险性的罪犯，或者自伤自残的罪犯，不得保外就医。

对罪犯确有严重疾病，必须保外就医的，由省级人民政府指定的医院诊断并开具证明文件。

在交付执行前，暂予监外执行由交付执行的人民法院决定；在交付执行后，暂予监外执行由监狱或者看守所提出书面意见，报省级以上监狱管理机关或者设区的市一级以上公安机关批准。

第二百五十五条 监狱、看守所提出暂予监外执行的书面意见的，应当将书面意见的副本抄送人民检察院。人民检察院可以向决定或者批准机关提出书面意见。

第二百五十六条 决定或者批准暂予监外执行的机关应当将暂予监外执行决定抄送人民检察院。人民检察院认为暂予监外执行不当的，应当自接到通知之日起一个月以内将书面意见送交决定或者批准暂予监外执行的机关，决定或者批准暂予监外执行的机关接到人民检察院的书面意见后，应当立即对该决定进行重新核查。

第二百五十七条 对暂予监外执行的罪犯，有下列情形之一的，应当及时收监：

（一）发现不符合暂予监外执行条件的；

（二）严重违反有关暂予监外执行监督管理规定的；

（三）暂予监外执行的情形消失后，罪犯刑期未满的。

对于人民法院决定暂予监外执行的罪犯应当予以收监的，由人民法院作出决定，将有关的法律文书送达公安机关、监狱或者其他执行机关。

不符合暂予监外执行条件的罪犯通过贿赂等非法手段被暂予监外执行的，在监外执行的期间不计入执行刑期。罪犯在暂予监外执行期间脱逃的，脱逃的期间不计入执行刑期。

罪犯在暂予监外执行期间死亡的，执行机关应当及时通知监狱或者看守所。

第二百五十八条 对被判处管制、宣告缓刑、假释或者暂予监外执行的罪犯，依法实行社区矫正，由社区矫正机构负责执行。

第二百五十九条 对被判处剥夺政治权利的罪犯，由公安机关执行。执行期满，应当由执行机关书面通知本人及其所在单位、居住地基层组织。

第二百六十条 被判处罚金的罪犯，期满不缴纳的，人民法院应当强制缴纳；如果由于遭遇不能抗拒的灾祸缴纳确实有困难的，可以裁定减少或者免除。

第二百六十一条 没收财产的判决，无论附加适用或者独立适用，都由人民法院执行；在必要的时候，可以会同公安机关执行。

第二百六十二条 罪犯在服刑期间又犯罪的，或者发现了判决的时候所没有发现的罪行，由执行机关移送人民检察院处理。

被判处管制、拘役、有期徒刑或者无期徒刑的罪犯，在执行期间确有悔改或者立功表现，应当依法予以减刑、假释的时候，由执行机关提出建议书，报请人民法院审核裁定，并将建议书副本抄送人民检察院。人民检察院可以向人民法院提出书面意见。

第二百六十三条 人民检察院认为人民法院减刑、假释的裁定不当，应当在收到裁定书副本后二十日以内，向人民法院提出书面纠正意见。人民法院应当在收到纠正意见后一个月以内重新组成合议庭进行审理，作出最终裁定。

第二百六十四条 监狱和其他执行机关在刑罚执行中，如果认为判决有错误或者罪犯提出申诉，应当转请人民检察院或者原判人民法院处理。

第二百六十五条 人民检察院对执行机关执行刑罚的活动是否合法实行监督。如果发现有违法的情况，应当通知执行机关纠正。

第五编　特别程序

第一章　未成年人刑事案件诉讼程序

第二百六十六条 对犯罪的未成年人实行教育、感化、挽救的方针，坚持教育为主、惩罚为辅的原则。

人民法院、人民检察院和公安机关办理未成年人刑事案件，应当保障未成年人行使其诉讼权利，保障未成年人得到法律帮助，并由熟悉未成年人身心特点的审判人员、检察人员、侦查人员承办。

第二百六十七条 未成年犯罪嫌疑人、被告人没有委托辩护人的，人民法院、人民检察院、公安机关应当通知法律援助机构指派律师为其提供辩护。

第二百六十八条 公安机关、人民检察院、人民法院办理未成年人刑事案件，根据情况可以对未成年犯罪嫌疑人、被告人的成长经历、犯罪原因、监护教育等情况进行调查。

第二百六十九条 对未成年犯罪嫌疑人、被告人应当严格限制适用逮捕措施。人民检察院审查批准逮捕和人民法院决定逮捕，应当讯问未成年犯罪嫌疑人、被告人，听取辩护律师的意见。

对被拘留、逮捕和执行刑罚的未成年人与成年人应当分别关押、分别管理、分别教育。

第二百七十条　对于未成年人刑事案件，在讯问和审判的时候，应当通知未成年犯罪嫌疑人、被告人的法定代理人到场。无法通知、法定代理人不能到场或者法定代理人是共犯的，也可以通知未成年犯罪嫌疑人、被告人的其他成年亲属，所在学校、单位、居住地基层组织或者未成年人保护组织的代表到场，并将有关情况记录在案。到场的法定代理人可以代为行使未成年犯罪嫌疑人、被告人的诉讼权利。

到场的法定代理人或者其他人员认为办案人员在讯问、审判中侵犯未成年人合法权益的，可以提出意见。讯问笔录、法庭笔录应当交给到场的法定代理人或者其他人员阅读或者向他宣读。

讯问女性未成年犯罪嫌疑人，应当有女工作人员在场。

审判未成年人刑事案件，未成年被告人最后陈述后，其法定代理人可以进行补充陈述。

询问未成年被害人、证人，适用第一款、第二款、第三款的规定。

第二百七十一条　对于未成年人涉嫌刑法分则第四章、第五章、第六章规定的犯罪，可能判处一年有期徒刑以下刑罚，符合起诉条件，但有悔罪表现的，人民检察院可以作出附条件不起诉的决定。人民检察院在作出附条件不起诉的决定以前，应当听取公安机关、被害人的意见。

对附条件不起诉的决定，公安机关要求复议、提请复核或者被害人申诉的，适用本法第一百七十五条、第一百七十六条的规定。

未成年犯罪嫌疑人及其法定代理人对人民检察院决定附条件不起诉有异议的，人民检察院应当作出起诉的决定。

第二百七十二条　在附条件不起诉的考验期内，由人民检察院对被附条件不起诉的未成年犯罪嫌疑人进行监督考察。未成年犯罪嫌疑人的监护人，应当对未成年犯罪嫌疑人加强管教，配合人民检察院做好监督考察工作。

附条件不起诉的考验期为六个月以上一年以下，从人民检察院作出附条件不起诉的决定之日起计算。

被附条件不起诉的未成年犯罪嫌疑人，应当遵守下列规定：

（一）遵守法律法规，服从监督；

（二）按照考察机关的规定报告自己的活动情况；

（三）离开所居住的市、县或者迁居，应当报经考察机关批准；

（四）按照考察机关的要求接受矫治和教育。

第二百七十三条 被附条件不起诉的未成年犯罪嫌疑人，在考验期内有下列情形之一的，人民检察院应当撤销附条件不起诉的决定，提起公诉：

（一）实施新的犯罪或者发现决定附条件不起诉以前还有其他犯罪需要追诉的；

（二）违反治安管理规定或者考察机关有关附条件不起诉的监督管理规定，情节严重的。

被附条件不起诉的未成年犯罪嫌疑人，在考验期内没有上述情形，考验期满的，人民检察院应当作出不起诉的决定。

第二百七十四条 审判的时候被告人不满十八周岁的案件，不公开审理。但是，经未成年被告人及其法定代理人同意，未成年被告人所在学校和未成年人保护组织可以派代表到场。

第二百七十五条 犯罪的时候不满十八周岁，被判处五年有期徒刑以下刑罚的，应当对相关犯罪记录予以封存。

犯罪记录被封存的，不得向任何单位和个人提供，但司法机关为办案需要或者有关单位根据国家规定进行查询的除外。依法进行查询的单位，应当对被封存的犯罪记录的情况予以保密。

第二百七十六条 办理未成年人刑事案件，除本章已有规定的以外，按照本法的其他规定进行。

三、中华人民共和国监狱法（摘录）

第三章 刑罚的执行

第三节 监外执行

第二十五条 对于被判处无期徒刑、有期徒刑在监内服刑的罪犯，符合刑事诉讼法规定的监外执行条件的，可以暂予监外执行。

第二十六条 暂予监外执行，由监狱提出书面意见，报省、自治区、直辖市监狱管理机关批准。批准机关应当将批准的暂予监外执行决定通知公安机关和原判人民法院，并抄送人民检察院。

人民检察院认为对罪犯适用暂予监外执行不当的，应当自接到通知之日起一个月内将书面意见送交批准暂予监外执行的机关，批准暂予监外执行的机关接到人民检察院的书面意见后，应当立即对该决定进行重新核查。

第二十七条 对暂予监外执行的罪犯，依法实行社区矫正，由社区矫正机构负责执行。原关押监狱应当及时将罪犯在监内改造情况通报负责执行的社区矫正机构。

第二十八条 暂予监外执行的罪犯具有刑事诉讼法规定的应当收监的情形的，社区矫正机构应当及时通知监狱收监；刑期届满的，由原关押监狱办理释放手续。罪犯在暂予监外执行期间死亡的，社区矫正机构应当及时通知原关押监狱。

第四节 减刑、假释

第二十九条 被判处无期徒刑、有期徒刑的罪犯，在服刑期间确有悔改或者立功表现的，根据监狱考核的结果，可以减刑。有下列重大立功表现之一的，应当减刑：

（一）阻止他人重大犯罪活动的；

（二）检举监狱内外重大犯罪活动，经查证属实的；

（三）有发明创造或者重大技术革新的；

（四）在日常生产、生活中舍己救人的；

（五）在抗御自然灾害或者排除重大事故中，有突出表现的；

（六）对国家和社会有其他重大贡献的。

第三十条 减刑建议由监狱向人民法院提出，人民法院应当自收到减刑建议书之日起一个月内予以审核裁定；案情复杂或者情况特殊的，可以延长一个月。减刑裁定的副本应当抄送人民检察院。

第三十三条 对被假释的罪犯，依法实行社区矫正，由社区矫正机构负责执行。被假释的罪犯，在假释考验期限内有违反法律、行政法规或者国务院有关部门关于假释的监督管理规定的行为，尚未构成新的犯罪的，社区矫正机构应当向人民法院提出撤销假释的建议，人民法院应当自收到撤销假释建议书之日起一个月内予以审核裁定。人民法院裁定撤销假释的，由公安机关将罪犯送交监狱收监。

四、最高人民法院、最高人民检察院、公安部、司法部关于印发《社区矫正实施办法》的通知

各省、自治区、直辖市高级人民法院、人民检察院、公安厅（局）、司法厅（局），新疆维吾尔自治区高级人民法院生产建设兵团分院、新疆生产建设兵团人民检察院、公安局、司法局、监狱管理局：

为进一步规范社区矫正工作，加强和创新特殊人群管理，根据中央关于深化司法体制和工作机制改革的总体部署，在深入调研论证和广泛征求意见的基础上，最高人民法院、最高人民检察院、公安部、司法部联合制定了《社区矫正实施办法》。现予以印发，请

认真贯彻执行。对于实施情况及遇到的问题，请分别及时报告最高人民法院、最高人民检察院、公安部、司法部。

二〇一二年一月十日

社区矫正实施办法

第一条　为依法规范实施社区矫正，将社区矫正人员改造成为守法公民，根据《中华人民共和国刑法》、《中华人民共和国刑事诉讼法》等有关法律规定，结合社区矫正工作实际，制定本办法。

第二条　司法行政机关负责指导管理、组织实施社区矫正工作。

人民法院对符合社区矫正适用条件的被告人、罪犯依法作出判决、裁定或者决定。

人民检察院对社区矫正各执法环节依法实行法律监督。

公安机关对违反治安管理规定和重新犯罪的社区矫正人员及时依法处理。

第三条　县级司法行政机关社区矫正机构对社区矫正人员进行监督管理和教育帮助。司法所承担社区矫正日常工作。

社会工作者和志愿者在社区矫正机构的组织指导下参与社区矫正工作。

有关部门、村（居）民委员会、社区矫正人员所在单位、就读学校、家庭成员或者监护人、保证人等协助社区矫正机构进行社区矫正。

第四条　人民法院、人民检察院、公安机关、监狱对拟适用社区矫正的被告人、罪犯，需要调查其对所居住社区影响的，可以委托县级司法行政机关进行调查评估。

受委托的司法行政机关应当根据委托机关的要求，对被告人或者罪犯的居所情况、家庭和社会关系、一贯表现、犯罪行为的后果和影响、居住地村（居）民委员会和被害人意见、拟禁止的事项等进行调查了解，形成评估意见，及时提交委托机关。

第五条 对于适用社区矫正的罪犯，人民法院、公安机关、监狱应当核实其居住地，在向其宣判时或者在其离开监所之前，书面告知其到居住地县级司法行政机关报到的时间期限以及逾期报到的后果，并通知居住地县级司法行政机关；在判决、裁定生效起三个工作日内，送达判决书、裁定书、决定书、执行通知书、假释证明书副本等法律文书，同时抄送其居住地县级人民检察院和公安机关。县级司法行政机关收到法律文书后，应当在三个工作日内送达回执。

第六条 社区矫正人员应当自人民法院判决、裁定生效之日或者离开监所之日起十日内到居住地县级司法行政机关报到。县级司法行政机关应当及时为其办理登记接收手续，并告知其三日内到指定的司法所接受社区矫正。发现社区矫正人员未按规定时间报到的，县级司法行政机关应当及时组织查找，并通报决定机关。

暂予监外执行的社区矫正人员，由交付执行的监狱、看守所将其押送至居住地，与县级司法行政机关办理交接手续。罪犯服刑地与居住地不在同一省、自治区、直辖市，需要回居住地暂予监外执行的，服刑地的省级监狱管理机关、公安机关监所管理部门应当书面通知罪犯居住地的同级监狱管理机关、公安机关监所管理部门，指定一所监狱、看守所接收罪犯档案，负责办理罪犯收监、释放等手续。人民法院决定暂予监外执行的，应当通知其居住地县级司法行政机关派员到庭办理交接手续。

第七条 司法所接收社区矫正人员后，应当及时向社区矫正人员宣告判决书、裁定书、决定书、执行通知书等有关法律文书的主要内容；社区矫正期限；社区矫正人员应当遵守的规定、被禁止的事项以及违反规定的法律后果；社区矫正人员依法享有的权利和被限制行使的权利；矫正小组人员组成及职责等有关事项。

宣告由司法所工作人员主持，矫正小组成员及其他相关人员到场，按照规定程序进行。

第八条　司法所应当为社区矫正人员确定专门的矫正小组。矫正小组由司法所工作人员担任组长，由本办法第三条第二、第三款所列相关人员组成。社区矫正人员为女性的，矫正小组应当有女性成员。

司法所应当与矫正小组签订矫正责任书，根据小组成员所在单位和身份，明确各自的责任和义务，确保各项矫正措施落实。

第九条　司法所应当为社区矫正人员制定矫正方案，在对社区矫正人员被判处的刑罚种类、犯罪情况、悔罪表现、个性特征和生活环境等情况进行综合评估的基础上，制定有针对性的监管、教育和帮助措施。根据矫正方案的实施效果，适时予以调整。

第十条　县级司法行政机关应当为社区矫正人员建立社区矫正执行档案，包括适用社区矫正的法律文书，以及接收、监管审批、处罚、收监执行、解除矫正等有关社区矫正执行活动的法律文书。

司法所应当建立社区矫正工作档案，包括司法所和矫正小组进行社区矫正的工作记录，社区矫正人员接受社区矫正的相关材料等。同时留存社区矫正执行档案副本。

第十一条　社区矫正人员应当定期向司法所报告遵纪守法、接受监督管理、参加教育学习、社区服务和社会活动的情况。发生居所变化、工作变动、家庭重大变故以及接触对其矫正产生不利影响人员的，社区矫正人员应当及时报告。

保外就医的社区矫正人员还应当每个月向司法所报告本人身体情况，每三个月向司法所提交病情复查情况。

第十二条　对于人民法院禁止令确定需经批准才能进入的特定区域或者场所，社区矫正人员确需进入的，应当经县级司法行政机关批准，并告知人民检察院。

第十三条　社区矫正人员未经批准不得离开所居住的市、县（旗）。

社区矫正人员因就医、家庭重大变故等原因，确需离开所居住的市、县（旗），在七日以内的，应当报经司法所批准；超过七日的，应当由司法所签署意见后报经县级司法行政机关批准。返回居住地时，应当立即向司法所报告。社区矫正人员离开所居住市、县（旗）不得超过一个月。

第十四条 社区矫正人员未经批准不得变更居住的县（市、区、旗）。

社区矫正人员因居所变化确需变更居住地的，应当提前一个月提出书面申请，由司法所签署意见后报经县级司法行政机关审批。县级司法行政机关在征求社区矫正人员新居住地县级司法行政机关的意见后作出决定。

经批准变更居住地的，县级司法行政机关应当自作出决定之日起三个工作日内，将有关法律文书和矫正档案移交新居住地县级司法行政机关。有关法律文书应当抄送现居住地及新居住地县级人民检察院和公安机关。社区矫正人员应当自收到决定之日起七日内到新居住地县级司法行政机关报到。

第十五条 社区矫正人员应当参加公共道德、法律常识、时事政策等教育学习活动，增强法制观念、道德素质和悔罪自新意识。社区矫正人员每月参加教育学习时间不少于八小时。

第十六条 有劳动能力的社区矫正人员应当参加社区服务，修复社会关系，培养社会责任感、集体观念和纪律意识。社区矫正人员每月参加社区服务时间不少于八小时。

第十七条 根据社区矫正人员的心理状态、行为特点等具体情况，应当采取有针对性的措施进行个别教育和心理辅导，矫正其违法犯罪心理，提高其适应社会能力。

第十八条 司法行政机关应当根据社区矫正人员的需要，协调有关部门和单位开展职业培训和就业指导，帮助落实社会保障措施。

第十九条 司法所应当根据社区矫正人员个人生活、工作及所处社区的实际情况，有针对性地采取实地检查、通讯联络、信息化核查等措施及时掌握社区矫正人员的活动情况。重点时段、重大活动期间或者遇有特殊情况，司法所应当及时了解掌握社区矫正人员的有关情况，可以根据需要要求社区矫正人员到办公场所报告、说明情况。

社区矫正人员脱离监管的，司法所应当及时报告县级司法行政机关组织追查。

第二十条　司法所应当定期到社区矫正人员的家庭、所在单位、就读学校和居住的社区了解、核实社区矫正人员的思想动态和现实表现等情况。

对保外就医的社区矫正人员，司法所应当定期与其治疗医院沟通联系，及时掌握其身体状况及疾病治疗、复查结果等情况，并根据需要向批准、决定机关或者有关监狱、看守所反馈情况。

第二十一条　司法所应当及时记录社区矫正人员接受监督管理、参加教育学习和社区服务等情况，定期对其接受矫正的表现进行考核，并根据考核结果，对社区矫正人员实施分类管理。

第二十二条　发现社区矫正人员有违反监督管理规定或者人民法院禁止令情形的，司法行政机关应当及时派员调查核实情况，收集有关证明材料，提出处理意见。

第二十三条　社区矫正人员有下列情形之一的，县级司法行政机关应当给予警告，并出具书面决定：

（一）未按规定时间报到的；

（二）违反关于报告、会客、外出、居住地变更规定的；

（三）不按规定参加教育学习、社区服务等活动，经教育仍不改正的；

（四）保外就医的社区矫正人员无正当理由不按时提交病情复查情况，或者未经批准进行就医以外的社会活动且经教育仍不改正的；

（五）违反人民法院禁止令，情节轻微的；

（六）其他违反监督管理规定的。

第二十四条 社区矫正人员违反监督管理规定或者人民法院禁止令，依法应予治安管理处罚的，县级司法行政机关应当及时提请同级公安机关依法给予处罚。公安机关应当将处理结果通知县级司法行政机关。

第二十五条 缓刑、假释的社区矫正人员有下列情形之一的，由居住地同级司法行政机关向原裁判人民法院提出撤销缓刑、假释建议书并附相关证明材料，人民法院应当自收到之日起一个月内依法作出裁定：

（一）违反人民法院禁止令，情节严重的；

（二）未按规定时间报到或者接受社区矫正期间脱离监管，超过一个月的；

（三）因违反监督管理规定受到治安管理处罚，仍不改正的；

（四）受到司法行政机关三次警告仍不改正的；

（五）其他违反有关法律、行政法规和监督管理规定，情节严重的。

司法行政机关撤销缓刑、假释的建议书和人民法院的裁定书同时抄送社区矫正人员居住地同级人民检察院和公安机关。

第二十六条 暂予监外执行的社区矫正人员有下列情形之一的，由居住地县级司法行政机关向批准、决定机关提出收监执行的建议书并附相关证明材料，批准、决定机关应当自收到之日起十五日内依法作出决定：

（一）发现不符合暂予监外执行条件的；

（二）未经司法行政机关批准擅自离开居住的市、县（旗），经警告拒不改正，或者拒不报告行踪，脱离监管的；

（三）因违反监督管理规定受到治安管理处罚，仍不改正的；

（四）受到司法行政机关两次警告，仍不改正的；

（五）保外就医期间不按规定提交病情复查情况，经警告拒不改正的；

（六）暂予监外执行的情形消失后，刑期未满的；

（七）保证人丧失保证条件或者因不履行义务被取消保证人资格，又不能在规定期限内提出新的保证人的；

（八）其他违反有关法律、行政法规和监督管理规定，情节严重的。

司法行政机关的收监执行建议书和决定机关的决定书，应当同时抄送社区矫正人员居住地同级人民检察院和公安机关。

第二十七条　人民法院裁定撤销缓刑、假释或者对暂予监外执行罪犯决定收监执行的，居住地县级司法行政机关应当及时将罪犯送交监狱或者看守所，公安机关予以协助。

监狱管理机关对暂予监外执行罪犯决定收监执行的，监狱应当立即赴羁押地将罪犯收监执行。

公安机关对暂予监外执行罪犯决定收监执行的，由罪犯居住地看守所将罪犯收监执行。

第二十八条　社区矫正人员符合法定减刑条件的，由居住地县级司法行政机关提出减刑建议书并附相关证明材料，经地（市）级司法行政机关审核同意后提请社区矫正人员居住地的中级人民法院裁定。人民法院应当自收到之日起一个月内依法裁定；暂予监外执行罪犯的减刑，案情复杂或者情况特殊的，可以延长一个月。司法行政机关减刑建议书和人民法院减刑裁定书副本，应当同时抄送社区矫正人员居住地同级人民检察院和公安机关。

第二十九条　社区矫正期满前，社区矫正人员应当作出个人总结，司法所应当根据其在接受社区矫正期间的表现、考核结果、社区意见等情况作出书面鉴定，并对其安置帮教提出建议。

第三十条　社区矫正人员矫正期满，司法所应当组织解除社区矫正宣告。宣告由司法所工作人员主持，按照规定程序公开进行。

司法所应当针对社区矫正人员不同情况，通知有关部门、村（居）民委员会、群众代表、社区矫正人员所在单位、社区矫正人员的家庭成员或者监护人、保证人参加宣告。

宣告事项应当包括：宣读对社区矫正人员的鉴定意见；宣布社

区矫正期限届满，依法解除社区矫正；对判处管制的，宣布执行期满，解除管制；对宣告缓刑的，宣布缓刑考验期满，原判刑罚不再执行；对裁定假释的，宣布考验期满，原判刑罚执行完毕。

县级司法行政机关应当向社区矫正人员发放解除社区矫正证明书，并书面通知决定机关，同时抄送县级人民检察院和公安机关。

暂予监外执行的社区矫正人员刑期届满的，由监狱、看守所依法为其办理刑满释放手续。

第三十一条 社区矫正人员死亡、被决定收监执行或者被判处监禁刑罚的，社区矫正终止。

社区矫正人员在社区矫正期间死亡的，县级司法行政机关应当及时书面通知批准、决定机关，并通报县级人民检察院。

第三十二条 对于被判处剥夺政治权利在社会上服刑的罪犯，司法行政机关配合公安机关，监督其遵守刑法第五十四条的规定，并及时掌握有关信息。被剥夺政治权利的罪犯可以自愿参加司法行政机关组织的心理辅导、职业培训和就业指导活动。

第三十三条 对未成年人实施社区矫正，应当遵循教育、感化、挽救的方针，按照下列规定执行：

（一）对未成年人的社区矫正应当与成年人分开进行；

（二）对未成年社区矫正人员给予身份保护，其矫正宣告不公开进行，其矫正档案应当保密；

（三）未成年社区矫正人员的矫正小组应当有熟悉青少年成长特点的人员参加；

（四）针对未成年人的年龄、心理特点和身心发育需要等特殊情况，采取有益于其身心健康发展的监督管理措施；

（五）采用易为未成年人接受的方式，开展思想、法制、道德教育和心理辅导；

（六）协调有关部门为未成年社区矫正人员就学、就业等提供帮助；

（七）督促未成年社区矫正人员的监护人履行监护职责，承担抚养、管教等义务；

（八）采取其他有利于未成年社区矫正人员改过自新、融入正常社会生活的必要措施。

犯罪的时候不满十八周岁被判处五年有期徒刑以下刑罚的社区矫正人员，适用前款规定。

第三十四条　社区矫正人员社区矫正期满的，司法所应当告知其安置帮教有关规定，与安置帮教工作部门妥善做好交接，并转交有关材料。

第三十五条　司法行政机关应当建立例会、通报、业务培训、信息报送、统计、档案管理以及执法考评、执法公开、监督检查等制度，保障社区矫正工作规范运行。

司法行政机关应当建立突发事件处置机制，发现社区矫正人员非正常死亡、实施犯罪、参与群体性事件的，应当立即与公安机关等有关部门协调联动、妥善处置，并将有关情况及时报告上级司法行政机关和有关部门。

司法行政机关和公安机关、人民检察院、人民法院建立社区矫正人员的信息交换平台，实现社区矫正工作动态数据共享。

第三十六条　社区矫正人员的人身安全、合法财产和辩护、申诉、控告、检举以及其他未被依法剥夺或者限制的权利不受侵犯。社区矫正人员在就学、就业和享受社会保障等方面，不受歧视。

司法工作人员应当认真听取和妥善处理社区矫正人员反映的问题，依法维护其合法权益。

第三十七条　人民检察院发现社区矫正执法活动违反法律和本办法规定的，可以区别情况提出口头纠正意见、制发纠正违法通知书或者检察建议书。交付执行机关和执行机关应当及时纠正、整改，并将有关情况告知人民检察院。

第三十八条　在实施社区矫正过程中，司法工作人员有玩忽职守、徇私舞弊、滥用职权等违法违纪行为的，依法给予相应处分；构成犯罪的，依法追究刑事责任。

第三十九条 各级人民法院、人民检察院、公安机关、司法行政机关应当切实加强对社区矫正工作的组织领导，健全工作机制，明确工作机构，配备工作人员，落实工作经费，保障社区矫正工作的顺利开展。

第四十条 本办法自2012年3月1日起施行。最高人民法院、最高人民检察院、公安部、司法部之前发布的有关社区矫正的规定与本办法不一致的，以本办法为准。

五、对《社区矫正实施办法》的解读

为依法规范实施社区矫正，将社区矫正人员改造成为守法公民，“两高两部”按照司法体制机制改革的部署，贯彻中央关于加强和创新社会管理的要求，联合制定了《社区矫正实施办法》，自2012年3月1日起施行。

1. “两高两部”联合制定《社区矫正实施办法》的背景和意义是什么？

社区矫正是与监禁刑罚执行相对的一种非监禁刑罚执行方式，是指将符合法定条件的罪犯置于社区内，由专门的国家机关在有关部门、社会组织和志愿者的协助下，在判决、裁定或决定确定的期限内，不脱离社会，矫正其犯罪心理和行为恶习的非监禁刑罚执行活动。

社区矫正工作贯彻落实宽严相济刑事政策的要求，是改革和完善我国刑罚执行制度的重要举措，是中央提出的司法体制机制改革的重要内容。经中央批准，社区矫正试点工作从2003年开始，2005年扩大试点，2009年在全国全面试行，社区矫正工作发展迅速，覆盖面稳步扩大，社区矫正人员数量不断增长。截至2011年12月底，全国31个省（区、市）和新疆生产建设兵团已开展社区矫正工作；各地累计接收社区矫正人员88万余人，累计解除矫正48.2万人，现有社区矫正人员40万余人，社区矫正人员的重新犯罪率一直控制在0.2%左右。在试点试行工作中，人民法院、人民检察院、公安机关和司法行政等有关部门认真履行职责，相互支持配合。各地普遍建立和完善了党委政府统一领导、司法行政部门牵头组织、相关部门协调配合、社会力量广泛参与的社区矫正领导体制和工作机制，全面落实对社区矫正人员的监督管理、教育矫正、帮困扶助三项工作任务，积累了宝贵的实践经验，确保了试点试行工作的扎实推进。试点试行成功经验表明，中央关于开展社区矫正工作的决策是正确的，社区矫正工作适应了现阶段我国经济社会发展和民主法制建设的形势和需要，契合了构建社会主义和谐社会的时代要求，是对进一步完善中国特色刑罚执行制度的有益探索。

社区矫正工作是推进社会管理创新的重要内容，是加强特殊人群管理的重要手段。按照中央的要求，建立和完善适应宽严相济刑事政策要求的社区矫正工作体系，加强对社区矫正人员的管理、教育和帮扶工作，帮助他们顺利融入社会、减少重新违法犯罪，是政法机关特别是司法行政机关的一项重要任务。目前，全国已有97%的地（市、州）、94%的县（市、区）和89%的乡镇（街道）开展社区矫正工作，社区矫正工作规模和覆盖面进一步扩大，社区矫正人员数量大幅增长，并将持续一段时间，全国社区矫正工作面临着新的挑战，同时也对进一步统一和规范社区矫正实施工作提出了新的要求。

近年来，为了有力地指导和规范社区矫正试点试行工作，“两高两部”先后印发了《关于开展社区矫正试点工作的通知》《关于扩大社区矫正试点范围的通知》《关于在全国试行社区矫正工作的意见》等指导文件，陆续出台了一批规章制度，有力地保障了试点试行工作的顺利进行。刑法修正案（八）、刑事诉讼法修正案（草案）对社区矫正给予了法律上的肯定。同时，按照中央的要求，“两高两部”积极推进实施办法起草工作，广泛调研论证，采取不同方式听取各方面的意见和建议，研究制定了《社区矫正实施办法》。《社区矫正实施办法》将各地在实践中形成的行之有效的工作体制机制、矫正方法和模式等固定下来，上升为统一的制度，使之成为社区矫正工作的操作规范和基本依据，全面规范了社区矫正从适用前调查评估、交付与接收、矫正实施到解除矫正的整个工作流程，针对性、可操作性更强，为社区矫正工作提供了制度保障，并为研究制定社区矫正法，全面确立社区矫正制度，进一步完善刑罚执行制度，推进刑罚执行的一体化、专门化奠定了坚实的基础。制定出台《社区矫正实施办法》，是推进社区矫正制度化、规范化、法制化建设的重要举措，也是全面贯彻中央关于加强和创新特殊人群管理要求和深化司法体制机制改革的重要制度成果，对于进一步加强和规范社区矫正工作，严格对社区服刑人员监督管理、提高教育矫正质量，促使社区服刑人员顺利融入社会、预防和减少重新违法犯罪，维护社会和谐稳定具有重要意义。

2. 社区矫正的适用对象有哪些?

根据中央批准的社区矫正试点意见，社区矫正的对象为：被判处管制、宣告缓刑、裁定假释、暂予监外执行以及被剥夺政治权利在社区服刑的五种罪犯。在社区矫正试行工作中，司法行政机关针对五种不同的社区矫正对象，采取分类管理、区别对待的矫正措施，取得了良好的法律效果和社会效果。目前，刑法修正案（八）明确了对被判处管制、宣告缓刑和裁定假释的罪犯依法实行社区矫正，刑事诉讼法修正案（草案）将暂予监外执行罪犯纳入社区矫正的适用范围。为体现司法体制机制改革的要求，保持社区矫正试行工作的连续性，按照刑法、刑事诉讼法的规定，《社区矫正实施办法》对于被剥夺政治权利在社区服刑罪犯的刑罚执行方式作出了特别规定，明确由司法行政机关配合公安机关，监督其遵守刑法第 54 条的规定，并及时掌握有关信息。同时，这类罪犯可以自愿参加司法行政机关组织的心理辅导、职业培训和就业指导活动。这样规定，目的在于整合各种社会管理资源，形成监管合力，帮助这类人员尽快地改造成为守法公民，也是立足当前、谋划长远、继续深化社区矫正试行工作的客观需要。

此外，为体现对未成年人的特殊保护，《社区矫正实施办法》进一步完善了未成年人刑事司法制度，对未成年社区矫正人员的矫正作出了特殊规定，明确要求对未成年人实施社区矫正应当遵循教育、感化、挽救的方针，确立了单独实施、身份保护的矫正原则。针对未成年人的监督管理和教育矫正措施，要充分考虑他们的年龄、心理特点和身心健康发育需要，并积极协调有关部门为其就学、就业等提供帮助。

3. 为什么规定在决定适用社区矫正前要开展调查评估？

在决定适用社区矫正前开展调查评估，统筹考虑适用非监禁刑罚是否符合公共利益、是否对社区的安全产生不利影响、是否可以实现有效监管，有利于社区矫正的依法规范实施，有利于发挥社区矫正制度的作用。社区矫正试行工作中，人民法院对可能适用非监禁刑罚的被告人，在量刑前委托司法行政机关进行审前社会调查，实践效果良好。刑法修正案（八）将对社区有无不良影响作为判决缓刑和裁定假释的重要因素或条件，为确立调查评估制度提供了法律依据。《社区矫正实施办法》规定，人民法院、人民检察院、公安机关、监狱对拟适用社区矫正的被告人、罪犯，需要调查其对所居住社区影响的，可以委托县级司法行政机关进行调查评估，并具体规定了调查评估的基本内容和程序要求。

4. 对社区矫正人员的交付、接收有哪些具体规定？

社区矫正人员的交付、接收是社区矫正工作的一个重要环节。规范社区矫正人员的交付、接收工作，密切人民法院、监狱、看守所和司法行政机关的工作衔接，是确保社区矫正依法开始，避免脱管、漏管的一项基础性工作。《社区矫正实施办法》确立了社区矫正人员的居住地管辖原则，并规定了严格的交付、接收程序：一是明确在适用前，人民法院、公安机关、监狱应当核实社区矫正人员的居住地，书面告知报到期限以及逾期报到的后果，并及时通知居住地县级司法行政机关。二是区分社区矫正人员的种类，规定了相应的交付、接收方式。管制、缓刑、假释三类社区矫正人员应当自人民法院判决、裁定生效之日或者离开监所之日起十日内自行到居住地县级司法行政机关报到。暂予监外执行的社区矫正人员，由交付执行监狱、看守所将其押送至居住地，与县级司法行政机关办理交接手续。人民法院决定暂予监外执行的，应当通知其居住地县级司法行政机关派员到庭办理交接手续。三是规范了社区矫正人员接收工作涉及的法律文书和送达期限。决定机关应当在判决、裁定生效起三个工作日内将适用社区矫正涉及的法律文书送达社区矫正人员居住地的县级司法行政机关，同时抄送其居住地县级人民检察院和公安机关。四是强化了司法行政机关的责任。县级司法行政机关应当及时办理接收手续，并指定具体的司法所。发现社区矫正人员未按规定时间报到时，应当及时组织查找，并通报决定机关。五是建立了矫正的宣告程序。司法所应当及时向社区矫正人员宣告有关法律文书的主要内容，社区矫正期限，社区矫正人员应当遵守的规定、被禁止的事项以及违反规定的法律后果等有关事项。宣告应当庄重、严肃，由司法所工作人员主持，矫正小组成员及其他相关人员到场，按照规定程序进行。

在工作中，各地要注重通过网络实现公、检、法、司等机关之间的信息、资源共享，提高社区矫正人员交付、接收各环节的工作效率，通过严格、规范的社区矫正交付、接收和宣告程序，体现刑罚执行活动的规范性和严肃性，从源头上防止社区矫正人员脱管、漏管。

5. 为什么要规定为社区矫正人员确定专门的矫正小组?

实行专群结合，坚持充分利用各种社会资源、广泛动员各种社会力量积极参与到社区矫正工作中来，既是社区矫正制度的特色，也是实践经验的总结。以矫正小组为依托，立足社区、依靠社区，动员各种社会力量，促进公众参与对社区矫正人员的监管教育帮助，是具有中国特色的社区矫正管理教育模式。在试点试行工作中，各地对此进行了积极探索，普遍成立了社区矫正小组，吸收社区矫正人员的亲属、基层组织、所在单位或学校及有关单位的人员参加。这些人员与社区矫正人员有密切的联系，最贴近社区矫正人员，最能了解、掌握其思想动态和矫正情况，对提高社区矫正人员的教育改造质量发挥了积极的作用。《社区矫正实施办法》肯定了各地的实践做法，对这一工作机制作出了规定，明确要求司法行政机关根据每一名社区矫正人员的具体情况，为其组建专门的矫正小组，协助执行机关开展工作。矫正小组由司法所工作人员担任组长，成员组成具有广泛的群众性和代表性，包括有关部门、村（居）民委员会、社区矫正人员所在单位、就读学校工作人员、社区矫正人员的家庭成员或者监护人、保证人以及社会工作者和志愿者等；社区矫正人员为女性的，矫正小组中应当有女性成员。在工作中，司法行政机关要结合实际，认真研究和确定矫正小组的组成人员，明确各自的责任和义务，指导司法所与矫正小组签订矫正责任书，充分发挥矫正小组的作用，确保各项矫正措施的落实，构建社会化的矫正模式。

6. 对社区矫正人员有哪些具体的监管措施？

社区矫正的对象是在社区执行刑罚的罪犯，社区矫正本质上属于刑罚执行活动。对社区矫正人员依法实施严格监督管理，既是刑罚执行的必然要求，也是维护社区安全、预防社区矫正人员重新违法犯罪的前提和保障。

刑法明确规定，管制、缓刑、假释罪犯应当报告自己的活动情况，遵守会客规定，外出、居住地变更应当报经监督机关批准。刑法修正案（八）明确了对管制犯、缓刑犯可以适用禁止令。《社区矫正实施办法》对法律的原则规定进一步作出了细化，明确规定了对社区矫正人员的基本监管要求：一是报告义务。要定期向司法所报告其遵纪守法、接受监督管理、参加教育学习、社区服务和社会活动的情况；发生居所变化、工作变动、家庭重大变故以及接触对其矫正产生不利影响人员的，应当及时报告；保外就医的社区矫正人员还应当定期报告身体情况和病情复查情况。二是外出需审批。社区矫正人员一般不得离开所居住的市、县（旗）。因就医、家庭重大变故等正当原因，确需离开的，应当经过批准，且外出时间不得超过一个月。三是进入特定场所需审批。社区矫正人员进入人民法院禁止令确定需经批准才能进入的特定区域或者场所的，应当经县级司法行政机关批准。四是变更居住地需审批。社区矫正人员一般不得变更居住地。因居所变化确需变更居住地的，应当提前一个月提出书面申请，由县级司法行政机关审批。居住地变更涉及具体执行机关变更的，县级司法行政机关应当在征求新居住地县级司法行政机关的意见后作出决定，并做好衔接工作。同时，《社区矫正实施办法》还明确规定了司法行政机关对社区矫正人员实施监督管理的具体措施：在日常管理中，要采取有针对性的实地检查、通信联络、信息化核查等措施，及时掌握社区矫正人员的活动情况；重点时段、重大活动期间或者遇有特殊情况，可以要求社区矫正人员前来报告、说明情况；发现脱离监管的，要及时组织追查；要定期到社区矫正人员的家庭、所在单位、就读学校和居住的社区走访，了解、核实社区矫正人员的思想动态和现实表现情况。通过全面加强监督管理措施，促使社区矫正人员认罪悔罪、遵纪守法，防止重新违法犯罪的发生。

7. 对违反监督管理规定的社区矫正人员有哪些处罚措施?

对违反监督管理规定的社区矫正人员依法给予必要的处罚，对重新违法犯罪的社区矫正人员及时依法处理直至收监执行，是刑罚执行强制性、严肃性的体现。《社区矫正实施办法》明确规定了监管处罚、治安管理处罚、刑事处罚的适用条件和程序，包括对社区矫正人员给予警告、治安处罚、撤销缓刑、撤销假释、对暂予监外执行的罪犯收监执行等，并明确列举了六种应当予以警告的情形、五种应当撤销缓刑和假释的情形及八种暂予监外执行罪犯收监执行的情形。《社区矫正实施办法》针对暂予监外执行罪犯的特殊性，明确这类罪犯受两次警告仍不改正的，就可以收监执行，较之其他社区矫正人员，罚则更为严厉。同时，为了严格规范执法，《社区矫正实施办法》规定，发现社区矫正人员有违反监督管理规定或者禁止令情形的，司法行政机关应当及时调查核实有关情况，收集有关证据材料并作出相应处理。这些规定，明确了执法责任主体，规范了相关国家机关的执法行为，建立了社区矫正与监禁刑罚执行的制度对接，可以有效发挥处罚措施对社区矫正人员的警示和威慑作用。

8. 对社区矫正人员进行教育矫正有哪些具体规定？

“人是可以改造的”，这是我国刑罚执行制度的基本理念。教育矫正是社区矫正工作的重要任务。在坚持依法、严格、科学、文明管理的基础上，对不同犯罪类型、不同情况的社区矫正人员，因人施矫，实施个性化教育矫正，是将社区矫正人员改造成为守法公民的重要方法。《社区矫正实施办法》充分体现了社区矫正特色，突出强调社区矫正人员应当自觉参加教育学习，有劳动能力的还应当参加社区服务，增强法制观念，培养责任意识和自新意识。需要强调的是，组织符合条件的社区矫正人员参加社区服务，不是惩罚，而是为了培养社区矫正人员的劳动习惯、集体意识和纪律观念，强化社会责任感，纠正其不良习性，帮助其塑造正确的人生观、价值观，达到促使社区矫正人员认罪悔罪、走向新生的目的。同时，《社区矫正实施办法》明确规定，要根据社区矫正人员的心理状态、行为特点等具体情况，采取有针对性的措施进行个别教育和心理辅导，矫正其违法犯罪心理，提高其适应社会能力。各地要充分总结社区矫正实践中好的经验、好的做法，采取形式多样、内容丰富、符合实际的教育矫正方式方法，不断提高对社区矫正人员的教育矫正质量。

9. **规定对社区矫正人员进行帮困扶助有什么重要意义？**

社区矫正人员是罪犯，但同时也是需要社会给予特殊关爱的对象。对特殊人群应当给予特殊关爱，使他们更好地融入社会。社区矫正中的"帮困扶助"是对社区矫正人员在监督管理、教育矫正基础上的社会适应性帮助。在社区矫正试点试行实践中，各地司法行政机关在党委、政府的领导下，积极协调民政、工商、人力资源和社会保障等部门，为符合条件的社区矫正人员解决城市低保、落实责任田，免费为他们提供技能培训和就业创业指导，帮助其提高就业谋生能力，解决基本生活保障问题。通过综合运用社会管理资源对社区矫正人员开展帮困扶助，既使社区矫正人员及其家属对宽严相济的刑事政策有了深刻的体会，也让他们切身感受到党和政府的宽大和温暖，最大限度地增加了和谐因素，最大限度地减少了不和谐因素，有利于社区矫正人员重新融入社会，有效维护了社会稳定。《社区矫正实施办法》专门对此作出规定，明确要求司法行政机关应当根据社区矫正人员的需要，协调有关部门和单位开展职业培训和就业指导，帮助落实社会保障措施。在工作中，要根据每一名社区矫正人员的不同情况和需要，帮助解决其在生产、生活中遇到的实际困难，实现刑罚执行与社会管理的有机结合。

10. **对解除社区矫正有哪些具体规定？**

社区矫正人员接受矫正的期限与其刑期、考验期和依法予以监外执行的期限一致，矫正期满即应依法解除矫正。解除矫正是社区矫正工作的最后一个程序，具有重要的法律意义，标志着社区矫正人员身份的变化，他们将成为普通公民，依法行使公民权利不再受到限制。《社区矫正实施办法》对解除矫正有明确的规定。一是要做好解除矫正前的准备工作。在矫正期满前，社区矫正人员应当作出个人总结，由司法所作出书面鉴定，告知国家关于安置帮教的政策，对其下一步的安置帮教提出建议。二是应当公开进行解除宣告。解除宣告应当庄重、严肃，由司法所工作人员主持，按照规定程序公开进行，参加人员应当包括有关部门、基层组织、群众代表、社区矫正人员所在单位及其家庭成员等。三是解除宣告的内容应当具体明确。除了宣读对社区矫正人员的鉴定意见，宣布依法解除矫正外，管制、缓刑和假释人员各有不同的宣告事项。四是要依法办理解除矫正的法律手续。县级司法行政机关要向解除矫正的人员发放解除矫正证明书，监狱、看守所要依法为刑期届满的暂予监外执行的人员办理刑满释放手续。五是要做好与安置帮教的衔接工作。司法所要与安置帮教部门妥善做好交接，及时转交相关材料，实现社区矫正与安置帮教的无缝对接。

11. 在实施社区矫正过程中，人民法院、人民检察院、公安机关、司法行政机关如何分工负责、互相配合、互相制约？

社区矫正是刑罚执行制度的有机组成部分，是一项制度创新，不是简单地变更非监禁刑罚执行机关。依法实行社区矫正，体现了诉讼职能部门分工负责、互相配合、互相制约的刑事诉讼原则。在社区矫正工作中，人民法院、人民检察院、公安机关、司法行政机关依法履行职责，充分发挥职能作用，共同承担着加强和创新特殊人群管理的重要职责。

《社区矫正实施办法》明确规定，司法行政机关负责指导管理、组织实施社区矫正工作，县级司法行政机关社区矫正机构对社区矫正人员进行监督管理和教育帮助，司法所承担社区矫正日常工作。人民法院对符合社区矫正适用条件的被告人、罪犯依法作出判决、裁定或者决定。人民检察院对社区矫正各执法环节依法实行法律监督。公安机关对违反治安管理规定和重新犯罪的社区矫正人员及时依法处理。同时，进一步完善了人民法院、人民检察院、公安机关、司法行政机关的工作衔接及协作机制，强化了检察监督。

《社区矫正实施办法》明确要求，各级人民法院、人民检察院、公安机关、司法行政机关应当切实加强对社区矫正工作的组织领导，健全工作机制，明确工作机构，配备工作人员，落实工作经费，保障社区矫正工作的顺利开展。

12. 需要采取哪些措施推动《社区矫正实施办法》的贯彻实施?

社区矫正试点试行工作由“两高两部”共同开展，《社区矫正实施办法》由“两高两部”共同制定，学习宣传和贯彻实施好《社区矫正实施办法》也必然是“两高两部”的共同任务。司法部将专门下发贯彻落实《社区矫正实施办法》的通知，作出具体部署。各级司法行政机关要从全面实施国家法律、切实维护法制权威、有效惩治预防犯罪、确保社会和谐稳定的高度，充分认识《社区矫正实施办法》出台的重要意义，准确把握《社区矫正实施办法》的主要内容，认真做好《社区矫正实施办法》的学习、宣传和贯彻工作。司法部将举办社区矫正实施办法专题培训班，各地也要有计划、分步骤地逐级开展培训工作，提高司法行政机关社区矫正专职队伍的执法能力与水平，确保社区矫正的正确实施。

下一步，司法部将印发与《社区矫正实施办法》配套的社区矫正执法文书格式，统一、规范社区矫正执法文书。同时，与有关部门密切配合，进一步加强调查研究，总结经验，加强指导，加快社区矫正法的起草制定工作。

各级司法行政机关要以《社区矫正实施办法》的实施为契机，积极向党委、政府汇报社区矫正工作的情况，进一步加强与人民法院、人民检察院和公安机关的配合协作，及时解决社区矫正工作面临的问题。要认真履行指导和管理社区矫正工作职能，大力加强社区矫正机构建设、业务建设和队伍建设，加大宣传力度，争取社会各有关方面对社区矫正工作的理解与支持，广泛动员各种社会力量积极参与社区矫正工作，推动社区矫正工作稳步深入发展。

附件二 代表性社区矫正社会工作机构简介

一、首都师范大学社区矫正与社区发展研究中心

首都师范大学社区矫正与社区发展研究中心作为首都师范大学专业社会工作对外研究服务机构，于2005年6月13日经首都师范大学第8次校长办公会议研究决定正式成立。

由首都师范大学政法学院社会学与社会工作系主任范燕宁教授担任中心主任，首都师范大学政法学院、教育学院的社会学、社会工作学、法学、教育学部分专业教师组成核心团队。此外，时任北京市司法局局长、党委书记吴玉华，现任华东理工大学社会学教授、社会管理学院院长、中国社会工作教育协会副会长徐永祥先生，中国青年政治学院教授、中国社工教育协会秘书长史柏年先生，都曾担任过中心顾问。中心自成立以来，积极开展以社区矫正、社区服务、矫正社会工作为特色的专业研究和服务工作，在个案、小组、社区服务、社区矫正研究培训方面做了大量工作。目前，该中心的主要工作内容有：

（一）为北京市社区矫正提供实务工作服务

1. 开展社区矫正专业人才培训。自2004年起对社区矫正司法助理、监狱干警、协管员、司法社工等专业人才开展培训工作，人数超过2000人次。

2. 北京市司法局委托的社区矫正政策研究项目。2004年，完成了北京市司法局委托的“北京市社区矫正工作培训项目”；2005

年，完成了“北京市社区服刑人员分类管理分阶段教育的工作模式研究”的项目；2006 年，完成了“北京市社区服刑人员社会处遇状况研究”的项目等。由范燕宁教授主持、中心团队研制开发的“北京市社区服刑人员综合状态评估指标体系量表”的早期量表和中期量表也已经在北京市 16 区县投入使用，测试使用者遍布 16 个区县，早期量表及中期量表首次使用人数均已达 1800 余人，在全国社区矫正工作中获得很大影响。

3. 在北京市部分区县开展社区矫正个案心理社会辅导工作。自 2004 年以来，范燕宁教授直接面对面对社区服刑人员及亲友提供个案、家庭服务达 150 余人，许多案例已被有关区县当作经典个案矫正案例编入社区矫正教材或案例选编，取得了很好的社会效果。

（二）开展有关社区矫正、矫正社会工作方面的科学研究工作

中心成立以来先后承担的省市级以上的科学研究课题达 11 项，主要有：

范燕宁：教育部人文社会科学研究项目“矫正社会工作在中国社区矫正中的本土化介入模式研究”（2010—2012）。

范燕宁：北京市哲学社会科学十一五规划重点研究项目“社区矫正的理论与实务——北京市社区矫正模式研究”（2007—2010）。

席小华：国家哲学社会科学十二五规划项目“当前我国开展少年司法社会工作的社会影响因素研究”（2010—2013）。

田国秀：北京市哲学社会科学十一五规划项目“首都青少年社区服务资源的梳理与整合研究”（2009—2010）。

仅 2008 年以来，教师参与翻译、撰写及主编的有关社区矫正工作、矫正社会工作的专著、教材达 7 部，主要有：

范燕宁、蔡鑫、韩丽丽等译：《社会问题：事件与解决方案（第 5 版）》，中国人民大学出版社 2010 年版。

范燕宁、席小华主编：《矫正社会工作研究》，中国人民公安

大学出版社 2009 年版。

但未丽著：《社区矫正：立论基础与制度构建》，中国人民大学出版社 2008 年版。

黄京平、席小华主编：《帮教安置工作理论与实务》，中国法制出版社 2008 年版。

2008 年以来，有关教师发表有关司法矫正社会工作方面的研究论文 20 余篇，研究生发表有关司法矫正社会工作系列学术论文 19 篇，本科生完成司法矫正社会工作学位论文选题达到或超过社会工作专业学生毕业论文总数的 1/3。

（三）建立多家特色专业实习基地，帮助本专业学生直接参与司法矫正社会工作

自 2003 年以来，为适应首都及国家培养司法矫正社会工作专业人才的用人需求，中心先后建立多家司法矫正社会工作专业实习基地，主要有：北京市司法局、北京市朝阳区阳光社区矫正服务中心、北京市丰台区阳光社区矫正服务中心、北京市未成年人管教所、北京市丰台区司法局、北京市海淀区检察院、北京市海淀区工读学校、北京市海淀区八里庄街道司法所、北京市戒毒康复中心、云南戴托普戒毒康复中心、香港善导会刑释人员社会服务中心、香港协青社青年服务中心等。

此外，有关师生还在广州市司法局，广州市司法局所属上善、清源司法社工站，深圳市司法局，深圳市司法局所属深圳社联社工站，北京市西城区厚朴社会工作站，北京市西城区双丝带社会工作站等多家司法矫正社会工作专业实习机构进行过专业实习、考察或社会服务活动。

（四）开展有关社区矫正、矫正社会工作的国际合作研究

2006 年 10 月 29 日—31 日，首都师范大学社区矫正与社区发展研究中心与北京市司法局联合主办了“社区矫正研究——2006 年北京国际论坛”。

2010年10月15日—17日，首都师范大学与华东理工大学、华东政法大学以及北京工业大学联合召开了“社区矫正与司法矫正社会工作国际研讨会”。

会议邀请到中华人民共和国司法部基层司司长姜爱华，首都师范大学校长、纪委书记、北京市司法局局长、司法部预防犯罪研究所副所长、中国社会工作教育协会会长、中国犯罪学研究会会长、中国社工教育协会副会长、秘书长等领导、专家，来自美国、加拿大、澳大利亚、香港等国家和地区的国外境外代表11人以及来自中国内地的高等院校、研究机构、政府部门以及一线社会工作机构的代表共计500余人，会议获得很大的社会影响。

（五）由社区矫正研究服务扩展到其他特色研究与社会服务

随着科学研究和社会服务的不断深化，研究中心又逐渐发展繁衍出5个特色研究和社会服务项目，起到了高校特色社会服务孵化器的作用。

1. 教育部矫正社会工作专业人才培养模式创新实验区。2007年年底，经教育部批准，在首都师范大学建立了国内首家国家级矫正社会工作专业人才培养模式创新实验区，专门培养司法矫正社会工作专业人才。主持人为范燕宁教授。

2. 首都师范大学少年司法社会工作研究服务中心。2009年9月起，开展了“与法同行——社工介入未成年人检察工作综合研究项目”，社工利用自己的专业方法开展了社会调查、再犯可能性评估、跟踪帮教、刑事和解等多项专业服务。2010年7月，首都师范大学校长办公会决定成立“首都师范大学少年司法社会工作研究与服务中心”，这是全国首家专门服务于少年司法的社工专业机构。主持人为席小华副教授。

3. 首都师范大学“抗逆力”国际合作研究项目。在北京142中学、北京铁路电气化学校等部门积极开展有关青少年情绪疏导、抗逆力研究，取得了重大国际合作项目。负责人为田国秀教授。

4. 首都师范大学“成长向导”国际合作社会服务项目。在北京华奥打工子弟学校开展城市新移民二代社会适应性及犯罪预防方面的“和睦家园”和“成长向导”行动研究，先后带动130余名研究生、本科生投入该项目，取得了突出的社会效果。负责人为周锦章讲师。

5. 北京市海淀睿搏社会工作事务所社区服务项目。首都师范大学为推进社区矫正及社会发展特色社会服务项目，经北京市海淀区民政局正式批准注册、以北京市海淀区社工委为业务主管单位、以首都师范大学社会工作院系为业务依托，于2010年12月成立了民办非营利性专业社会工作服务机构——北京市海淀睿搏社会工作事务所，专门承担面向社区建设、社区发展、社区矫正、社区治理、社区管理模式创新方面的社会服务工作，已经成为北京市政府购买专业社工岗位最多的专业社工机构。负责人为范燕宁教授。

二、北京市海淀睿搏社会工作事务所

北京市海淀睿搏社会工作事务所成立于2010年，是经过北京市海淀区民政局正式注册、由北京市海淀区社工委为业务主管单位、以首都师范大学社会工作院系为业务依托的民办非营利性社会工作专业服务机构。

（一）主要服务对象

北京市海淀睿搏社会工作事务所最主要的服务对象是各类面临成长困难的特殊青少年及其家庭。同时，该事务所积极承接政府、社区及其他社会组织、团体委托的各类社会管理、社会服务创新项目，为有需要的组织、个人和家庭提供各类专业社会工作服务。

（二）服务使命

“睿搏”两个字是英文Rainbow的译音，体现了北京市海淀睿搏社会工作事务所的使命：睿智拼搏，将利他主义社会工作价值观与科学助人方法相结合，搭建社会沟通的桥梁；帮助青少年及家庭解决社会问题，促进各类青少年健康成长。

（三）社会服务“三本”理念

少年为本，援助家庭，助人自助，陪伴成长。

社区为本，整合资源，发掘潜能，综合服务。

社工为本，增能赋权，推进职业，睿智拼搏。

（四）主要业务范围及社会服务内容

1. 青少年成长引导社会工作服务。向在成长过程中遇到学习、就业、交友、人际关系、亲子关系等各类成长困难的特殊青少年及其家长，提供戒除网瘾服务、升学就业引导、亲子关系咨询、青少年及家庭法律援助、成长向导等社会工作综合服务。帮助各类青少年预防犯罪，矫正不良心理及行为，发掘自身潜能，实现健康成长。帮助家长解除亲子关系困扰，引导子女健康成长。

2. 司法矫正社会工作服务。配合公安局、检察院、法院、司法局、共青团、教委、妇联、流动人口管理等部门，积极开展涉案、涉罪青少年判决前社会调查、合适成年人到场、边缘青少年问题、青少年社会帮扶、青少年社会问题处理、问题行为矫正、预防犯罪，以及社区矫正、法制宣传等司法矫正方面的社会工作专业服务。

3. 社区发展、社会组织建设综合服务。配合政府、街道、社区、社会组织，提供社区发展、社区建设、社区矫正、社区治理、社会组织建设等方面的社会工作综合服务。承接各级政府部门购买的“司法社工”、“街道社工”、“楼宇社工”、“青年汇社会工作”、“社区青少年事务合作”、“社区社会组织顾问”、“社区志愿者培训”、“社区法律事务”等各类社会工作服务项目。

4. 社会工作人才培养、继续教育服务。面向高校社会工作院系、社会工作专业本科生、硕士生、博士生，提供专业实习、社会调查、毕业论文、科学研究方面的专业服务。面向各类社会工作者、社区工作者及有需要的各类社会人士，提供社会工作专业进修、升职考证、继续教育、业务能力拓展等方面的专业培训及服务。面向各类政府部门及企事业单位，提供工作人员“减压增能”及“能力拓展突破”等方面的专业培训及服务。

5. 社会服务承诺。以社会工作专业价值、理论为指导，运用社会工作专业方法与技巧，本我所学，尽我所能，为各类有需要的个人、家庭和组织提供最佳专业服务，创造最佳社会服务效益，推动中国青少年社会工作、司法矫正社会工作、社区社会工作的本土化专业化进程。

三、北京超越青少年社会工作事务所

北京超越青少年社会工作事务所成立于 2010 年 10 月 14 日，属于非营利性的、专业性的社会工作研究与服务机构。业务主管单位为首都师范大学政法学院，是我国首家专门服务于少年司法需求的社工专业机构，其前身为“首都师范大学少年司法社会工作研究与服务中心”。

（一）成立背景

首都师范大学政法学院社会学与社会工作系的教师和学生多年来围绕少年司法过程中的社会工作服务需求开展过大量的专业研究与社会服务，先后与北京市未成年犯管教所、北京市海淀区工读学校、北京市海淀区检察院、北京市门头沟区法院建立了长期合作关系，司法社工的专业服务得到了司法部门、社区服刑人员及其家庭的充分肯定，取得了良好的社会效益。大量违法犯罪少年在接受了司法社工服务后能够重新认识自我，摒弃不良行为，树立人生信心，降低了不良行为对社会的危害。随着“社会管理体制创新”已经成为各级司法部门工作的指导原则，首都师范大学为进一步推进与司法部门合作的规范化，于 2010 年 7 月决定成立“首都师范大学少年司法社会工作研究与服务中心”，以一个全新的平台承担和推动少年司法社会工作的研究与服务工作。

（二）主要服务内容

北京超越青少年社会工作事务所以社会工作与少年司法的契合

为研究和服务视角，以利他主义价值观为指引，运用科学知识和方法服务于少年司法过程中出现的各类专业服务需求。

该事务所成立一年来，已经形成了“1-2-4”的服务格局。

所谓“1”，是指社工服务所秉承的1个核心价值理念，即儿童的利益是最重要的，处于少年司法过程中的少年的福利尤其需要被全社会所关注，社工通过为其提供帮助和教育，可以预防其再次实施犯罪行为并健康成长。

所谓“2”，是指已经形成的2个工作模式，即“社工介入少年检察工作模式”和“社工介入少年审判工作模式”。

所谓“4”，是指已经开展的4项特色服务，即司法社会调查服务、犯罪少年帮教服务、刑事和解服务、刑事犯罪被害少年救助服务。

（三）服务目标

通过提供专业服务，北京超越青少年社会工作事务所努力实现以下服务目标：

第一，通过提供专业的社会工作服务，帮助处于少年司法过程中的少年及其家庭改善其认知状况和社会支持系统，从而预防少年犯罪，促进社会和谐。

第二，通过与司法部门合作，探索少年司法制度科学化、专业化、人性化、社会化的发展路径。

第三，通过开展理论研究，为少年司法社会工作健康发展奠定基础。

第四，通过与司法部门合作，提升司法社会工作的教学及科研水平，并为培养出社会急需的司法社会工作人才积累经验。

（四）组织机构及人员构成

北京超越青少年社会工作事务所采取主任负责制进行管理。主任由中国预防青少年犯罪研究会理事，首都师范大学社会学与社会工作系党支部书记、副教授、博士席小华担任，主任为事务所的日常管理者。

副主任协助主任管理事务所的日常事务。副主任由首都师范大学社会学与社会工作系主任、教授范燕宁和首都师范大学政法学院社会学与社会工作系副主任、副教授蔡鑫担任。

事务所目前聘任原北京市高级人民法院副院长、北京市未成年人法学研究会名誉会长嵇昆梅为首席顾问，聘任中国社工教育协会副会长、华东理工大学社会与公共管理学院院长、教授、博士生导师徐永祥为首席专家，同时聘请6名在国内法学界和社工界的著名专家担任顾问。

事务所目前拥有专业研究人员8名，具有专业资质的专职社工6名，兼职社工6名，社会工作专业的研究生、本科生志愿者30名。

四、北京市朝阳区惠心社会工作事务所

北京市朝阳区惠心社会工作事务所于2010年7月经北京市朝阳区民政局批准成立，是以中共朝阳区委社会工作委员会、朝阳区社会建设工作办公室为业务主管单位的非营利性的社会工作服务机构。

（一）价值和使命

1. 机构理想。共同建设一个互相关怀的社会，让仁、义、礼、智、信、温、良、恭、俭、让成为我们立世的美德，使人人能够自立自主、自尊自信、和谐相处、幸福快乐。

2. 机构使命。

（1）为服务对象提供优质的社会福利服务，帮助服务对象面对各种挑战。

（2）与合作伙伴高质量地实施合作项目，推进社会工作社会化进程。

（3）向社会倡导家庭及社会责任感。

（4）发挥工作伙伴的潜能，建立团结合作、专业敬业的工作

团队，实现与机构共同成长。

3. 机构理念。专业助人，助人自助，惠及心灵，和谐共融。

4. 机构准则。立足社区，满足需求，用服务体现专业价值。

（二）主要服务领域

社会工作者招聘、社会工作者派遣、社会工作者管理、社会工作者继续教育服务；为机构、社区、家庭或个人提供专业化社会工作服务；对有需要的社会人士进行社会工作方面的专业辅导；开展社会工作方面的研究、宣传讲座及学术交流活动；为政府有关部门提供社会工作方面的政策咨询和建议；开展社会互助及关爱活动，开展对外交流与合作；承接政府及相关机关委托的各类社会工作服务项目和其他任务。

（三）服务项目

1. 青少年社会工作服务。青少年社会工作服务主要以促进青少年全面发展，使他们成为有责任感的公民，提供咨询、辅导服务及发展机会为服务目标。

服务内容包括：一是根据社区特点，围绕促进人的全面发展的主题，组织社区青少年训练营，包括人际关系的建立及处理、团队合作精神、领导素质、职业意识培养等；二是开展青春期教育及咨询辅导；三是为青少年就其遇到的各类问题进行辅导，即针对青春期问题、网恋问题以及迷恋网络游戏、学习障碍、行为矫正、人际交往、家庭关系等问题进行专门辅导。

2. 老年社会工作服务。老年社会工作服务主要以营造敬老、爱老氛围，为老年人提供“老有所乐、老有所为”的服务平台为服务目标。

服务内容包括：一是针对老年人的特点，整合社区教育资源，组织开展京剧班、书画班、舞蹈班等各类兴趣班；二是组织社区志愿者为老年人提供生活服务；三是组织开展老年娱乐康体活动。

3. 家庭社会工作服务。家庭社会工作服务主要以巩固和加强家长及家庭处理生活问题、教育子女的能力，充分发挥个人潜能及应有的家庭功能，提升生活品质的能力，预防个人及家庭问题的产生为服务目标。

服务内容包括：一是对家长在家庭教育过程中存在的问题提供咨询服务；二是对家庭问题进行辅导，协助服务对象提高家庭问题的处理能力；三是组织专家讲座，普及科学的家庭教育方法；四是对“问题孩子”的教育提供技术支持；五是组织好习惯训练活动，协助家长提高家庭教育效能。

4. 学校社会工作服务。学校社会工作服务的主要目标是：把社会工作的原则、方法与技术运用到学校环境中，促成学校、家庭和社区之间协调合作，协助学校形成“教”与“学”的良好环境，帮助学生发挥潜能，引导学生寻求个别化和生活化教育，学会面对和解决在成长过程中遇到的学习、社交和情感问题，建立正确的价值观和社会化人格，习得适应现在与未来生活的能力。其目的是为学生、家长及学校提供预防性、发展性及补救性的服务，协助学校进行专业化辅导。

服务内容包括：一是以学校为单位，为学校提供师资和教材资源，在学校开展生涯教育和生命教育，促进学生全面发展；二是为中小学提供驻校社会工作服务，包括提供个案辅导及团体辅导活动，并引入社区资源为学生及其家长服务，如自我了解、情绪处理、社交技巧、父母/朋友相处、学习方法、师生关系、子女教育、个人发展、就业及升学选择等；三是提供咨询服务，针对升学、就业、家庭关系、人际关系等方面提供意见或资料；四是组织团体活动，包括生活体验、研讨会、讲座、参观、夏（冬）令营、训练等；五是协助学生解决个人、家庭、人际关系和学习问题；六是与社区内的企业合作，创造条件为本社区青少年尤其是中学生提供见习就业活动，以提高其社会适应能力；七是加强学生、家庭、学校及社区间的联系，通过与学校及家庭的合作，创造机会，开展沟通与互动活动，帮助学生发展潜能，建立积极的人生观，提高适应社会和解决问题的能力。

5. 志愿服务运行管理。志愿服务运行管理主要以建立志愿服务长效化、系统化运行机制，开展志愿者教育培训，推进“社工带志工（志愿者）”的工作方法，搭建志愿服务供需对接平台，提高志愿服务运行效率，营造浓厚的社会互助氛围为服务目标。

服务内容包括：一是对现有志愿服务情况进行摸底调查，对志愿者队伍和志愿服务项目进行梳理；二是巩固原有的志愿服务品牌，并建立相应的服务规范和标准；三是根据社会需求，策划、设计志愿服务项目，提供包括助老扶弱、扶贫济困、环境保护、医疗卫生、科技普及宣传、问题青少年辅导、应急服务、法律援助、心理疏导、人民调解、治安维护、社区矫正在内的社区志愿服务项目，健全和完善社区志愿服务体系；四是培训志愿者骨干，提升其维护志愿服务队伍的能力，并协助开展经常性的志愿服务活动；五是协助建立招募、注册、培训、评价、激励管理制度，完善志愿管理体系；六是按照“社工 + 志工”的服务模式，开展志愿服务，弘扬志愿服务精神，培育志愿服务文化。

6. 未成年人庇护服务。未成年人庇护服务主要以帮助未成年人消除来自家庭、学校、社会等方面影响其成长的不利因素，维护未成年人的合法权益，为未成年人的健康成长创造良好的环境为服务目标。

服务内容包括：一是接受虐待未成年人问题的举报，维护未成年人的合法权益，并对受虐人提供心理抚慰及辅导服务；二是对实施虐待行为的家庭提供矫正辅导；三是为闲散未成年人提供帮助，使之接受正规的教育；四是协助未成年人矫正不良行为习惯，解除影响其成长的困扰，如网瘾、校园暴力等；五是与学校建立互动机制，为受虐未成年人提供心理支持。

7. 公民教育。公民教育的服务目标是：采取多种形式，围绕民族精神、公民道德、公民知识、公民价值观等内容开展公民教育；围绕外来人口融入所住城市的问题开展相关教育培训活动。

服务内容包括：一是在民族精神教育过程中，把国家意识、文化认同和公民人格作为重点内容；二是在公民道德教育过程中，以贯彻公民道德建设实施纲要为主线，以提高社会公德、发扬职业道德、弘扬家庭美德为主要内容；三是在公民知识教育过程中，引导居民正确认识国家与政府、民主政治、政党制度、司法公正等问题，培养能够满足社会发展需要的现代公民；四是在公民价值观教育过程中，重点培育居民尊重、诚信、民主、法治、正义、和平、爱国、追求真理、与自然和谐相处等价值观；五是针对外来人口，协助他们了解所在区域的历史、文化、习俗、对外来人口的政策、公共行为准则以及如何合理、科学地运用公共资源等常识。

五、北京市丰台区中鼎社会工作事务所

北京市丰台区中鼎社会工作事务所是以中共北京市丰台区委社会工作委员会、丰台区社会办公室为业务主管单位，依托清华大学、北京大学、首都师范大学、中国劳动关系学院、北京青年政治学院、北京政法职业学院等高校的专业支持，经北京市丰台区民政局注册的民办非企业性质的非营利公益性组织。该事务所于2012年被北京市民政局认定为首批市级社会工作人才队伍建设试点单位。

（一）价值和使命

1. 宣言：信守诺言，服务社会，中鼎同行。
2. 愿景：和谐共融，同享社会文明成果。
3. 宗旨：助人自助，用生命影响生命 。
4. 使命：希望通过服务社会基层和弱势民众，为中国社会稳定、健康和可持续发展打造良好的基础。

（二）主要服务领域

1. 开展社会工作专业服务（向老年人、贫困群体、残疾人群、优抚对象、儿童、青少年、妇女、下岗失业人群、外来务工人员及

其子女、企业职工、社会越轨人群等弱势群体和广大居民提供社会工作专业服务）。

2. 开展社会工作者招聘、社会工作者派遣、社会工作者管理、社会工作者继续教育等服务。

3. 开展公益组织与社工培训、公益项目的策划，向流动人口社区、流动人口个人提供专业化就业、法律知识、能力建设培训等社会工作服务。

4. 对社区有需要的社会人士进行社会工作方面的专业辅导，开展社会工作方面的研究、宣传讲座及学术交流活动。

5. 开展流动人口社会互助及关爱活动，开展对外交流与合作。

6. 承接政府及相关机关委托的各类社会工作服务项目和其他业务，为政府有关部门提供各类社会工作方面的政策咨询和建议。

7. 开展社会调查，组织出版社会工作书刊，进行学术交流活动。

（三）特色服务活动

1. “成长起航”——儿童阅读亲子活动日。由社工老师，通过带领学前儿童听故事、做游戏等方式，进行亲子交流互动，让家长重拾童心，促进儿童社会性成长。通过读书让儿童有了一个崭新的了解世界的窗口，成为他们人生的第二条起跑线。

2. 外来务工人员子女增能计划系列活动。

（1）“四点半课堂”项目。由于社区中的很多家长上班时间比较长，工作节奏较快，通常下午四点半左右孩子就放学了，如何照顾和辅导孩子成为许多家长一件头痛的事。“四点半课堂”项目就是为社区内有需要的学龄期青少年儿童尤其是每天下午四点半左右放学的外来务工人员子女提供安全的场地，配备专业的辅导老师，并通过作业辅导、兴趣学习等方式形成集体学习的氛围，提高孩子的综合素质。

（2）“城市安全、文明礼仪”讲座。帮助外来务工人员子女融入城市生活，提高自身安全意识，保护未成年人健康成长。

（3）“心灵导航”——青少年儿童心理疏导项目。帮助外来务工人员子女疏导内心的焦虑和困惑，陪伴青少年顺利度过他们心理脆弱敏感的时期。

此外，还有趣味英语讲座、青春期健康知识讲座等活动，给外来务工人员家庭中的青少年带去更多的知识，提高其自身素质。

3. “孤独有我”——老年人精神慰藉法律咨询活动。针对社区老年人借贷、遗嘱、赡养、受骗等问题，邀请有经验的律师结合实际案例，开展法律知识讲座，提高社区老年人的法律意识和维权意识。

六、上海市新航社区服务总站

（一）机构简介

上海市新航社区服务总站成立于 2004 年 1 月，是一家经上海市民政局批准注册的民办非企业性质的社会组织，业务主管单位为上海市司法局，业务范围是为本市社区矫正人员和五年内刑释解教人员提供专业服务。目前在本市 14 个区县（浦东、奉贤、松江除外）设立有工作站，并在所属街镇设立有社工点，聘用社工 400 余名。

机构愿景与使命是：本着“以人为本、助人自助”的服务宗旨，运用社会工作技巧，为社区矫正人员和五年内刑释解教人员本人及其家属提供专业化帮教服务，使该类对象的法制意识和道德观念有所增强、心理状态和行为习惯得到改善、实际困难得到解决，社会环境得到改变，从而实现使该类对象顺利融入社会、减少重新违法犯罪的目的。

（二）品牌项目

1. “旭日新航”青少年服务项目。针对青少年服务对象在认知、心理、行为、家庭关系、社会适应、就学就业方面存在的问题与需求提供系列性帮教服务，以提高青少年服务对象的法制意识，增强其社会适应能力，恢复和健全其家庭功能，从而减少其重新违法犯罪行为的发生。

2. “心灵导航”心理服务项目。为全体服务对象提供以心理健康知识普及为主的心理帮教服务，为具有相同或相似心理问题与需求的服务对象提供小组（团体）心理辅导服务，为心理问题与需求突出的服务对象提供个别心理疏导服务，以缓解和改善服务对象的不良情绪，从而减少其重新违法犯罪行为的发生。

3. “新航港湾”家庭服务成长计划。为服务对象家庭在经济困难、沟通不畅、亲子关系及夫妻关系存在矛盾或疏离、教育方面存在困惑、教育方式不良等方面提供系列化帮教服务，提升服务对象的个体能力，恢复和健全其家庭功能，为他们重新融入社会打造温馨港湾。

4. “爱启新航”临释人员回归教育服务项目。以上海市五角场监狱出监监区的临释人员为服务人群，针对他们潜在的危机、需求和问题，开展监狱与社会教育资源的有效链接、监狱改造与社会帮教的无缝衔接，巩固监狱改造效果，有效落实安置帮教工作，促进刑释解教人员平稳回归社会、正常融入社会。

5. “爱满新航”未成年子女关爱行动项目。为服务对象的未成年子女在家庭或亲子关系、心理、学业、自我管理和自我保护等方面提供系列化帮教服务，帮助其个体能力获得改善和提升，促使服刑在教、刑释解教对象在思想上、行为上加快转变，从而减少其重新违法犯罪行为的发生。

七、上海其他知名社区矫正社会工作机构

（一）上海市阳光社区青少年事务中心

上海市阳光社区青少年事务中心经上海市社团管理局批准注册，于 2004 年 2 月 18 日正式挂牌成立。该中心为民办非企业社团，业务主管单位为共青团上海市委员会，实行董事会领导下总干事负责制，董事长为大众交通（集团）股份有限公司总经理杨国

平，董事会成员由社会工作专业的专家学者、青少年工作者和社区工作者等组成。上海市阳光社区青少年事务中心在各区县设立有社工站，负责对本区域内所属青少年事务社工进行业务指导、绩效考核和日常管理。

1. 服务项目。

（1）负责社区青少年教育、管理和服务事务。

（2）负责对全市青少年事务社工进行业务指导、管理和调配。

（3）支持青少年参加资格认证、职业培训。

2. 机构使命。

（1）更新励志，构建和谐，全人关怀，成长青年，秉持专业，追求卓越。

（2）预防青少年犯罪，为青少年营造成长性空间，提高青少年素质，培养青少年能力，推动青少年参与，倡导青少年福利，推动志愿者服务，追求专业化发展。

该中心坚持以职业化、专业化为导向加快社工队伍建设，不断加大专业工作指导力度，在实践中形成并总结了一系列特色工作手法，同时运用信息化手段推进工作的开展，并积极自主筹措运行资金，增强自我持续发展能力。

通过开展专业化工作，相当一部分社区青少年在社工的帮助下树立了积极的生活态度，解决了工作、学习中的实际困难，调整了人生发展的轨迹；社会工作作为全新的职业已逐渐为社会各界所了解和认可，越来越多的有志之士投入到这一新兴而崇高的事业中来；在社会工作开展过程中所积累的宝贵经验也将对上海市实施社会化管理产生积极而深远的影响。

该中心的工作得到了各级领导的亲切关怀和社会各界的广泛关注。2004 年 4 月 27 日、28 日，“全国预防青少年违法犯罪暨学校及周边治安综合治理工作会议”在上海召开。会议期间，全国人大常委会副委员长顾秀莲、中央政法委秘书长王胜俊、共青团中央书记处第一书记周强等中央领导同志亲临中心和徐汇区斜土街道社工点视察青少年事务社工工作。中共上海市委副书记刘云耕、中共上海市委副书记王安顺、共青团中央社区和维护青少年权益部部长胡增印等领导也先后到该中心视察，对该中心各项工作的开展作出了重要指示。此外，该中心还先后接待了罗马尼亚青年访华代表团、比利时青年议会访华代表团、香港工会联合会青年义工访沪代表团。

（二）上海市中和社区矫正事务所

2012 年 4 月 23 日，上海市中和社区矫正事务所在浦东新区举行揭牌仪式，该事务所成为浦东第二家专门为特殊人员提供专业化社会服务的社会组织。该事务所总干事尤静凤介绍，上海市中和社区矫正事务所现有社会工作者 92 人，平均年龄 34 岁。

上海市中和社区矫正事务所是经上海市浦东新区民政局批准注册的民办非企业组织，在浦东新区各街镇设有社工组，承接政府服务项目，为浦东新区社区服刑人员提供专业化的社会服务，并拓展其他各类社会服务项目，业务主管单位为浦东新区司法局。

（三）上海市自强社会服务总社

1. 机构简介。为了从源头上预防和减少犯罪，加强社会管理、提高社会管控水平、维护社会稳定，上海市委政法委提出构建预防和减少犯罪工作体系。

2003 年，由上海市委政法委牵头，通过组建三家社会组织的方式，分别为药物滥用人员、社区服刑人员和“失学、失业、失管”社区青少年提供社会工作服务。上海市自强社会服务总社作为其中一家非营利性社会组织，按照“政府主导推动、社团自主运作、社会多方参与”的总体思路，于 2003 年 12 月注册成立，通过政府购买服务的方式为上海社区药物滥用人员提供综合社会服务。

2. 服务宗旨和价值观。

（1）服务宗旨。运用助人自助的理念和社会工作的专业方法为上海社区药物滥用人员提供以康复辅导服务为主的社会服务，同时提供以预防药物滥用为主的多元社会服务。

（2）价值观。

①关爱（Dedication），指倡导对药物滥用人员的关怀和接纳。将每一名社区服刑人员看作在前行的道路中摔倒而需要陪伴的人，强调对其身心的人文关怀。

②乐助（Responsibility），指坚持用专业的社工方法去实践对社会的责任。除了为药物滥用人员提供社会服务之外，作为一家社会服务机构，上海市自强社会服务总社致力于呼吁社会对于药物滥用人员的接纳，为构建无毒社区而努力，倡导公益精神与和谐理念。

③自强（Strength），指赋已予能，持续对专业的追求。上海市自强社会服务总社作为国内规模最大的社会工作专业机构，一直强调对社会工作的知识基础有所贡献，推动高标准的社会工作实践。

3. 核心工作。上海市自强社会服务总社的核心工作是预防教育。

（1）社区预防。

背景：社区预防具有服务功能、教育功能、宣传辐射功能等，因此将其作为重点工作之一。在社区中可以通过多种形式对各类组织、家庭及个人进行毒品预防宣传教育。

目标：总体目标是从禁毒角度营造一个良好的社区环境，为社区居民和青少年提供良好的生活和成长环境。具体目标是让社区居民尤其是青少年了解毒品及其危害，努力获取居民委员会的支持，并保持与社区居民的良好关系。

形式：通过在社区内张贴宣传海报和公益广告、设立禁毒宣传牌、进行摊位宣传、开展各类社区活动等多种形式为社区居民提供毒品预防教育。

（2）学校预防。

背景：青少年涉毒问题正成为禁毒工作中新的重要议题，个别在校青少年因为对毒品的好奇或者认识不足等多种原因，会尝试使用毒品。为了有效防止青少年涉毒，将毒品预防宣传教育拓展到学校，为在校学生提供毒品预防宣传教育。

目标：通过多种形式的宣传教育，使青少年提高“知毒、防毒、拒毒”意识，使在校学生在充分认识毒品的基础上，远离毒品，走好人生第一步，实现健康成长。

形式：通过讲授预防毒品教育课程、开设展览、张贴海报及发放宣传单等多种形式开展学校毒品预防教育服务。

截至2005年年底，社工已经走进了上海市的400多所学校，为14万余人次的学生提供了预防教育服务。

4. 工作模式。

(1) 提前介入。为了更好地与服务对象建立服务关系，帮助药物滥用者更好地从监所过渡到社会，减轻他们重返社会时的不适和痛苦，社工为身处监所的药物滥用者提供了相应的提前介入服务。

通信、探访、座谈、签订帮教协议等都是社工目前在提前介入中常用的方法。在某些情况下，社工也会提供维权服务，如对涉及城市动拆迁的服务对象，社工会扮演代言人的角色，维护药物滥用者的合法权益。

在提前介入的过程中，许多街镇都为社工提供了交通工具、慰问品等帮助。为了给社工创造良好的提前介入工作条件，上海市自强社会服务总社与部分监所如上海市强制戒毒所、上海市女子监狱等，签订了合作共建协议。2007年，上海市自强社会服务总社进一步拓展、规范提前介入服务，通过多元化的服务方式，为药物滥用人员的社区康复作出了积极的努力。

(2) 社区康复。社工运用个案、小组、社区三大社会工作基本方法，在社区中为药物滥用者提供综合社会工作服务。这些服务包括个别辅导、家庭辅导、协助就业就学、提供技能培训等。上海市自强社会服务总社秉承专业理念，构建多元化的康复服务模式，打造了家庭联谊会、亲子平行小组、同伴辅导、新生会就业基地、“身、心、志”互动小组等多个服务品牌项目。

（3）以家庭为本的服务信念。协助服务对象的家庭最好的方法是提高家庭的自助能力，在重视个人需要的同时维持和谐的家庭关系。在实践中，上海市自强社会服务总社以家庭为中心开展专业服务，其目的是强化家庭的功能，有效地履行家庭本身的责任。闵行工作站的“自强家庭联谊会”和闸北社工站的“彩虹亲情学校”以服务对象家属为主要成员，改善家庭关系，增强家庭功能。嘉定社工站的“亲子平行小组”运用“平行治疗、共同成长”的核心理念，为服务对象及其父母（或子女）提供一个良性互动的机会。

（4）同伴互助服务。同伴互助服务是国际戒毒领域普遍使用的一种服务，通过运用榜样示范、“同伴教育”等方法，让戒毒成功者带动正在戒毒的其他人共同成长。“静安汤建卫同伴自助小组”作为上海市自强社会服务总社的服务品牌项目，主要通过同伴辅导员提供服务，增强了药物滥用者的戒毒自信心，激发了他们对新生活的渴望和对未来的憧憬，取得了较为明显的效果。

（5）就业基地建设。就业是促进药物滥用人员成功返回社会的重要因素。为了解决药物滥用人员就业信息渠道单一、就业困难等问题，上海市自强社会服务总社尝试与更多企业合作，拓展就业基地，开辟一个药物滥用人员锻炼自我、肯定自我的平台。宝山社工站的“新生会”与上海仙客来保洁公司合作，成立了就业基地，在提供心理社会服务的同时还为药物滥用人员解决就业问题。经过一年的不懈努力，社工站推荐的服务人员没有一人走回头路，得到了单位、家庭和社会的认可。

（6）专业支持小组。建立专业支持小组在戒毒社会工作领域既是过程又是手段，强调通过小组动力去影响成员的态度和行为。在社工的带领下，成员解决问题的能力和潜力通过成员间的分享、相互分担和相互支持而发挥出来。徐汇社工站的“瑜伽健身——‘身、心、志’互动小组”，尝试借助瑜伽练习与小组工作方法相结合的形式，通过身体运动与康复、心理调节和认知行为的改变、意志锻炼三方面的改善、提升和互动，帮助服务对象树立积极的人生态度和生活目标，提高自我管理与自我控制的能力以及解决实际问题的能力，以此来协助服务对象实现心理脱毒和康复的目标。虹口社工站的"'启帆'行为重组工作坊"运用认知行为互动团体治疗模式，改变青少年药物滥用人员的偏差行为，强化其戒断动机。

（7）美沙酮社区维持治疗。为了使毒品成瘾者更好地回归社会，美沙酮社区维持治疗引入了降低危害的理念，让多次戒毒但仍未脱瘾的海洛因成瘾者有了改变生活状态的机会。2005 年 5 月，长宁区首先尝试了美沙酮社区维持治疗，取得了良好的效果。2006 年 9 月，长宁、浦东、虹口、闸北、杨浦等 5 个区相继设立了社区美沙酮治疗门诊，面向全市有需求的服务对象。为了确保美沙酮社区维持治疗的正常运作，社工按不同阶段服务对象的不同特点提供了相应的个案辅导服务。自美沙酮社区维持治疗项目开展以来，服务对象从生理上逐步摆脱了对毒品的依赖，矫正了其人格障碍，人际交往功能也得到了较好的恢复。

（8）爱心支教。爱心支教是上海市自强社会服务总社的拓展项目，该项目由志愿者为药物滥用人员子女提供免费的家教服务。通过发挥志愿者自身的潜能，帮助药物滥用人员周边的弱势群体，从侧面促进药物滥用人员的社区康复。

八、广州市尚善社会服务中心

广州市尚善社会服务中心是在司法部、广东省司法厅和广州市委市政府关于推进社会管理改革创新部署的背景下，由广州市司法局于 2009 年 3 月主导创立的全市首个非营利性司法社工组织。

自创办至今，该中心先后承办了市中级人民法院少年庭司法社工项目、天河区石牌街社区矫正社工项目、广州市司法局社区矫正服务项目。其中，广州市尚善社会服务中心承办的市中级人民法院少年庭司法社工项目在 2010 年被评为市优秀项目，被民政部列为第二批社工人才队伍建设试点项目之一。

该中心坚持以人为本的价值取向，秉持“助人自助，崇善尚善”的服务理念，运用专业矫治方法，为社区矫正人员、刑满释放人员和具有违法犯罪倾向的高危人员及其家属提供专业司法社工服务。

服务内容包括：

1. 个案辅导服务。为服务对象提供个性化矫治服务，帮助其认识和解决个人的思想、心理和行为等问题，预防再犯罪。

2. 心理情绪支援服务。运用认知行为理念、情绪疏导技巧等，为受情绪困扰及有心理疾患的服务对象提供专业的支援服务。

3. 家庭支援服务。为服务对象提供家庭伦理教育、亲子关系调适、教育技巧培训等，帮助其训练和掌握社交技巧、愤怒控制技巧，促进家庭沟通互动，以达到改善家庭关系的目的。

4. 判前考察服务。接受各级人民法院的委托，对符合非监禁刑基本条件的未成年被告人进行 3 ~ 6 个月的考察，根据其行为表现出具考察调查报告，供法院作为适用非监禁刑裁决的参考。

5. 社会观护服务。接受各级人民法院的委托，对民事涉诉未成年人进行社会调查，以中立身份向法院提交社会观护调查报告，或进行调解，协助法院公平、公正地裁决案件。

6. 犯罪预防服务。为职业技校学生提供多元化的普法教育和预防犯罪服务，提前为具有违法犯罪倾向的行为偏差学生提供专业辅导和行为矫治。

7. 释前介入服务。对在押服刑人员进行释前风险评估，提供释前辅导服务；协助其解决因监禁带来的个人、家庭问题，以及释放后的社会适应问题。

8. 其他服务，包括提供咨询、转介、就学辅导、职业指导、专业方法应用推广等服务。

九、深圳市春雨社会工作服务社

深圳市春雨社会工作服务社成立于2007年12月27日，是在深圳市民政局的大力支持和培育下，由深圳市司法局主管的劳动教养学会发起成立的非营利性民间机构，是针对在社区服刑的服刑人员、刑满释放和解除劳动教养人员、人民调解以及与此密切相关的禁毒帮教和信访人员等开展社会工作的专业性较强的专门社会服务机构。

1. 举办者状况。深圳市春雨社会工作服务社的举办者是深圳市劳动教养学会。该学会的基本情况：一是经民政局批准成立的社团组织，具有一定的经济能力；二是与香港惩教署、中途宿舍有长期的业务往来和学术交流，邀请香港惩教署司法社工督导，借鉴香港成熟社工工作经验对深圳市司法社工开展督导工作；三是劳动教养学会是司法工作领域的组织，熟悉司法行政工作专业技能和工作程序。

2. 办公条件。

（1）拥有超过200平方米的办公场地；

（2）配备了完善的办公和培训设备，包括电脑、打印机、传真机、投影仪、音响和办公桌椅等；

（3）建立了专门的功能室，如办公室、会议室、个案工作室、小组工作室、培训室、档案室、图书室等，且拥有配套设施。

3. 机构理念，即“关爱化春雨，润物细无声”。

4. 服务宗旨。

（1）坚持以服务对象为本的理念，为不同类型的服务对象提供优质多元的服务，协助其提升获取资源、应对压力的能力，以改善其生活质量，使其顺利融入社会。

（2）坚持专业化的发展方向，不断实践，认真总结，开展理论研究，积极探索出了具有司法社工特色的经验及规律性理论，为维护社会稳定工作服务。

5. 服务领域。深圳市春雨社会工作服务社的主要服务范围集中于司法、禁毒、信访及个别相关的专业领域，且关注司法、禁毒领域中开展工作难度较大的服务对象，进行积极的方式方法和新的业务范围的探索，拥有丰富的司法领域社会资源以及专业素质高的司法社工队伍。目前，司法社工的服务范围主要包括：

（1）为社区服刑人员和刑释解教人员提供个性化矫正服务，协助其顺利回归社会，适应家庭及社会环境，解决就业就学困难，预防重新犯罪。

（2）运用社会工作的专业方法，为社区吸毒人员提供心理咨询、情绪疏导、压力缓解、戒毒康复、社会技能训练等社会心理康复服务。

（3）运用社会工作的专业方法，为信访者整合各方社会资源，向适合的资源提供者进行转介，同时为信访者提供情绪疏导、认知行为修正、帮困解难等跟踪服务，以达到解决群众困难、缓和及化解社会矛盾、维护社会稳定的目的。

（4）运用社会工作的专业方法和技巧，舒缓纠纷双方的情绪，防止矛盾的激化，促进双方和解，帮助双方分清利害，遵守调解协议并自觉执行。

十、东莞市普惠社会工作服务中心

东莞市普惠社会工作服务中心依托东莞本地高校教师资源，不仅拥有深厚的专业理论底蕴，而且拥有雄厚的人才管理资源以及实务实施场地，能紧密联系东莞的本土实际引领机构专业发展。机构本着“普爱你我，惠及社会”的宗旨，遵从“助人自助，用生命影响生命”的专业理念，恪守“专业、人文、公益”的机构文化，力争为社会提供高质量、高价值的服务。

截至 2015 年 5 月，东莞市普惠社会工作服务中心共有社会服务人员 1211 人，集中在社区、司法、企业及新莞人、青少年、老年人、残疾人等服务领域，分别被派驻莞城区、南城区、东城区、中堂镇、桥头镇、黄江镇、长安镇、厚街镇、望牛墩镇、松山湖、麻涌镇、茶山镇、石龙镇、石排镇、常平镇、寮步镇、清溪镇、沙田镇、企石镇、谢岗镇等20个镇街。

现承办莞城街道东正社区、莞城街道罗沙社区、莞城街道西隅社区、黄江镇梅塘社区、长安镇锦厦社区、中堂镇吴家涌社区、麻涌镇鸥涌社区、望牛墩镇上合社区、望牛墩镇下漕社区、松山湖社区综合服务中心、石排镇社区综合服务中心等11个社区综合服务中心；承办东莞新莞人社区学习与培力中心1个、“莞香花”青少年服务中心1个、“白玉兰”家庭服务中心6个；承办中堂镇、桥头镇、望牛墩镇、石排镇、企石镇、谢岗镇、常平镇、大朗镇、道滘镇居家养老服务中心9个；承办中堂镇、望牛墩镇、桥头镇、石排镇、大朗镇残疾人康复就业服务中心5个。

机构与南方都市报、慕思南都爱心基金会分别在莞城区、厚街镇、中堂镇、桥头镇、清溪镇合作开展“新候鸟计划”项目5个。在东莞市2011年首届公益创投入选的28个项目中，机构共有3个项目成功入选实施，分别是“蓝天行动——东莞市重点青少年群体成长促进计划”项目、“不残缺的爱——关爱残疾人家属计划”项目和“东莞市新莞人社区学习与培力中心”项目。2012年度，“东莞市双工联动关爱新莞人志愿服务项目”获得全国优秀志愿服务项目二等奖，“东莞市新莞人社区学习与培力中心”项目获得首届中国公益慈善项目大赛实施类铜奖；2013年度，“蓝天行动——东莞市重点青少年群体成长促进计划”项目获东莞市十大慈善公益项目；“情暖夕阳——中堂镇居家养老服务项目”、“蓝天行动——东莞市重点青少年群体成长促进计划项目”分别获广东省民政厅“首届全省优秀专业社会工作服务项目”三等奖。

无论是社工岗位数量、综合服务中心数量还是公益创投项目数量都列全市第一，在2011—2013年全市社工机构评估中，均名列全市第一；在东莞市首届社会组织评估中，被评为“东莞市5A级社会组织”。2012年获得广东省财政厅、广东省民政厅关于省级培育发展社会组织专项资金扶持。在2012年度东莞市第一批社区综合服务中心示范点运营评估中，东正社区综合服务中心获得全市第一，被评为东莞市五星级社区综合服务中心；在2013年度东莞市第二批社区综合服务中心示范点运营评估中，罗沙社区综合服务中心获得全市第一；在2004年度东莞市第三批社区综合服务中心示范点运营评估中，望牛墩下漕社区综合服务中心获得全市第一。2013年度，获南方都市报联合中国扶贫基金会及共青团广东省委主办的“2013·爱在东莞”珠三角公益慈善周“优秀公益组织奖”，被评为东莞市社会工作专业人才重点实训基地，荣获国家民政部首批全国社会工作服务标准化建设示范单位和企业社会工作试点单位。

十一、深圳市龙岗区正阳社会工作服务中心

（一）机构简介

深圳市龙岗区正阳社会工作服务中心成立于2008年12月30日，是经深圳市龙岗区民政局批准注册的专业社工服务机构，亦是“正阳社工”旗下的第一家中心。截至2013年10月底，机构共有288名员工，服务领域包括社区、青少年、司法、劳务工、妇女儿童（婚姻、家庭）、社区服务中心等，运营33个社区服务中心，服务覆盖龙岗、坪山、福田、罗湖、宝安、龙华、大鹏7个行政区域。

多年以来，深圳市龙岗区正阳社会工作服务中心始终坚持“公益为民、帮困匡弱、激能自助、共建和谐”的使命，朝着“拥有高素质的社工专业团队，提供卓越的品牌服务，成为国内的业界典范”的愿景迈进。在2010年度、2011年度、2012年度深圳市社工机构综合评估中连续三年被评为“深圳市优秀社工服务机构”。2012年，机构被中国企业战略联盟授予“中国社工服务行业最具影响力品牌”和“全国质量、服务、诚信AAA级诚信社会服务机构”荣誉。

（二）业务范围

1. 提供专业社工服务。
2. 开展社工课题研究、宣传和学术交流活动。
3. 提供咨询辅导、心理咨询及社会工作者推荐各类社工服务。
4. 承接政府有关部门委托的各类社工服务项目和其他任务。

后　记

本书是教育部人文社会科学研究项目“矫正社会工作在中国社区矫正中的本土化介入模式研究”的最终成果（批准文号：10YJA840006）。项目组成员分布在北京、昆明、南通、青岛等几个不同的省市，大家都衷心期望通过本书的出版能为推进社会工作专业发展有所贡献；能为建立中国本土化的司法矫正社会工作理论体系和实务工作模式，推进我国社区矫正社会工作的深入发展略尽绵薄之力。

本项目在研究过程中先后得到中国青年政治学院陈树强教授、首都师范大学吴高臣教授、北京科技大学时立荣教授、中国劳动关系学院杨冬梅教授、北京青年政治学院袁光亮教授等专家学者的关心及指教。他们在百忙之中承担了本项目的评审工作，对本研究成果的深化和改进提出了宝贵的意见。北京市司法局社区矫正和帮教安置处的何宗慧副处长，北京市西城区司法局监狱干警领队刘克治队长，首都师范大学社会科学处的褚怡敏、芦迪老师对本项目的研究进展给予了多方面的帮助。在此，一并表示诚挚的谢意。

首都师范大学但未丽副教授也是本项目组的重要成员。虽然她由于其他工作繁忙，未能承担本项目最终成果的写作工作，但是却一直十分关心本项目的进展情况，多次开展有关社会调查工作，参与项目方面的有关讨论，并且发表了多篇带有项目标注的研究论文。在此，对于但未丽老师对本项目的贡献也表示衷心的感谢。

课题组在调查研究的基础上，在本书正文后面以附件形式介绍了11家有代表性的社区矫正社会工作机构的情况。我们深知在社区矫正社会工作方面工作业绩突出的机构绝不止这11家。只不过研究者受能力水平、资金等方面条件的限制，只能暂时了解和反映这11家机构的情况，难免挂一漏万、不尽完善。在此，我们对这11家社区矫正社会工作机构表示诚挚的谢意，也希望与更多的机构建立联系。

范燕宁教授承担了本研究选题及最终成果的构思策划、框架设计、人员组织、部分章节写作、全书统稿工作。谢谦宇、罗玲协助范燕宁教授进行了人员队伍组织、重点章节写作、全书统稿工作。特别是谢谦宇除进行了上述工作外，还承担了课题组人员沟通联络等多项工作，对于本次研究项目的完成发挥了突出作用。全体研究组成员在完成其繁忙的本职工作的同时，都认真负责地完成了自己所承担的研究工作。

北京市海淀睿博社会工作事务所的专职社工，中国人民大学社会工作专业硕士毕业生杨元元，中国人民大学在读社会工作专业硕士研究生王萍、谢姗承担了本书付梓出版之前的稿件整理工作。在此，对上述各方付出的辛勤劳动一并表示诚挚的谢意。

本书各章节的编写分工情况如下：

第一章　赵玉峰

第二章　范燕宁

第三章　罗　玲

第四章　罗　玲

第五章　刘　琰

第六章　范燕宁　郝素玉　谢谦宇　赵玉峰

第七章　郝素玉

第八章　范燕宁　罗　玲

第九章　罗　玲

附件一　王倩倩　赵玉峰

附件二　谢谦宇　王倩倩

诚挚欢迎社会各方对本书的缺点及不足给予批评指正。

范燕宁

2015 年 10 月